LA GRAVURE FRANÇAISE

ESSAI DE BIBLIOGRAPHIE

PAR

FRANÇOIS COURBOIN

CONSERVATEUR HONORAIRE

ET

MARCEL ROUX

BIBLIOTHÉCAIRE AU CABINET DES ESTAMPES
DE LA BIBLIOTHÈQUE NATIONALE

AVANT-PROPOS DE

JOSEPH GUIBERT

CONSERVATEUR ADJOINT

TABLE

PARIS

MAURICE LE GARREC, ÉDITEUR

SUCC^R DE ED. SAGOT

1928

LA GRAVURE FRANÇAISE

ESSAI

DE

BIBLIOGRAPHIE

LA GRAVURE FRANÇAISE

ESSAI DE BIBLIOGRAPHIE

PAR

FRANÇOIS COURBOIN
CONSERVATEUR HONORAIRE

ET

MARCEL ROUX
BIBLIOTHÉCAIRE AU CABINET DES ESTAMPES
DE LA BIBLIOTHÈQUE NATIONALE

AVANT-PROPOS
DE
JOSEPH GUIBERT
CONSERVATEUR ADJOINT

———

TOME III

———

PARIS
MAURICE LE GARREC
SUCC^r DE ED. SAGOT
1928

TABLE ANALYTIQUE

LISTE DES ABRÉVIATIONS

arch. : architecte. — coll. : collection, collectionneur. — dess. : dessinateur. — éd. : éditeur. — est. : estampe. — gr. : graveur, gravé, gravure. — ill. : illlustrateur, illustré. — impr. : imprimeur. — libr. : libraire. — lith. : lithographe, lithographie. — p. : peint, peintre, peinture. — pl. : planche. — sc. : sculpteur.

A. B. C., *Magazine d'art*, I, p. 13, 55, 83, 157, 227, 282, 283, 286, 308, 382, 418. II, p. 91, 216, 221, 297, 354, 398, 430, 470, 546.

A.-L., de Bourges, I, p. 416.

ABBEVILLE (Somme), Musée, I, p. 163. — Graveurs abbevillois, I, p. 424-425. II, p. 27, 59, 71, 72, 148, 222, 333, 344, 350, 369, 389, 425, 471.

ABEL (Charles), I, p. 408.

ABOT (Eugène-Michel-Joseph), gr., II, p. 5.

ABOUT (Edmond), I, p. 287. II, p. 181.

ABRIAL (Abbé), I, p. 317.

Abside (L') de l'église de Villiers-Adam, gr. par Ch. Heyman, II, p. 272.

ABZAC (Famille d'), I, p. 317.

ACADÉMIE ROYALE DE PEINTURE ET DE SCULPTURE, I, p. 116, 117, 129, 133, 135, 145, 146, 147, 149, 158, 235. II, p. 276, 387.

ACADÉMIE DE FRANCE A ROME, I, p. 146, 148.

ACADÉMIE DE SAINT-LUC, I, p. 113, 119, 149, 186. II, p. 123.

ACADÉMIE DES BEAUX-ARTS, I, p. 147, 148, 149. II, p. 269, 270.

Académie des Beaux-Arts (Bulletin de l'), I, p. 83. II, p. 365, 538.

ACHAINTRE (Albert), I, p. 71, 72.

ACHARD, II, p. 18.

ACHARD (Jean-Alexis), p. et gr., II, p. 5.

ACHENER (Maurice), p. et gr., II, p. 5-6.

ACHEY (Claude d'), archevêque de Besançon, I, p. 317.

ACIDES employés en lithographie, I, p. 90.

ACIDULATION des pierres lithographiques, I, p. 89.

ACIER (Eaux-fortes à la plume sur), II, p. 78.

ACIER (Gravure sur), I, p. 67.

ACIÉRAGE des planches gravées, I, p. 64.

ACIGNÉ (D'Agnel d'). *Voir:* Agnel d'Acigné (D').

Action (L'), journal, II, p. 399.

ADAM (J.-L.), II, p. 77.

ADAM (Juliette), II, p. 437.

ADAM (Paul), II, p. 467.

ADELINE (Jules), gr., I, p. 29, 58, 178, 240, 255, 297, 379. II, p. 31, 70, 535, 550.

Adoration des Mages, pl. des *Grandes Heures* de S. Vostre, II, p. 537.

ADRESSES (Cartes-), I, p. 406, 414.

ADRESSES (Livres d'), I, p. 402.

ADVIELLE (Victor), I, p. 352, 363. II, p. 402, 475.

ADVINENT (Étienne-Louis), p. et gr., II, p. 6.

AÉRO-CLUB DE FRANCE, I, p. 402.

AÉROSTATION, I, p. 401-402.

Aesculape, revue, II, p. 125, 224.

AFFICHE, I, p. 16, 108, 203, 272, 303, 378-383, 405, 409. II, p. 91, 114-116, 133, 256, 349, 495, 511, 513, 520, 545.

Affiche française (L'), revue, I, p. 378.

Affiche (L'Estampe et l'), revue. *Voir: Estampe (L') et l'Affiche.*

AFFLECK (Andrew F.), gr., I, p. 217.

Age (L') du Romantisme, II, p. 393.

AGINCOURT (Seroux d'). *Voir :* Seroux d'Agincourt.

AGNEL D'ACIGNÉ (Z. d'), I, p. 317.

AGRAIN (D'), I, p. 317.

Agriculture (L'), poème par P.-F. de Rosset, I, p. 293.

AIGREFEUILLE (Les D'), I, p. 317.

AIGREMONT (Louis-Paulin de Jacops, marquis d'), I, p. 317.

AIGUILLES (Boyer d'). *Voir :* Boyer d'Aiguilles.

AIR (Paul d'), II, p. 54, 55, 386, 433.

AISNE (Dessins et estampes relatifs au département de l'), I, p. 154, 255.

Aix (Bouches-du-Rhône), ii, p. 5io. — Musée, i, p. 164.

Alasonière (Fabien), gr., ii, p. 6, 462.

Alauzier (Ripert d'). *Voir :* Ripert d'Alauzier.

Albany (Ctesse d'), i, p. 3i8.

Albenas (Georges d'), i, p. 247.

Albi (Tarn). — Galerie Toulouse-Lautrec, ii, p. 5i3.

Alboize (Jean), i, p. 196, 197, 200. ii, p. 174, 229.

Albon (De La Roche d'). *Voir :* La Roche d'Albon (De).

Albret (Henri II d'), i, p. 3i8.

Albret (Marie d'), comtesse de Nevers et de Rethel, i, p. 3i8.

Albrier, p., ii, p. 42.

Album (L'), ii, p. 270.

Alciati (Andrea), i, p. 287.

Alençon (Orne). — Exposition de 1865, ii, p. 371. — Musée, i, p. 164.

Alexander (J. W.), i, p. 424.

Alexandre (Arsène), i, p. 206, 222, 387. ii, p. 16, 23, 73, 77, 95, 130, 152, 161, 203, 204, 256, 257, 290, 314, 326, 383, 437, 466, 467, 512, 514, 546.

Algraphie, i, p. 96.

Aliamet (Jacques), gr., i, p. 147. ii, p. 6, 2i3.

Alibaux (Henri), i, p. 103.

Alibert (J.-G.), marchand d'est., ii, p. 6.

Aligny (Claude-François-Théodore Caruelle d'), p. et gr., ii, p. 6-7.

Aligre (Étienne et Gilles d'), ii, p. 395.

Alix (Jean), p. et gr., ii, p. 7.

Alix (Pierre-Michel), gr., i, p. 246. ii, p. 7.

Alkan aîné, i, p. 233.

Allain (E.), ii, p. 186.

Allaines (De Gaudart d'). *Voir :* Gaudart d'Allaines (De).

Allais, gr., i, p. 137.

Allard (Jacques d'), i, p. 3i8.

Allard (Roger), i, p. 80, 227.

Allard de Néoules (J.-F.-L.), i, p. 3i8.

Alleaume (Ludovic), p. et lith., ii, p. 7.

Allégories, i, p. 36.

Allegrain (Étienne), p. et gr., ii, p. 7.

Allemagne (H.-R. D'). *Voir :* D'Allemagne.

Alleman de Chateauneuf (Commandeur d'), i, p. 3i8.

ALLEMAND (Louis-Hector), p. et gr., II, p. 7-8.

ALLEMANS (J.-L.-A. Du Lau, marquis d'), I, p. 318.

ALLEN (Charles Dexter), I, p. 303.

ALLIER (Achille), lith., I, p. 265. II, p. 8.

ALLIN, gr. d'ex-libris, I, p. 304. II, p. 8.

Almanach Dauphin (1782), I, p. 403.

Almanach du Bibliophile, I, p. 214.

ALMANACHS, I, p. 109, 112, 120, 121, 123, 134, 214, 402-505. II, p. 517.

ALOPHE (Menut), p. et lith., II, p. 8.

ALPES (Portraits intéressant les Hautes-), I, p. 236.

ALQUIÉ (Sylvain), gr., II, p. 411.

ALSACE. — Collectionneurs et graveurs alsaciens, I, p. 142. II, p. 183, 191. — Estampes relatives à l'Alsace, I, p. 256. — Ex-libris alsaciens, I, p. 328.

ALVIN (Louis), I, p. 183. II, p. 81, 84.

ALVIN-BEAUMONT, II, p. 88.

AMAN-JEAN (Edmond), p. et gr., I, p. 424. II, p. 8, 37, 262.

AMAND (Jacques-François), p. et gr., II, p. 8.

AMAND-DURAND, éd., II, p. 65, 241, 439.

AMANTON (C.-N.), II, p. 171.

AMAT DE VOLX (François-Auguste d'), p. 318.

Amateur (L') d'autographes, revue, I, p. 300. II, p. 371.

Amateur d'estampes (L'), revue, I, p. 13, 53, 54, 55, 82, 103, 225, 227, 230, 247, 252, 259, 278, 279, 288, 391, 404, 411, 418. II, p. 25, 34, 38, 40, 49, 50, 52, 54, 60, 69, 90, 95, 97, 99, 100, 121, 124, 134, 156, 170, 179, 199, 200, 208, 218, 239, 260, 286, 288, 289, 295, 307, 310, 318, 345, 371, 380, 388, 390, 398, 419, 433, 450, 452, 475, 485, 488, 497, 501, 507, 513, 514, 515, 517, 525, 539, 542, 547, 550.

AMATEURS, I, p. 28, 30, 140, 142, 422, 423.

AMBLY (Boiteau d'). *Voir :* Boiteau d'Ambly.

AMBRUN (Huet d'). *Voir :* Huet d'Ambrun.

Ami (L') du lettré, I, p. 280.

AMIC (Jules), II, p. 90.

AMIENS (Somme). — Bréviaire et Heures à l'usage d'Amiens, I, p. 297. Graveurs amiénois, II, p. 61, 144. — Imagerie popu-

laire, I, p. 390, 410. — Musée, I, p. 164.

AMIRAUX (Portraits d'), I, p. 254.

AMOREUX (Gaspard-Antoine), I, p. 319.

Amour de l'Art (L'), revue, I, p. 13, 101, 277, 278, 282. II, p. 35, 70, 97, 133, 147, 155, 161, 228, 297, 298, 413, 448, 449, 491, 514.

Amour (L') et Psyché, gr. par J. Godefroy, d'ap. Gérard, II, p. 250.

AMSTERDAM (Hollande). — Cabinet des Estampes, I, p. 213, 214, 224. II, p. 87, 541.

ANCELOT, I, p. 319.

ANDELOT (Ferdinand d'), seigneur d'Ollans, I, p. 319.

ANDELYS (Les) (Eure), II, p. 101.

ANDRÉ (Édouard), I, p. 47, 216. II, p. 160, 275, 350, 475.

ANDRÉ (Henri), I, p. 305, 307, 315, 317, 318, 324, 325, 334, 340, 342, 348, 350, 354, 356, 357, 362, 364, 365, 372, 373, 374.

ANDRESEN (A.), I, p. 29. II, p. 430.

ANDREWS (William Loring), II, p. 210, 258, 484.

ANDROUET DU CERCEAU (Jacques), arch. et gr., II, p. 9.

ANGERS (Maine-et-Loire). — Musées, I, p. 164-165. — Artistes angevins, I, p. 224, 425. II, p. 65.

ANGERVILLE (Cte d'), I, p. 319.

ANGIVILLER (Cte d'), I, p. 134. II, p. 73.

ANGLURE (Louis-Charles d'), I, p. 319.

ANGOULÊME (Charente). — Cartes à jouer, I, p. 399. — Musée, I, p. 165.

ANGOULVENT (P.-J.), 435, II, p. 132, 216, 263.

ANGOUMOIS (Ex-libris de l'), I, p. 308, 320.

ANISSON (Collection), à la Bibliothèque nationale, I, p. 69, 109, 111, 112, 113, 114, 115, 116, 117, 118, 119, 120, 123, 124, 125, 126, 127, 128, 129, 130, 131, 132, 134, 150, 266, 422.

ANJOU (Portraits des comtes d'), au XVIIe siècle, I, p. 239.

ANJOU. — Artistes angevins, I, p. 425.

Annales de la Calcographie générale, I, p. 13.

Anne (Sainte), gr. sur bois, I, p. 412.

ANNE D'AUTRICHE, reine de France, II, p. 519, 520.

Annuaire de la Gravure française, I, p. 13, 49, 51, 79. II, p. 118, 288, 296, 336, 406, 477, 532, 538.

Annuaire des Artistes et des Amateurs, publié par Paul Lacroix, I, p. 13.

Annuaire des Artistes français, par Guyot de Fère, I, p. 13.

Annuaire publié par la « Gazette des Beaux-Arts », I, p. 13.

ANNUAIRES ILLUSTRÉS, I, p. 271, 272, 402, 404.

ANTHÈS (Jean-Philippe d'), baron de Longepierre. *Voir :* Longepierre.

Antipathique(L'), gravure, I, p.124.

Antoine (La Tentation de Saint), par Odilon Redon, II, p. 445, 447. — par F. Rops, II, p. 466.

ANTOINE (Sébastien), gr., I, p.429.

ANVERS (Belgique). — Société d'encouragement aux Beaux-Arts, I, p. 196.

ANVILLÉ (Jean-Baptiste Bourguignon d'), II, p. 258.

APCHON (Mgr Claude-Marc-Antoine d'), I, p. 319.

APELL (Aloys), I, p. 29. II, p. 485.

Apocalypses figurées, I, p. 294.

Apothéose de Voltaire, gr. par Legrand, d'ap. Dardel, II, p. 213, 323.

Appartements (Les), gr. par A. Trouvain, II, p. 517.

APPIAN (Adolphe), p. et gr., I, p. 63, 218. II, p. 9-10.

APPIAN (Mme), II, p. 9.

APPIER (Jean), gr., II, p. 10.

APPIER (Jean), *dit* Hanzelet, dess. et gr., II, p. 10.

APREMONT-MERODE, I, p. 319.

AQUATINTE (Gravure à l'), I, p. 57, 275. II, p. 102, 161, 464.

AQUÉRIA DE ROCHEGUDE (Mis d'), I, p. 319.

Arabesques, p. par A. Watteau, II, p. 541.

ARAGO (François), II, p. 103.

ARBELLOT (Simon), II, p. 265.

ARBRE (Ex-libris de l'), I, p. 306.

ARC (Ex-libris aux armes de la famille de Jeanne d'), I, p. 319-320, 343.

ARCHITECTES (Portraits d'), I, p. 232, 233, 234.

Archives de l'Art français, I, p. 13, 111, 112, 116, 133, 141, 146, 147, 148, 149, 150, 188, 235, 293, 294, 387, 390, 421, 422, 429. II, p. 5, 13, 14, 18, 22, 24, 27, 28, 36, 41, 46, 47, 57, 58, 64, 71, 73, 74, 95, 103, 110, 114, 117, 120, 121, 122, 123, 126, 136, 139, 142, 144, 157, 172,

176, 177, 184, 185, 189, 190, 198, 199, 200, 202, 208, 210, 217, 224, 225, 226, 229, 230, 231, 253, 257, 268, 273, 274, 280, 296, 299, 307, 308, 309, 312, 313, 315, 319, 321, 339, 342, 343, 345, 347, 356, 358, 360, 362, 363, 369, 371, 381, 384, 385, 386, 390, 394, 395, 406, 409, 414, 431, 434, 462, 465, 472, 476, 477, 480, 482, 483, 484, 487, 490, 491, 499, 500, 506, 518, 519, 521, 535, 536, 543, 544.

Archives de la Société française des collectionneurs d'ex-libris, revue, I, p. 14, 299-377. II, p. 8, 14, 32, 63, 102, 141, 371, 383, 387, 402, 409, 419, 477, 482, 506, 547.

ARDAIL (Adolphe), impr. en taille-douce et coll., I, p. 152, 155. II, p. 10-11.

ARDENNES. — Bibliophiles, I, p. 308. — Ex-libris, I, p. 318, 319.

ARETINO (Pietro) [l'Arétin], I, p. 241.

Aretusa, revue italienne, II, p. 275.

ARGENVILLE (Dezallier d'). *Voir :* Dezallier d'Argenville.

ARGONNE (Noël, *dit* Bonaventure d'), II, p. 395.

ARGUS, II, p. 69.

ARIOSTO (Lodovico), I, p. 287.

ARISTIDE (Louis), gr., II, p. 11.

ARLAND (Marcel), II, p. 228.

ARLES (Bouches-du-Rhône). — Bibliothèque, I, p. 308. — Bibliophiles, I, p. 308.

ARLEUX (Morel d'). *Voir :* Morel d'Arleux.

ARMANCY (Danré d'). *Voir :* Danré d'Armancy.

ARMAND (A.)., coll., I, p. 154.

ARMAND (Paulin), I, p. 202, 203, 204.

ARMELHAUT. *Voir :* Mahérault.

ARMES, I, p. 253.

ARMORIAL DES ARTISTES FRANÇAIS, I, p. 422.

Armorial du Bibliophile, par Guigard, I, p. 322.

ARNAUD DU PUY (Famille), I, p. 320.

ARNAULDET (Thomas), I, p. 385. II, p. 110, 230, 310, 536.

ARNAULT (Famille), I, p. 320.

ARNOLLET (Jacques), impr., II, p. 11.

ARNOULT (André), I, p. 172. II, p. 78, 273, 314.

ARNOULT (Sophie). — Sa vente, II, p. 478.

ARNOUT (Jean-Baptiste), lith., I, p. 189.

ARNOUX DE CORGEAT, I, p. 320.

ARONSON (Naoum), sc., II, p. 496.

ARPENTIGNY (D'), II, p. 162.

ARRAS (Pas-de-Calais), I, p. 44, 308, 330, 343. II, p. 118.

ARRÊT DE SAINT-JEAN-DE-LUZ en faveur des graveurs (1660), I, p. 112.

ARRIVET (Pierre-Nicolas), gr., II, p. 11.

ARROUAIZE (Abbaye d'), I, p. 309.

Art (L'), revue, I, p. 14, 43, 93, 152, 158, 193, 194, 195, 196, 197, 198, 199, 201, 212, 213, 214, 233, 241, 243, 248, 249, 269. II, p. 5, 9, 23, 53, 55, 58, 65, 72, 78, 79, 86, 97, 100, 105, 110, 118, 123, 137, 138, 141, 145, 148, 150, 159, 164, 168, 176, 178, 179, 182, 198, 217, 219, 220, 226, 227, 236, 237, 241, 243, 252, 262, 269, 274, 276, 277, 284, 286, 304, 320, 332, 338, 340, 345, 346, 364, 372, 373, 381, 382, 387, 392, 405, 408, 421, 422, 428, 438, 439, 441, 451, 452, 456, 476, 477, 510, 529, 530, 531, 540, 549.

Art au morier (L'), impression xylographique, I, p. 294.

Art d'aujourd'hui (L'), revue, II, p. 228, 313.

Art décoratif (L'), revue, I, p. 14, 47, 66, 72, 73, 79, 98, 214, 215, 216, 217, 248, 275, 292, 305, 416, 418. II, p. 35, 63, 69, 94, 98, 116, 126, 147, 206, 263, 266, 272, 275, 315, 327, 351, 370, 376, 419, 447, 457, 470, 495, 496, 511, 532.

Art du xixᵉ siècle (L'), revue, II, p. 246.

Art et Décoration, revue, I, p. 14, 66, 72, 73, 79, 101, 223, 275, 278, 284, 290, 381, 416. II, p. 8, 16, 22, 37, 49, 63, 66, 73, 91, 116, 143, 206, 215, 224, 232, 257, 266, 287, 298, 336, 346, 367, 377, 388, 391, 399, 406, 448, 452, 457, 458, 470, 495, 499, 522, 525, 526, 527.

Art et Industrie, revue, I, p. 67, 79, 284, 285, 286, 418. II, p. 140, 267, 391, 412, 420.

Art (L') et l'Idée, revue, I, p. 14, 94, 143. II, p. 390, 460, 466, 522.

Art (L') et les Artistes, revue, I, p. 14, 59, 66, 79, 80, 82, 97, 99, 214, 280. II, p. 24, 26, 30, 32, 33, 38, 92, 93, 94, 99, 108, 116, 117, 125, 160, 206, 216, 223, 261, 262, 266, 267, 287, 294, 295, 305, 324, 327, 336, 337, 365, 373, 375, 399, 400, 408, 437, 438, 452, 453, 458, 463, 496, 497, 514, 529, 547.

Art (L') et les mœurs en France, ouvrage, I, p. 48.

Art moderne (L'), revue, I, p. 14.
II, p. 251.

Art vivant (L'), revue, I, p. 14, 83,
160, 283, 284, 286, 383, 392.
II, p. 28, 91, 95, 157, 167, 242,
267, 307, 322, 325, 349, 388,
470, 475, 514, 520, 546.

ARTAUD (Antoine-François-Ma-
rie), archéologue, p. et gr., II,
p. 11.

Artiste (L), revue, I, p. 14, 39,
61, 62, 71, 76, 86, 88, 89, 91,
92, 93, 142, 158, 159, 189, 190,
191, 192, 196, 197, 198, 199,
200, 201, 202, 203, 243, 248,
267, 272, 287, 288, 289, 290,
291, 292, 294, 379, 385, 386,
397, 425. II, p. 7, 8, 15, 25,
31, 36, 43, 45, 49, 56, 60, 66,
68, 69, 71, 74, 80, 83, 84, 85,
86, 87, 101, 103, 104, 105, 106,
108, 113, 115, 116, 118, 120,
145, 148, 151, 163, 174, 178,
179, 180, 181, 186, 195, 198,
200, 203, 211, 226, 228, 229,
235, 237, 245, 246, 255, 258,
265. II, p. 268, 269, 276, 277,
282, 289, 291, 292, 316, 322,
323, 338, 341, 342, 349, 367,
376, 382, 392, 418, 454, 455,
460, 469, 475, 476, 480, 481,
490, 498, 503, 523, 528, 530,
531, 533, 540, 543, 544.

Artiste (Planches hors-texte pu-
bliées dans l'), I, p. 48.

Artiste contemporain L'), revue, I,
p. 277. II, p. 91, 143, 228, 470.

ARTISTES (Portraits d'), I, p. 234,
235.

ARTOIS (Philippe d'), I, p. 251.

ARTOIS, I, p. 339.

Arts (Les), revue, I, p. 15. II, p. 57,
94, 161, 205, 325, 346, 400,
509.

Arts de la Vie (Les), revue, I, p. 15.

Arts décoratifs (Les), revue, I, p. 80.

Arts français (Les), revue, I, p. 253,
382. II, p. 257, 463, 497.

ARTUS (A.), I, p. 91.

ARTUS (Louis), II, p. 537.

ARTZ, II, p. 448.

ASCENSIONS célèbres, I, p. 401.

Aspects de Paris (Les), lith. par
H. Rivière, II, p. 457.

ASSELIN (Maurice), p., gr. et lith.,
II, p. 11-12.

ASSELIN DE VILLENCOURT (Les),
I, p. 320.

ASSELINEAU (Charles), I, p. 263,
264. II, p. 371. — Son ex-libris,
I, p. 320.

ASSEMBLÉE NATIONALE DE 1789
(Portraits de députés à l'), I,
p. 232, 238.

Assier (Alexandre), I, p. 296.

Assignats, I, p. 405.

Assise (Italie), I, p. 292.

Assise, par A. Pératé, ill. par P.-A. Bouroux, II, p. 62.

Association amicale et professionnelle de graveurs à l'eau-forte, I, p. 223.

Association des artistes peintres, sculpteurs, graveurs, architectes et dessinateurs, I, p. 39.

Association des artistes de Paris et du Département de la Seine, I, p. 224.

Assonville (Jacques d'). *Voir :* Dassonville (Jacques).

Astier (J.-B.), II, p. 35, 493.

Astre (Achille), II, p. 514.

Astronomes (Portraits d'), I, p. 236.

Atelier d'art (L'), fondé par H. Boutet, I, p. 47. II, p. 63.

Athénée (*L'*), revue, I, p. 384.

Atlas national français, gr. par J. Leclerc, II, p. 319.

« Au Sans Pareil », maison d'édition, I, p. 286.

Aubais (Mⁱˢ d'), I, p. 320.

Aubépine (Marcel d'), gr., II, p. 12, 511.

Auber, éd. et marchand d'est., I, p. 136. II, p. 290.

Aubert (Abbé), I, p. 287.

Aubert (François), I, p. 41.

Aubert (Louis), II, p. 512.

Aubert (Marcel), professeur à l'École des Chartes, I, p. 156, 251.

Aubeterre (François d'Esparbès de Lussan, marquis d'), I, p. 320.

Aubertin (François), gr., II, p. 12.

Aubry, avocat, I, p. 122. II, p. 185.

Aubry (G.-Jean), II, p. 448.

Aubry-Lecomte (H.-L.-V.-J.-B.), p. et lith., II, p. 12.

Audebert (Jean-Baptiste), p. et gr., II, p. 12-13.

Auch (Gers). — Musée, I, p. 165-166.

Aucoc (Léon), I, p. 147.

Aude (Bibliophiles de l'), I, p. 309.

Audebrand (Philibert), II, p. 105.

Audin (Marius), I, p. 32, 83, 256, 257, 281, 286.

Audran (Les), gr., I, p. 116, 245. II, p. 13-14.

Audran (Benoît I), gr., I, p. 363. II, p. 14.

Audran (Benoît II), II, p. 13, 14.

AUDRAN (Gérard), gr., I, p. 40. II, p. 14-16.

AUDRAN (Jean), gr., II, p. 16.

AUDRAN (Michel), tapissier, II, p. 15.

AUFFRET (Dr Charles), II, p. 406.

AUGÉ DE LASSUS (L.). I, p. 213. II, p. 117, 206, 238, 281, 441.

AUGEARD (Mathieu), I, p. 320.

AUGOYAT (Colonel), II, p. 109.

AUMONT (P.), marchand d'est., II, p. 16.

AUQUIER (Ph.), II, p. 493.

AURIAC (Jules), I, p. 229.

AURILLAC (Cantal). — Musée, I, p. 166.

AURIOL (George), p., dess. et gr., II, p. 16.

AURIOL (Georges), I, p. 156, 227, 456, 497.

AUROUX (Nicolas), gr., II, p. 16.

AUSCHER (Jean), p.-gr., II, p. 17.

AUSTIN (Stanley), I, p. 49.

AUTOGRAPHES d'artistes, I, p. 422.

AUTOMOBILISME, I, p. 389.

AUTUN (Saône-et-Loire). — Musée, I, p. 166.

AUVERGNE. — Ex-libris, I, p. 309, 312, 315, 316. — Portraits, I, p. 236.

AUVRAY (Louis), I, p. 29. II, p. 70.

AUZOLLES (Jacques d'), I, p. 321.

AVELINE (C.), II, p. 497.

AVELINE (Pierre), gr., II, p. 17.

AVENAY (Abbaye d') [Marne], II, p. 419.

AVENEL (Vte G. d'), I, p. 381.

Avènement de Louis XVI et de Marie-Antoinette, dess. de Moreau le Jeune, II, p. 387.

AVESNES (Nord). — Musée, I, p. 166.

AVEZAC-LAVIGNE (Ch.), I, p. 233.

AVIAT (A.), gr., I, p. 224.

AVIGNON (Vaucluse). — Graveurs, II, p. 158, 259. — Imagerie populaire, I, p. 409. — Imprimerie, I, p. 279.

AVOUT (François-Claude d'), I, p. 321.

AVRIL (Jean-Jacques), gr., II, p. 17.

AVRIL (Paul), I, p. 72.

AYNARD (Joseph), I, p. 280, 281, 282, 293.

AZALBERT, II, p. 445.

AZARIEL, I, p. 190.

AZINCOURT (Anne-Joseph d'), I, p. 321.

BABELON (Ernest), conservateur du Cabinet des Médailles, I. p. 152, 209.

BABIN (Gustave), I, p. 289, 381. II, p. 486.

BABUTY, libraire, II, p. 95.

BACCIARELLI, p., II, p. 403.

BACHAUMONT, I, p. 146.

BACHE (Paul-Eugène), I, p. 396.

BACHELEY(Jacques), gr., I, p. 260. II, p. 17.

BACHELIN (A.), I, p. 243, 248. II, p. 217, 218.

BACKER (Otto H.), gr., II, p. 9.

BADE (Josse), éd., I, p. 287.

BAERTSOEN (A.), II, p. 437.

BAGNÈRES-DE-BIGORRE (Pyrénées-Orientales). — Musée, I, p. 166-167.

BAILLET DE SAINT-JULIEN, I, p. 74.

BAILLIE-GROHMAN (William A.), I, p. 416.

BAILLY (Edmond), II, p. 466, 467.

BAILLY (Jacques), p., I, p. 113.

BAILLY (Jacques), p. et gr., II, p. 17.

BAINVILLE (Jacques), II, p. 183.

BALDINUCCI (Filippo), I, p. 33, 60, 61. II, p. 30, 82, 395, 494.

BALÉCHOU (Jean-Joseph), gr., I, p. 124, 125. II, p. 17-19.

BALLET (Charles), II, p. 513.

BALLEY, II, p. 462.

BALLIN (Armand-Gabriel), II, p. 362.

BALLOFFET (Joseph), I, p. 337. II, p. 193, 402.

BALLONS, I, p. 401-402.

BALLOT DE SOVOT, II, p. 307.

BALSARIN (Guillaume), II, p. 19.

BALTARD (Louis-Pierre), arch. et gr., II, p. 19.

BALUFFE (Auguste), II, p. 69.

Balustrade (La), lith. par H. Le Sidaner, II, p. 342.

BALZAC (Honoré de). — Ses ouvrages, I, p. 202. — *Contes drolatiques*, I, p. 287. II, p. 180. — *Eugénie Grandet*, II, p. 72. — Ses portraits, I, p. 239.

BALZAC (Jean-Louis Guez de). — Ses portraits, I, p. 239.

BAMMEVILLE (Joly de). *Voir :* Joly de Bammeville.

BANCE (Charles), marchand d'est., II, p. 19-20.

BANQUE DE LAW, I, p. 405.

BANVILLE (Théodore de), I, p. 263, 264. II, p. 69, 100, 151, 152, 237.

Baour, gr., I, p. 260.

Baour (Almanachs de), I, p. 402.

Bapst (Germain), II, p. 181, 386.

Baquoy (Les), gr., II, p. 20.

Baquoy (Pierre), gr., II, p. 20.

Bar (Duché de). — Portraits, I, p. 237, 238.

Barabé (Pierre-André), I, p. 68.

Barbarin (F.), p. et gr., II, p. 20.

Barbeau de La Bruyère, I, p. 231.

Barbet, de Rouen, I, p. 191.

Barbet de Jouy (Henry), II, p. 56, 137.

Barbey (Aug.), II, p. 445.

Barbier (J.-C.), II, p. 502.

Barbier de Montault (X.), I, p. 177.

Barbiere (Domenico del), dit *Dominique Florentin*, p., sc. et gr., I, p. 426. II, p. 21.

Barbizon (Seine-et-Marne), I, p. 101. II, p. 378, 394.

Bard (Chevalier Joseph), I, p. 321.

Bardey (Mᵐᵉ Jeanne), sc., p. et gr., II, p. 21.

Baré, I, p. 29, 270. II, p. 48, 97, 109, 169, 199, 231, 488, 490, 491.

Barnard (Obsert H.), I, p. 101.

Baron (Balthazar-Jean), gr., II, p. 21.

Baron (Henri-Charles-Antoine), p. et lith.; II, p. 22.

Baroux (Eugène), I, p. 76.

Barras (Sébastien), p. et gr., II, p. 22.

Barre (Alfred), I, p. 62.

Barré (Le P. Nicolas) sur son lit de mort, gr. par Charles Simonneau, d'après Vivien, II, p. 491.

Barrême (Vᵛᵉ Gabriel), II, p. 293.

Barrès (Maurice), I, p. 281, 411.

Barrière (Dominique), dess. et gr., II, p. 22.

Barrin de La Galissonnière, I, p. 321.

Barroux (Robert), I, p. 42.

Barthe (Abbé), II, p. 228.

Barthélemy (A.), II, p. 27, 155.

Barthélemy (Édouard de), I, p. 425. II, p. 221.

Barthélemy (H.), dess. et gr. sur bois, I, p. 290. II, p. 22.

Barthélemy (J.), I, p. 148.

Barthou (Louis), I, p. 285. II, p. 394.

Bartsch (Adam), I, p. 24, 27, 105, 426. II, p. 21, 26, 190, 197, 377.

BARY (Albert de), I, p. 321.

BARYE (Antoine-Louis), sc. et lith., I, p. 31, 52. II, p. 22-23.

BASAN (Pierre-François), gr. et marchand d'est., I, p. 23, 24, 25, 125, 126, 135. II, p. 23, 122, 357, 426, 543.

BASAN (Simon-Ferdinand), le jeune, marchand d'est., II, p. 24.

BASCHET (Armand), II, p. 265.

BASCHI-SAINT-ESTÈVE (Cte de), I, p. 321.

BASILI-CALLIMAKI (Mme de), II, p. 282.

BASQUE (Graveur), II, p. 508.

BASSET, gr. et marchand d'est., I, p. 133.

BASSINET-DAUGARD (P.-D.), gr. amateur, II, p. 24.

BATAILLE (Charles), impr. en taille-douce, I, p. 125.

BATAILLE (Henry), auteur dramatique et lith., II, p. 24, 29.

Bataille (Scène de), gr. par Marcenay de Ghuy, d'ap. Parrocel, II, p. 354.

Bataille de Hastenbeck, gr. par Le Quain, I, p. 126.

BATELEURS TROYENS (Affiche de), I, p. 379.

BATOWSKI (Zygmunt), II, p. 403.

BATS (J.-B. de). *Voir* : Debats (J.-B.).

BATTANCHON (Georges), I, p. 98. II, p. 47.

BAUCHART (Quentin-). *Voir* : Quentin-Bauchart.

BAUD (Maurice), II, p. 32.

BAUDELAIRE (Charles), I, p. 263, 385, 391-392. II, p. 104, 105, 148, 236, 255, 284, 374, 382, 421, 515, 517, 528. — *Les Fleurs du Mal*, II, p. 65. — Ses portraits, I, p. 239.

BAUDET (Étienne), gr., II, p. 24-25.

BAUDICOUR (Prosper de), I, p. 27. . II, p. 8, 15, 25, 41, 54, 68, 91, 92, 95, 100, 101, 129, 177, 188, 192, 199, 218, 222, 229, 243, 244, 249, 252, 259, 264, 280, 296, 301, 308, 330, 334, 349, 361, 381, 401, 405, 411, 413, 416, 417, 421, 449, 453, 458, 477, 478, 492, 499, 505, 516, 523, 530, 532, 535, 538, 544.

BAUDIER (Paul), p.-gr., II, p. 25.

BAUDIN (P.-C.-L.), membre du Conseil des Anciens, I, p. 135.

BAUDIN (Pierre), I, p. 213.

BAUDON (Albert), I, p. 240, 334.

BAUDOUIN (Cte de), I, p. 321.

BAUDOUIN (Pierre-Antoine), p., I, p. 29, 54. II, p. 25, 260, 313.

BAUDRIER (Le Président), I, p. 266.

BAUDRIER (J.), I, p. 313.

BAUDRY, impr., I, p. 111.

BAUDRY (Alfred), I, p. 295. II, p. 70.

BAUDRY (Paul), p., II, p. 462.

BAUER (Henry), II, p. 314.

BAUER (M.-A.-J.), p. et gr., II, p. 25.

BAUQUEL (Philippe), I, p. 369.

BAVEREL, I, p. 24.

BAVOILLOT (Jolly-). *Voir :* Jolly-Bavoillot.

BAYARD (Emile), I, p. 66, 105, 143, 272, 388.

BAYEUX (Calvados). — Musée, I, p. 167.

BAYLE, II, p. 419.

BAYOT (Adolphe), II, p. 26.

BAYSSE (Valmy-). *Voir :* Valmy-Baysse.

BAZIN (Nicolas), dess. et gr., I, p. 115. II, p. 26.

BAZIRE (Edmond), II, p. 150, 151, 353.

BÉ (Félix), II, p. 100.

BÉARN, II, p. 188.

BEATRIZET (Nicolas), dess. et gr., II, p. 26.

BEAUBRUN. *Voir :* Bobrun.

BEAUCHAMPS (J. de), II, p. 54.

BEAUCOURT (G. de), I, p. 142.

BEAUFORT D'EPOTHÉMONT(Charles et Édouard de), I, p. 322.

BEAUFRÈRE (Adolphe), p. et gr., II, p. 26-27.

BEAUJOLAIS (Bibliophiles du), I, p. 313.

BEAULIEU (PORTIER DE). *Voir :* Portier de Beaulieu.

BEAULIEU (Le Chevalier de), II, p. 54, 226, 398.

BEAULIEU (BROSSARD DE). *Voir :* Brossard de Beaulieu.

BEAUMARCHAIS, I, p. 293. II, p. 384.

BEAUMONT (ALVIN-). *Voir :* Alvin-Beaumont.

BEAUMONT (Cte Charles de), I, p. 224.

BEAUNIER (André), II, p. 8.

BEAUPRÉ (Jean-Nicolas), I, p. 428. II, p. 127, 272, 547.

BEAUQUIER (Charles), II, p. 531.

BEAURAIN (Narcisse), I, p. 163.

BEAUREGARD (Gérard de), II, p. 445.

BEAUREPAIRE (Ch. de), I, p. 400, 431.

BEAUREPAIRE (Edmond), I, p. 258.

BEAUVAIS DE PRÉAU, I, p. 23, 430.

BEAUVARLET (Jacques-Firmin), gr., II, p. 27, 213.

BEAUVILLIER (Abbesse Jeanne de), II, p. 419.

Beaux-Arts, revue, I, p. 14, 228, 280, 284, 285, 286, 289, 307. II, p. 72, 247, 307, 375, 449, 475, 514.

BÉCAN, dess. d'affiches, I, p. 382, 383. II, p. 28.

BECHON DE ROCHEBRUNE (Jean), gr. amateur, II, p. 28.

BECKER (Félix), I, p. 32.

BÉCLARD, II, p. 136.

Beethoven, gr. par A. de Lemud, II, p. 333.

Beffroi d'Evreux (Le), gr. par E. Charvot, II, p. 107.

Beffrois du Nord de la France, 10 eaux-fortes par A. Mayeur, II, p. 366.

BÈGON (Michel), coll., I, p. 322. II, p. 28.

BÉGON (Scipion-Jérôme), I, p. 322.

BEGOUEN (Cte de), II, p. 300.

BÉGUIN (Simon), I, p. 322.

BÉGULE, II, p. 52.

BEHAGUE (Octave de), coll., II, p. 28.

BEHR, I, p. 84.

BEIN (Jean), gr., II, p. 29.

BÉJOT (Eugène), p. et gr., I, p. 227. II, p. 29-30.

BELLA (Edward), I, p. 379.

BELLA (Stefano della), p. et gr., II, p. 30-31.

BELLANGÉ (Hippolyte), p. et lith., II, p. 31.

BELLANGE (Jacques), p. et gr., II, p. 31-32.

BELLEGARDE (Marquis de Clinchamp-). *Voir :* Clinchamp-Bellegarde.

BELLEGARDE (Du Pac de). *Voir :* Du Pac de Bellegarde.

Belle-Mère (La), gr. par J.-Ch. Levasseur, d'ap. Greuze, II, p. 343.

BELLENGER (Clément-Édouard), gr. sur bois, II, p. 32.

BELLEROCHE (Albert), p. et lith., II, p. 32.

BELLEROCHE (Chastellain d'Essertines de). *Voir :* Chastellain d'Essertines de Belleroche.

BELLERY-DESFONTAINES, p., I, p. 382.

BELLEUDY (Jules), II, p. 18, 19, 486.

BELLEVOYE (Ad.), II, p. 351, 519.

BELLIER DE LA CHAVIGNERIE (Émile), I, p. 29, 423. II, p. 33, 281, 376, 443, 522.

BELLINI (Gentile), p. II, p. 190.

BELLOTTO (Bernard), p., II, p. 403.

BELLY (Jacques), p. et gr., II, p. 32.

BELOFF (Angelina), gr. sur bois, I, p. 80.

BELOT (Gabriel), gr. sur bois, I, p. 292. II, p. 32.

BELTRAND (Jacques), gr. sur bois, I, p. 80, 295. II, p. 33.

BELTRAND (Tony), gr. sur bois, I, p. 17. II, p. 33.

BELVIANES (Marcel), I, p. 378.

BÉNARD, II, p. 407.

BENAULT DE LUBIÈRES (De), I, p. 322.

BENDERITTER, I, p. 92, 94.

BENE (Benedetto dal), p., II, p. 482.

BENEDETTI (Alessandro), II, p. 329.

BÉNÉDITE (Léonce), I, p. 48, 94, 96, 97, 162, 200, 207, 209, 218. II, p. 66, 77, 78, 93, 115, 133, 180, 191, 204, 205, 206, 208, 227, 232, 326, 327, 335, 336, 349, 366, 368, 374, 391, 401, 405, 463, 495, 540, 545.

BÉNEZECH (Collection), à Valenciennes, I, p. 182.

BÉNÉZIT (E.), I, p. 32.

BENGESCO (Marie), II, p. 441, 442.

BENKARD (R.), I, p. 314. II, p. 409.

BENOIST (Luc), I, p. 283. II, p. 449.

BENOIST DE MATOUGUES, I, p. 189.

BENOIT (Arthur), I, p. 142, 179, 237, 261, 301, 308, 312, 316, 343, 346, 348, 363. II, p. 127, 128. — Ses ex-libris, I, p. 322.

BENOIT-LÉVY (Edmond), I, p. 96.

BÉRAIN (Jean), p. et gr., I, p. 252. II, p. 33-34.

BERALDI (Henri), I, p. 29, 30, 45, 46, 65, 78, 93, 143, 198, 201, 206, 209, 212, 235, 272, 273, 413. II, p. 7, 32, 34, 39, 61, 98, 106, 107, 144, 161, 166, 167, 201, 211, 226, 231, 263, 274, 288, 315, 329, 368, 380, 386, 391, 400, 408, 440, 442, 466, 518, 538.

BERALDI (Pierre), I, p. 235.

BÉRANGER (Pierre-Jean de). — Ses portraits, I, p. 239.

Bérard (A.), I, p. 28. II, p. 141, 359, 360.

Bérard (Jean), II, p. 150.

Bérard (Léon), II, p. 513, 514.

Bérault (Abel), gr., I, p. 111.

Berchaire (Saint), gr. par S. Leclerc, II, p. 320.

Bercy. *Voir :* Bersy.

Berger (Joseph) père, I, p. 169.

Berger de Xivrey, I, p. 87.

Bergerat (Émile), II, p. 149, 232, 286.

Berggruen (Oskar), I, p. 194.

Beringhen (Marquis de), coll., II, p. 34.

Berjeau (J.-Ph.), I, p. 263.

Berleux (Jean), I, p. 387.

Berlier (J.-B.), gr., I, p. 376.

Berlin (Allemagne). — Académie, I, p. 219. — Musée, I, p. 183. — Kunstgewerbe-Museum, I, p. 415.

Bernard (Auguste), I, p. 268. II, p. 510, 526.

Bernard (Émile), p., dess. et gr., I, p. 50. II, p. 34.

Bernard (Le Petit). *Voir :* Salomon (Bernard).

Bernard (Samuel), p. et gr., II, p. 35.

Bernard (Samuel-Jacques), amateur, II, p. 35.

Bernard (Valère), p. et gr.. II, p. 35.

Bernay (Eure), II, p. 404. — Musée, I, p. 167.

Beroldingen (Joseph Anton Sigismond von), I, p. 24.

Berry (Duchesse de), I, p. 39. II, p. 35. — Ses ex-libris, I, p. 322.

Berry. — Ex-libris berrichon, I, p. 344.

Bersy ou Bercy (P.-J. de), p. et gr., II, p. 36.

Bertall, II, p. 149, 150.

Bertarelli (Dr Achille), I, p. 246.

Bertaud de La Tour Blanche (Jean). — Son ex-libris, I, p. 323.

Bertaut (Jules), I, p. 418.

Bertauts, impr.-lith., II, p. 36, 341.

Bertaux (Duplessi-). *Voir :* Duplessi-Bertaux.

Bertaux (E.), II, p. 278.

Bertels (Kurt), II, p. 154.

Berthiaud, I, p. 62.

Berthon, dess., I, p. 382.

Bertin (Pierre-Vincent), I, p. 323.

Bertinot, gr., II, p. 68, 361.

BERTOLOTTI (A.), I, p. 424.

BERTON (Étienne), I, p. 323.

BERTON (Huyot-). *Voir :* Huyot-Berton.

BERTRAND (Alexis), II, p. 474.

BERTRAND (Saint Louis). *Voir :* Louis Bertrand (Saint).

BERTRAND (Noël-François), gr. et éd., II, p. 36.

BERTRAND (Raymond de), II, p. 72, 85.

BERTY (Adolphe), II, p. 9.

BERVIC (Charles-Clément), gr., I, p. 147. II, p. 36-37.

BESANÇON (Doubs). — Bibliothèque, I, p. 280. — Musée, I, p. 167. — Ex-libris, I, p. 332.

BESNARD (Albert), p. et gr., II, p. 37-38.

BESNARD (Mme Charlotte), II, p. 37, 287.

BESNARD (Henri), I, p. 50.

BESNARD (Pierre), I, p. 170.

BESSÉ (A.-G.), gr., I, p. 224.

BESSET (Famille de), I, p. 323.

BESSON (Charles-Jean-Baptiste), p., sc., lith. et gr., II, p. 38.

BESSON (François de), I, p. 323-324.

BEST (Jean), gr. sur bois, II, p. 39.

BETOU (Alexandre), dess. et gr., II, p. 39.

BETZ (Lallemant de). *Voir :* Lallemant de Betz.

BEUCHOT, I, p. 294.

BEULÉ (Charles-Ernest), II, p. 529.

BEURDELEY (Alfred), coll., II, p. 39.

BEURDELEY (Jacques), p. et gr., I, p. 227. II, p. 39-40.

BEURDELEY (P.), I, p. 410.

BEUVE (Paul), I, p. 249. II, p. 546.

BEUZON (Vente), I, p. 142.

BEWICK, gr. sur bois, I, p. 226.

BIAIS (Émile), I, p. 165. II, p. 387, 122, 123.

BIARD (Pierre) père, arch. sc. et gr., II, p. 40.

BIARD (Pierre) fils, sc. et gr., II, p. 40.

Bible (La Sainte), ill. par G. Doré, I, p. 294. II, p. 181.

BIBLE DES PAUVRES, I, p. 273, 294.

Bible historiée d'Antoine Vérard, I, p. 295. II, p. 526.

Bibliophile français (Le), revue, I, p. 15, 151, 268, 296, 409. II, p. 136, 137, 141, 427, 548.

BIBLIOPHILE JACOB (Le). *Voir :* Lacroix (Paul).

BIBLIOTHÈQUE NATIONALE. *Voir :* Paris.

BIBLIOTHÈQUES DE PROVINCE, I, p. 163-183.

BICHARD (Géry-). *Voir :* Géry-Bichard.

BIDA (Alexandre), dess., I, p. 295. II, p. 40-41.

BIDAULT (Jean-Pierre-Xavier), p. et gr., II, p. 41.

BIDOU (Ch.-Fr.), II, p. 344.

BIDOU (Henry), I, p. 218. II, p. 238.

Bien (Le) et le Mal, gr. par V. Vibert, d'après V. Orsel, II, p. 532.

BIÈVRE (Le Conte de). *Voir :* Le Conte de Bièvre.

BIÈVRE (Mareschal de). *Voir :* Mareschal de Bièvre.

BIGMORE (E.-C.), I, p. 270.

BIGNICOURT (Christophe-Rémy de), I, p. 324.

BIGNON (Armand-Jérôme), bibliothécaire du roi, I, p. 131, 132, 150.

BIGOT (Famille), I, p. 324.

BIGOT (Jean), I, p. 324.

BIJOUTERIE, I, p. 405. II, p. 65.

BILLETS DE BANQUE, I, p. 405.

BILLETS de naissance, de mariage et d'enterrement, I, p. 147, 405-406, 414, 421.

BILLETS DE SPECTACLE, I, p. 79.

BILLIET (Joseph), I, p. 80.

BILLIOUX (J.-V.), II, p. 104.

BILLOT DE GÖLDLIN, I, p. 338.

BILLY (André), II, p. 302.

BING (S.), I, p. 78, 212.

BINGHAM, photographe, II, p. 367.

BISSUEL DE SAINT-VICTOR (Jean-Mathieu), I, p. 324.

BIZEMONT (Famille de), I, p. 324.

BIZEMONT (Cte Arthur de), I. p. 304, 321, 322, 356, 376. II, p. 8.

BIZEMONT-PRUNELÉ (Cte de), dess. et gr., II, p. 41.

BLAISE (J.-J.), II, p. 118, 119.

BLAMONT (Le Bourguignon de). *Voir :* Le Bourguignon de Blamont.

BLANC (Charles), I, p. 42, 57, 62, 141, 432. II, p. 60, 80, 81, 85, 105, 151, 160, 168, 210, 236, 241, 246, 254, 255, 268, 281, 283, 339, 432, 506, 528, 530. — Son eau-forte : *Tête de Broussais après sa mort,* II, p. 41.

BLANC (Étienne), I, p. 106.

BLANC (Honoré), gr., II, p. 510.

BLANC (Paul), p. et gr., II, p. 41-42.

BLANC ET NOIR (Expositions de), I, p. 196, 197, 198, 200, 203.

BLANCHARD (Auguste-Thomas-Marie), gr., II, p. 42.

BLANCHARD (Émile), II, p. 220.

BLANCHARD (Émile-Théophile), I, p. 74.

BLANCHARD (Jacques), p., II, p. 42.

BLANCHARD (Dr Raphaël), I, p. 305, 324, 377, 413.

BLANCHE (Jacques-Émile), p., II, p. 37, 267, 353.

BLANCHET (Augustin), I, p. 103.

BLANCHET (Thomas), p., arch. et gr., II, p. 42.

BLANCHET-MAGON (Louis), I, p. 324.

BLANCHIMENT des estampes, I, p. 85, 104.

BLEI (Franz), II, p. 469.

BLÉMONT (Émile), II, p. 205.

BLÉRY (Eugène), gr., II, p. 43.

BLETON (A.), II, p. 21.

BLISS (Frank E.), coll., II, p. 328.

BLOCH (Jean-Richard), I, p. 80.

BLOIS (Loir-et-Cher), I, p. 111. — Musée, I, p. 167-168. — Artistes blésiens, I, p. 224.

BLONDEAU (Claude), I, p. 324-325.

BLONDEL (Spire), I, p. 45, 408.

BLOT (Mme Vve), II, p. 43.

BLOT (Maurice), gr., II, p. 43.

BLUM (André), I, p. 49, 82, 155, 280, 287, 389, 390, 391, 392. II, p. 53, 54, 242.

BLUM (René), I, p. 277, 278, 282.

BOBRUN (Louis), p. et gr., II, p. 43.

BOCCARD (Hubert de), I, p. 325.

BOCHER (Emmanuel), I, p. 28. II, p. 102, 236, 300, 307, 476.

BODEL NIJENHUIS (J.-T.), I, p. 231, 232.

BODIN (Soulange-). Voir : Soulange-Bodin.

BODMER (Karl), p. et gr., II, p. 43.

BŒTZEL (Ernest), gr. sur bois, II, p. 44.

BŒUF (Dominique), I, p. 325.

BOGLOWER (Lewis). Voir : Souchon (Louis).

BOILLOT (Joseph), gr., II, p. 44.

BOILLY (Jules-Léopold), p. et lith., II, p. 44.

BOILLY (Louis-Léopold), p. et lith., II, p. 44-45.

BOILVIN (Émile), p. et gr., I, p. 52, 209. II, p. 45-46, 218.

BOILY (Charles-Ange), dess. et gr., II, p. 46.

BOINET (Amédée), I, p. 278.

BOIS (De), II, p. 448.

BOIS (Jules), II, p. 37.

BOIS (Gravure sur), I, p. 28, 30, 31, 34, 38, 57, 58, 59, 74, 75, 76, 77, 78, 79, 80, 81, 82, 83, 155, 157, 192, 193, 194, 195, 206, 207, 208, 209, 210, 212, 214, 222, 225, 226, 261, 263, 265, 267, 268, 272, 275, 283, 288, 294, 295, 394, 428, 431, 432. II, p. 25, 32, 33, 39, 44, 70, 74, 118, 125, 126, 136, 177, 178, 210, 213, 250, 263, 287, 289, 305, 312, 314, 317, 318, 337, 343, 366, 377, 392, 408-409, 424, 458, 482, 491, 522, 526, 531, 532, 542.

BOISBAUDRAN (Lecoq de). *Voir :* Lecoq de Boisbaudran.

BOISFREMONT (De), I, p. 432.

BOISGONTIER (H.), gr., I, p. 224.

BOISSARD (Jean-Baptiste), I, p. 325.

BOISSART (Michel-J.), p. et gr., II, p. 46.

BOISSIER (André-Claude), p. et gr., II, p. 46.

BOISSIÈRE (Galtier-). *Voir :* Galtier-Boissière.

BOISSIEU (Jean-Jacques de), gr., II, p. 46-47.

BOISSIEU (Salvaing de). *Voir :* Salvaing de Boissieu.

BOISSONNET (Baron), I, p. 305.

BOITARD, I, p. 62.

BOITEAU D'AMBLY, I, p. 396.

BOMBART (Dʳ H.), I, p. 400.

BOMBOURG, I, p. 288.

BONAPARTE (Princesse Charlotte-Napoléon), II, p. 48.

BONAPARTE (Princesse Jeanne), II, p. 48.

BONDOUX (A.), I, p. 43.

BONFILS (Robert), gr. sur bois, I, p. 80.

BONHEUR (Rosa), p., II, p. 48.

BONHOMMÉ (François-Ignace), p. et lith., II, p. 48.

BONINGTON (Richard Parkes), p. et lith., I, p. 91. II, p. 48-49, 409.

BONNAFFÉ (Edmond), I, p. 30. II, p. 367.

BONNARD (Pierre), p. et lith., I, p. 285. II, p. 49.

BONNARDOT (Alfred), I, p. 40, 104, 141, 151, 257, 259. II, p. 187.

BONNART (Les), gr., II, p. 49.

BONNART (Nicolas), gr., II, p. 49-50.

BONNASSIEUX (P.), II, p. 165.

BONNAT (Léon), p., II, p. 50,162. — Sa collection, I, p. 55.

Bonne Mère (La), gr. par N. de Launay, d'ap. Fragonard, II, p. 88.

BONNECROY (Jean), p. et gr., II, p. 50.

BONNEFON (Paul), II, p. 226,228.

BONNEMER (François), p. et gr., II, p. 50.

BONNET, de Castres, I, p. 170.

BONNET, II, p. 18.

BONNET (Louis-Marin), gr., I, p. 68. II, p. 51.

BONNET (Raoul), I, p. 419, 422.

BONNIER (Les), I, p. 325.

BONNIER DE LA MOSSON (Joseph), I, p. 325.

BONNIER DE LA MOSSON (Anne-Josèphe), duchesse de Chaulnes. *Voir* : Chaulnes (Anne-Josèphe Bonnier de La Mosson, duchesse de).

BONNIN (Alexandre), I, p. 65. II, p. 461.

BONVIN (François), p. et gr., II, p. 51-52.

BOPPE (Auguste), I, p. 419.

BOQUET (F.), I, p. 259.

BORD (Dr Benjamin), II, p. 12.

BORDEAUX (Gironde). — Cartes à jouer, I, p. 399. — École de dessin, II, p. 299. — Ex-libris, I, p. 309. — Exposition Lalanne, II, p. 302. — Graveurs, II, p. 309, 531. La Lithographie, I, p. 99, 425. — Musée, I, p. 168. — Vues du port, I, p. 256.

BORDES DE FORTAGE (Louis de), I, p. 249.

BOREL (Antoine), dess. et gr., II, p. 52.

BOREL (Paul), p. et gr., II, p. 52.

BOREL (Petrus), I, p. 263, 264.

BOREL (Pierre), II, p. 116.

BORÉLY, I, p. 384.

BORIS (L.), gr., II, p. 52.

BORNET (Paul), I, p. 51, 226.

BORROMEO (Cte), II, p. 122.

BOSC (Les De), I, p. 326.

BOSC (Ernest), I, 29.

BOSCHOT (Adolphe), II, p. 206, 207.

BOSSE (Abraham), gr. I, p. 59, 60, 68, 105, 408. II, p. 52-54, 398.

BOSSEBŒUF (Abbé L.), I, p. 241. II, p. 319, 359.

BOSSUET, I, p. 295.

BOSTON (États-Unis), I, p. 183, 303. II, p. 372, 373, 436.

BOTTIN (Sébastien), II, p. 363.

BOTU (Pierre-Hyacinthe-Vincent), I, p. 326.

Bouais Jan (Le), revue normande, II, p. 76.

BOUCHARD-HUZARD, II, p. 311.

BOUCHARDON (Edme), sc., II, p. 54.

BOUCHER (François), p. et gr., I, p. 41, 50. II, p. 54-55, 212, 541.

BOUCHER (François), II, p. 247.

BOUCHER (Henry), I, p. 241. II, p. 391.

BOUCHER DE CRÈVECŒUR (Armand), I, p. 326.

BOUCHER DE CRÈVECŒUR DE PERTHES (Jacques), I, p. 320.

BOUCHER DE PERTHES (Armand), I, p. 326.

BOUCHER-DESNOYERS (Bᵒⁿ Louis-Augustin), dess. et gr., I, p. 84. II, p. 56, 201, 500.

BOUCHERY (Omer), gr., II, p. 56.

BOUCHET (Charles), I, p. 248. II, p. 365.

BOUCHET (Jean-Baptiste), gr., II, p. 56.

BOUCHET (Jules-Frédéric), arch. et gr., II, p. 56.

BOUCHET DE VILLIERS, dess. et p., I, p. 129.

BOUCHIER (J.), p. et gr., II. p. 57.

BOUCHOT (Henri), conservateur du Cabinet des Estampes, I, p. 30, 47, 78, 94, 152, 153, 154, 155, 157, 203, 211, 212, 230, 255, 270, 271, 300, 381, 399, 408. II, p. 10, 11, 45, 87, 159, 169, 193, 205, 238, 245, 266, 431, 453. — Articles écrits sur lui après sa mort, II, p. 57.

BOUCOT (Claude), amateur, I, p. 51. II, p. 57.

BOUDON DE SAINT-AMANS (Jean-Florimond), I, p. 326.

BOUGON (Louis-Étienne), gr., I, p. 347.

BOUGUEREAU, p., II, p. 225.

BOUILLET (J.-B.), I, p. 171.

BOUILLIARD (Jacques), éd. et gr., II, p. 57-58.

BOUILLON (Cardinal de). — Ses portraits gr. par R. Nanteuil, II, p. 395.

BOUILLON (Mausolée des ducs de), II, p. 14.

BOUISSON (Collection), à Montpellier, I, p. 174.

BOULAN (J.-M.), dess. d'ex-libris, I, p. 307.

BOULAND (Du Sart de). *Voir :* Du Sart de Bouland.

BOULAND (Dr Ludovic), I, p. 284, 301, 303, 304, 312, 318, 319, 320, 321, 322, 323, 326, 327, 333, 337, 339, 344, 345, 347, 352, 353, 360, 363, 364, 371, 373, 375, 376. II, p. 32, 127, 141, 189, 402, 501, 506.

BOULANGER (C.), II, p. 237.

BOULANGER (Louis), p. et lith., I, p. 50. II, p. 58.

BOULARD (A.), graveur, I, p. 67.

BOULLONGNE (Les), I, p. 326.

BOULLONGNE (Jean de), dit *le Valentin. Voir :* VALENTIN (Moïse).

BOULOGNE (Bon de), p. et gr., II, p. 58.

BOULOGNE (Louis de) père, p. et gr., II, p. 57.

BOULOGNE (Louis de) fils, p. et gr., II, p. 59.

BOULOGNE-SUR-MER (Pas-de-Calais). — Musée, I, p. 168.

BOULONGNE (A.), I, p. 71.

BOUMOIS (Aubert de), I, p. 326.

BOUNIEU (Michel-Honoré), p. et gr., II, p. 59.

BOUQUET (Auguste), p. et gr., II, p. 59.

BOUQUET (Louis), p. et gr., I, p. 80. II, p. 13, 59.

BOUQUET (Michel), dess. et lith., II, p. 59.

BOUR (Édouard), II, p. 223.

BOURBON-BUSSET (Vte Louis-Antoine-Paul de), I, p. 326, 354.

BOURBON-MALAUSE (Louis-Auguste de), I, p. 327.

BOURBONNAIS. — Ex-libris, I, p. 309, 338. — Artistes, II, p. 174.

Bourbourg (Vues de), gr. par P.-A. Bouroux, II, p. 62.

BOURCARD (Gustave), amateur, I, p. 21, 30, 31, 54, 66, 103, 139, 175, 234. II, p. 60, 77. — Sa collection d'affiches illustrées, I, p. 378.

BOURCOT (Pierre de), I, p. 327.

BOURDALOUE. — Ses portraits, I, p. 240.

BOURDIN (Dr E.), II, p. 57, 431.

BOURDON (Pierre), ciseleur et gr., II, p. 60.

BOURDON (Sébastien), p., I, p. 245. II, p. 53, 60.

BOURG-EN-BRESSE, I, p. 69.

BOURGAREL DE MARTIGNAN, I, p. 327.

BOURGAULT-DUCOUDRAY (Mme Marie), I, p. 30.

BOURGEOIS (Armand), I, p. 211. II, p. 61, 102, 112, 125, 132, 198, 213, 321, 397, 523, 524, 525, 545.

BOURGEOIS (Jean-Baptiste-Henri), gr., II, p. 61.

BOURGEOIS (J.-I.), II, p. 480.

BOURGEOIS (Paul), I, p. 16, 50. II, p. 392.

BOURGEOIS DE LA RICHARDIÈRE (Jacques-Achille), gr., II, p. 61.

BOURGEON, p., I, p. 127.

BOURGES (Léonide), p. et gr., II, p. 61, 145.

BOURGOGNE (Duchesse de), I, p. 117.

BOURGOGNE. — Le *Bois Protat*, I, p. 78. — Ex-libris, I, p. 309-310.

BOURGOIN D'ORLY, II, p. 83.

BOURGONGNE (De), I, p. 327.

BOURGONGNE (Henriot-). *Voir :* Henriot-Bourgongne.

BOURGONNIER (Claude), p. et lith., II, p. 61.

BOURGUET (Jean), gr., I, p. 351.

BOURGUIGNON D'ANVILLÉ. *Voir :* Anvillé (Bourguignon d').

BOURIN (Henry), I, p. 244. II, p. 460.

BOURLIER l'aîné, I, p. 327.

BOURLIER DE PARIGNY (Philippe et Léonard), I, p. 327.

BOURNAND (François), I, p. 196, 203. II, p. 9.

BOURNONVILLE (Pierre de), I, p. 327.

BOUROUX (Paul-Adrien), gr., I, p. 288, 292. II, p. 61-62.

BOURSON (Jacques), I, p. 304.

BOURZAC (L'Abbé de). *Voir :* La Cropte (Jean-François de).

BOUSSAIROLLES (Les), I, p. 327.

BOUSSATON, II, p. 51.

BOUSSOLE, I, p. 395.

BOUSSON (Les), I, p. 327.

BOUTARD (Jean-Baptiste), I, p. 26.

BOUTEILLER (E. de), I, p. 408.

BOUTEMIE (Daniel), orf., gr. et méd., II, p. 62.

BOUTET (G.), gr., II, p. 60.

BOUTET (Henri), gr. et p., I, p. 47, 66. II, p. 62-63, 76, 136.

BOUTET DE MONVEL (Bernard), p. et gr., II, p. 63.

BOUTON (V.-M.), I, p. 57.

BOUTONS, I, p. 405, 417.

BOUTRY (Julien-Louis-Camille), p., gr. et lith., I, p. 44. II, p. 63.

BOUTTELLIER (Pierre), impr., II, p. 63.

BOUVENNE (Aglaüs), écrivain et gr., I. p. 242, 264, 377. II, p. 48, 63, 69, 107, 108, 229, 333, 372, 547. — Sa coll. d'ex-libris, I, p. 300.

BOUVERET (DAGNAN-). *Voir :* Dagnan-Bouveret.

BOUVY (Eugène), I, p. 53, 54, 55, 99, 246, 247, 278, 391, 425. II, p. 7, 53, 90, 95, 146, 231, 239, 288, 345, 354, 398, 433, 442, 450, 452, 475, 497, 539, 541, 550.

BOUYER (Raymond), I, p. 77, 78, 208, 212, 274, 275, 381. II, p. 24, 33, 61, 76, 77, 78, 112, 126, 190, 203, 204, 205, 206, 242, 271, 298, 311, 374, 376, 436, 457, 479, 495, 498, 525, 538.

BOUYS (André), p. et gr., II, p. 63-64.

BOUZONNET (Les), II, p. 64.

BOUZONNET-STELLA (Claudine), p. et gr., II, p. 64.

BOYER D'AGEN, II, p. 262.

BOYER D'AIGUILLES (Jean-Baptiste), p. et gr., II, p. 64, 357.

BOYER DE NIMES, I, p. 384.

BOYVEAU-LAFFECTEUR, I, p. 327, 354.

BOYVIN (René), gr., II, p. 65.

BOZE (GROS DE). *Voir :* Gros de Boze.

BRACQUEMOND (Félix), gr., I, p. 46, 57, 58, 77, 96, 194, 198, 209, 211, 264. II, p. 65-67, 253, 439, 545.

BRADLEY (William Aspenwall), I, p. 51. II, p. 303, 374.

BRAEKELEER (Henri de), p. et gr., I, p. 31. II, p. 468.

BRAME (Hector), II, p. 25.

BRANCHE DE SEUIL (Nicolas), I, p. 328.

BRANDES (Otto), I, p. 198, 387.

BRANDICOURT (A.), I, p. 303, 323.

BRANDOUIN DU PUGET (D^{lle}), I, p. 341.

BRANDT (L.), I, p. 179.

BRASCASSAT (Raymond), p. et gr., II, p. 67-68.

BRAUN (De), I, p. 408.

BRAUN (Roger), I, p. 378.

BRAUX (B^{on} de), I, p. 319, 320, 328, 351, 366.

BRAZIER, I, p. 384.

BRÉBAN (CORRARD DE). *Voir :* Corrard de Bréban.

BRÉBIETTE (Pierre), gr., II, p. 68.

BRÉBION (Edmond), II, p. 184.

BRÉBISSON (R. de), I, p. 319, 320, 324, 338, 342, 353, 355, 359, 362, 365, 374. II, p. 50.

BREDT (E. W.), I, p. 143.

BREGEAUT (R.-L.), I, p. 85, 86, 87, 90, 98.

BREITKOPF (Johann Gottlob Immanuel), I, p. 394.

BRENET (Nicolas-Guy), p. et gr., II, p. 68.

BRENTANO (FUNCK-). *Voir :* Funck-Brentano.

BRESCOU (Joé), II, p. 245.

BRESDIN (Rodolphe), dit *Chien-Caillou*, gr. et lith., II, p. 68-70.

BREST (Finistère). — Musée, I, p. 168. — Patrie des Ozanne, II, p. 406.

BRETAGNE. — Comptes des États, I, p. 421. — Ex-libris, I, p. 331. — Portraits, I, p. 236.

BRETIN (J.-B.-H.), I, p. 328.

BRETON (V.), I, p. 72.

BREVET d'imprimeur-lithographe, I, p. 136.

BREVETS de logements d'artistes, I, p. 421, 430.

BRÉVIAIRE de 1736, I, p. 297. II, p. 55.

BRÉVIAIRES, I, p. 273.

BREVIÈRE (Henri), gr. sur bois, I, p. 75, 100, 405. II, p. 70.

BRIARD (Emmanuel), I, p. 403.

BRICON (Étienne), II, p. 266, 433.

BRIDOUX (François-Eugène-Augustin), gr., II, p. 71.

BRIE (Almanachs de la), I, p. 402.

BRIEGER (L.), I, p. 281.

BRIEND (Alfred), gr., II, p. 71.

BRIÈRE (Gaston), conservateur au Musée de Versailles, I, p. 19, 422. II, p. 190.

BRIMYARD (O.), II, p. 360.

BRIONNE (Comtesse de), II, p. 355.

BRIOT (Les), gr. et méd., II, p. 71.

BRIOT (Isaac), gr. et méd., II, p. 71-72.

BRIOT (Nicolas), gr., II, p. 72.

BRIQUET (C.-M.), I, p. 102, 103.

BRISSAUD (Pierre), p. et illustrateur, II, p. 72.

BRISSON (Adolphe), I, p. 424. II, p. 91, 215, 314, 460, 495, 545.

BRISSONNEAU (LOTZ-). *Voir :* Lotz-Brissonneau.

BRIVOIS (Jules), I, p. 239, 265.

BRIZARD (Gabriel), II, p. 481.

BROADLEY (A. M.), I, p. 389.

BROCARD (A.-Henry), I, p. 173.

BROCHANT DU BREUIL, I, p. 328.

BROCHERY (Les), gr., II, p. 72.

BROQUELET (A.), I, p. 97, 98, 221. II, p. 111.

BROQUELET (Jean-Marie-Alfred), lith., II, p. 72.

BROSCH (L.), II, p. 99.

BROSSARD (L.), I, p. 279.

BROSSARD DE BEAULIEU (Marie-Renée-Geneviève), p. et gr., II, p. 72-73.

BROSSES (Le Président de). — Son ex-libris, I, p. 328.

BROUET (Auguste), gr., II, p. 73 74.

BROUILLET (Amédée), I, p. 177.

Broussais après sa mort (*Tête de*), gr. par Ch. Blanc, II, p. 41.

BROUTELLE (Honoré), gr., I, p. 54, 81, 428. II, p. 74.

BROWN (Affaire John), II, p. 113.

BROWN (John-Lewis), p. et lith., II, p. 74.

BRUCKER, I, p. 384.

BRUEL (François-Louis), I, p. 156, 251, 401. II, p. 51, 535.

BRUEL (Pierre), I, p. 203.

Bruges mystique, 15 pl. à la pointe sèche, par E. Lequeux, II, p. 340.

BRULLIOT (François), I, p. 25, 26.

BRUNAND (Claudine), dess. et gr., II, p. 74.

BRUNE (Abbé Paul), I, p. 32.

BRUNET (Gustave), I, p. 76, 267, 395.

BRUNET (J.), gr. et lith., II, p. 74.

BRUNET (Jacques-Charles), I, p. 27, 262, 263, 296.

BRUNET-DEBAINES (Alfred-Louis), p. et gr., I, p. 63, 67. II, p. 75.

BRUNETIÈRE (Ferdinand), II, p. 162.

BRUNFAUT (Adolphe), II, p. 549.

BRUPACHER (Jacques), gr., I, p. 314, 335.

Brutus (*Junius*), gr. par Coqueret, d'ap. Lethière, II, p. 129.

BRUWAERT (Edmond), II, p. 87, 88, 89, 90, 507, 508.

BRUXELLES (Belgique), I, p. 183, 415. II, p. 131, 199.

BRUYELLE (Ad.), I, p. 169.

BRUYER (Georges), gr. sur bois, I, p. 81.

BRUZARD (L.-M.), II, p. 529.

BRY (Auguste), II, p. 438, 439.

BRYAN (Michael), I, p. 25, 27. 28, 30, 31.

BUCHER (B.), I, p. 105.

Budan (Cte Émile de), I, p. 299.

Buffenoir (Hippolyte), I, p. 247, 248, 289. II, p. 508.

Bugnicourt (Max), p. et gr., II, p. 75.

Buhot (Félix), I, p. 57, 102, 157, 158, 163, 164, 178, 179, 196, 197, 199. II, p. 41, 75-78.

Buhot (Mme Félix), II, p. 77.

Buisseret (Augustin de), I, p. 386, 439.

Buisson (J.), I, p. 195. II, p. 69.

Buisson (Jules), gr., II, p. 78.

Buisson (Martial), I, p. 280.

Buisson (Le), gr. par Daubigny, d'ap. Ruisdael, II, p. 145.

Buldet (D.-C.), marchand d'est., II, p. 78, 295.

Bulffer (Charles), I, p. 328.

Bulla (J.), marchand d'est., II, p. 16.

Bullant (Jean), arch. et gr., II, p. 78-79.

Bullet (Abbé Jean-Baptiste), I, p. 393, 394.

Bulletin de l'Académie des Beaux-Arts, I, p. 83. II, p. 365, 538.

Bulletin de l'Alliance des Arts, revue, I, p. 15.

Bulletin de l'Art ancien et moderne, revue, I, p. 15, 108, 152, 153, 158, 159, 213. II, p. 38, 66, 89, 117, 124, 132, 133, 154, 159, 191, 194, 205, 207, 211, 238, 271, 374, 479.

Bulletin de la Société archéologique, historique et artistique « Le Vieux Papier », I, p. 15, 47, 143, 230, 242, 253, 258, 259, 304, 305, 306, 307, 309, 356, 378, 390, 398, 399, 400, 401, 404, 405, 406, 407, 408, 410, 411, 412, 414, 416, 417, 418, 419. II, p. 101, 120, 409, 535.

Bulletin de la Société de l'histoire de l'Art français, I, p. 15, 111, 230, 252, 422. II, p. 19, 120, 121, 154, 172, 190, 246, 247, 250, 275, 315, 332, 339, 398, 459, 476, 477, 479, 481, 542.

Bulletin de la Vie artistique, revue, I, p. 15, 101, 160, 277, 382, 391. II, p. 101, 224, 232, 351, 353, 375, 400, 473, 513, 514.

Bulletin des Beaux-Arts, revue, I, p. 15, 270, 401. II, p. 48, 54, 55, 97, 108, 109, 169, 196, 199, 231, 321, 386, 433, 488, 490, 491.

Bulletin du Bibliophile (Le), I, p. 44, 65, 77, 153, 212, 241, 265, 268, 269, 277, 280, 281, 282, 283, 288, 290, 291, 293, 295, 301, 323, 388, 390, 403, 404, 408, 413. II, p. 10, 128, 200,

210, 255, 283, 285, 286, 304, 320, 357, 441, 476, 485, 507, 526.

Buonanni (F.), I, p. 60, 61.

Bureau (Paul), II, p. 271.

Burel (Isaac), gr., II, p. 79.

Buret (A.), encadreur, I, p. 104.

Burey (Cᵗᵉ de), I, p. 319, 331, 333, 342, 344, 350, 353, 355, 364.

Burin (Jean), I, p. 77.

Burin (Gravure au), I, p. 42, 58, 63, 64, 67, 193, 194, 195, 199, 201, 202, 204, 206, 208, 209, 221, 285. II, p. 213, 323.

Burlington Magazine for Connoisseurs, revue anglaise, I, p. 16.

Burnand (Robert), I, p. 278, 280, 282, 283, 284, 285, 286, 289. II, p. 72, 140, 267, 270, 391, 412, 420, 525.

Burney, gr., I, p. 209.

Burty (Philippe), I, p. 62, 63, 191, 199, 200, 294. II, p. 65, 70, 75, 76, 105, 141, 149, 151, 157, 162, 181, 235, 237, 243, 246, 252, 271, 276, 285, 306, 341, 367, 368, 371, 372, 373, 378, 382, 386, 393, 409, 433, 464, 493, 510, 531. — Son ex-libris, I, p. 328.

Buschmann (Paul), I, p. 65.

Busquet (Alfred), I, p. 287. II, p. 367.

Busset (M.), I, p. 83.

Busset (Vᵗᵉ de Bourbon-). *Voir:* Bourbon-Busset.

Bussy (Charles de). *Voir :* Marchal (Charles).

Butavand (Lucien), gr., II, p. 79.

Butet-Hamel (P.), I, p. 183.

Butin (Ulysse), p. et gr., II, p. 79.

Byblis, revue, I, p. 16, 53, 55, 67, 68, 82, 84, 101, 161, 162, 235, 278, 279, 280, 281, 282, 283, 284, 285, 286, 287, 289, 290, 291, 292, 293, 295, 298, 405, 416. II, p. 5, 6, 17, 21, 25, 33, 43, 47, 54, 62, 73, 74, 91, 97, 99, 126, 132, 138, 146, 147, 156, 177, 178, 179, 186, 193, 197, 207, 223, 228, 231, 234, 242, 247, 263, 264, 270, 293, 294, 298, 317, 321, 337, 343, 352, 367, 375, 394, 406, 409, 424, 428, 442, 450, 453, 456, 473, 479, 486, 490, 508, 511, 515, 525, 526, 531, 534, 537, 542, 543.

Bylaert (Jean-Jacques), I, p. 71.

Cabalistiques (Ex-libris), I, p. 304.

Cabarieu (Mila de), I, p. 260.

Cabat (Louis), p. et gr., II, p. 68, 79.

Cabinet (Le) de l'amateur et de l'antiquaire, revue, I, p. 16, 76, 90, 430. II, p. 158, 258, 290, 322, 332, 395, 432, 517, 547.

Cabinet du Roi (Le), collection d'estampes, I, p. 43, 151, 160.

CADART (A.), éd., I, p. 43, 63.

CADET DE GASSICOURT (Félix), I, p. 322, 334, 341, 352, 353, 359, 364, 374. — Son ex-libris, I, p. 328.

CADET DE VAUX, II, p. 176.

CAEN (Calvados), I, p. 123. — Graveur, II, p. 310. — Musée, I, p. 160-169.

CAEN (LYON-). *Voir :* Lyon-Caen.

CAFÉS-CONCERTS (Programmes de), I, p. 413.

CAFFIERI (Jacques), sc., I, p. 258.

CAHEN (Gustave), II, p. 204, 283.

CAHIER (Auguste), I, p. 172.

Cahiers d'art, revue, I, p. 288, 285. II, p. 294.

CAHORS (Lot). — Musée, I, p. 169.

CAHUAC (Bertrand), I, p. 328.

CAIGNART DE SAULCY (Henri-Joseph), I, p. 328.

CAILINO (Mme), née Baquoy, II, p. 20.

CAILLAUT (Antoine), impr., II, p. 79.

CAILLEAU (André-Charles), I, p. 187.

CAILLY (Ch.), I, p. 408.

CAIN (Georges), II, p. 336.

CAIN (Julien), II, p. 380.

CAISSE des artistes graveurs, I, p. 39.

CALAIS (Pas-de-Calais). — Musée, I, p. 169.

CALAMATTA (Luigi), gr., II, p. 80-81.

CALAME (Alexandre), p. et gr., II, p. 81.

CALAS (Estampe de Delafosse relative à la famille), I, p. 252, II, p. 164, 165.

CALENDRIERS, I, p. 402, 403.

CALIX (COMPTE-). *Voir :* Compte-Calix.

CALLARI (Luigi), I, p. 213.

CALLEMONT (Nicolas), impr., I, p. 109, 110, 111.

CALLIMAKI (Mme de BASILI-). *Voir :* Basili-Callimaki (Mme de).

CALLOT (Jacques), gr., I, p. 34, 57, 60, 162, 218, 254. II, p. 82-90, 508.

CALMELS (Édouard), I, p. 107.

CALMETTES (Fernand), I, p. 209. II, p. 163.

CALMETTES (Maurice), II, p. 393, 476, 477, 478.

CALMOT (Nicolas). *Voir :* Callemont.

CALONNE (Alphonse de), I, p. 206, 208.

CALOT (Frantz), I, p. 280.

CALVIN (Jean). — Ses portraits, I, p. 240.

CAMAÏEU (Gravure en), I, p. 57, 82. II, p. 336.

CAMARGO (La), danseuse. — Ses portraits, I, p. 240.

CAMBON (François-Tristan de), évêque de Mirepoix, I, p. 329. II, p. 370.

CAMBON (Urbain de NOIR DE), *Voir :* Noir de Cambon.

CAMBRAI (Nord). — Musée, I, p. 169.

CAMBRIDGE (Angleterre). — Harvard College, I, p. 183.

CAMILLAC (MONTBOISSIER DE). *Voir :* Montboissier de Camillac.

CAMILLE (Le citoyen), II, p. 12.

CAMP (Famille), I, p. 329.

CAMPARDON (Émile), II, p. 364.

CAMPION (Charles-Michel), gr. amateur, II, p. 90.

CAMPION DE TERSAN (Abbé Charles-Philippe), gr. amateur, I, p. 30. II, p. 90.

CAMPOU (Marquis de), I, p. 329.

CAMPOU (François), I, p. 329.

CAMPOU-GRIMALDI (Marquis de), I, p. 360.

CAMPS (François de), évêque de Pamiers, I, p. 329.

CAMUS (A.-G.), I, p. 99.

CANARDS, I, p. 397.

Cancalaises (Les), gr. par H. Boutet, II, p. 63.

CANILLAC (MONTBOISSIER DE). *Voir :* Montboissier de Canillac.

CANIVET (Ch.), II, p. 75.

CANTINELLI (R.), bibliothécaire en chef de la Chambre des Députés, I, p. 257. II, p. 375.

CANTREL (Emile), II, p. 104.

CAPOT DE FEUILLIDE, I, p. 384.

CAPPIELLO (Leonetto), dess. d'affiches, I, p. 382, 383. II, p. 91.

CARAFFE (Armand-Charles), p. et gr., II, p. 91.

CARAN D'ACHE, caricaturiste, I, p. 424. II, p. 91.

CARBON (Jean-Louis), I, p. 329.

Carco (Francis), I, p. 81.

Carcassonne (Aude), II, p. 470.
— Musée, I, 169.

Cardon (Émile), I, p. 63. II, p. 100,
148.

Care (Dont), I, p. 339.

Caresme (Philippe), p., II, p. 212.

Carey (Charles), II, p. 91.

Caricature, I, p. 45, 51, 198, 232,
380, 384-392, 413, 417. II, p. 91,
245, 254, 382, 383, 391, 417,
473, 515, 517, 528, 530.

Caricature (La), journal, I, p. 387,
388.

Carjat (Étienne), II, p. 151, 152,
246.

Carlègle, dess. et gr., II, p. 91.

Carlier (Adrien), II, p. 200, 501.

Carlier (J.-J.), II, p. 85.

Carmontelle (L.-C. de), p. et
gr., II, p. 92.

Carné (Olivier de) [O. de Cein-
mar], II, p. 90.

Carnoy (Henry), II, p. 443.

Caron (Jean-Louis-Toussaint),
gr., I, p. 137. II, p. 92.

Caron (L. Gebhart), II, p. 216.

Carpeaux (Jean-Baptiste), sc. et
gr., I, p. 31. II, p. 92-93.

Carpeaux (Musée), à Valenciennes, I, p. 182.

Carpentier (Jean-Baptiste), gr.,
I, p. 354.

Carpentin (Charles de), I, p. 329.

Carpentras (Vaucluse). — Musée, I, p. 170.

Carré (L.-G.), p. et gr., II, p. 93.

Carre de Luzançay, I, p. 329.

Carrère (Jean), I, p. 379, 382.

Carrier (Abbé Maximilien-
Jean-Baptiste), I, p. 330.

Carrière (Eugène), p. et lith., I,
p. 31, 214. II, p. 37, 93-94.

Carrière (Le P. Jean-Baptiste
de), I, p. 330.

Carrouges (Ex-libris du canton
de), I, p. 310.

Carrousel de 1662, est., II, p. 110.

Carrousels de 1685 et 1686, est.,
I, p. 252. II, p. 34.

Carry (Dr), I, p. 256.

Cars (Les), gr., II, p. 94.

Cars (Laurent), gr., I, p. 234, 417.
II, p. 15, 94-95, 360.

Carsalade Du Pont (De), II,
p. 261.

Carsix (Du Faÿ de). *Voir :* Du
Faÿ de Carsix.

Cartaud, arch., II, p. 247.

CARTE postale illustrée, II, p. 282.

CARTERET (GRAND-). *Voir:* Grand-Carteret.

CARTERET (Léopold), I, p. 267.

CARTES à jouer, I, p. 30 38, 58, 59, 109, 111, 123, 132, 137, 191, 274, 295, 393-400, 408. II, p. 167.

CARTES-adresses, I, p. 406, 414.

CARTES d'invitation, I, p. 413, 414.

CARTES de visite, I, p. 405, 406.

CARTES géographiques, I, p. 86.

CARTIER (E.), II, p. 532.

CARTIER (Karl), II, p. 180, 219.

CARTIERS. *Voir :* Cartes à jouer.

CARTOMANCIE, I, p. 396.

CARVOISIN (Cᵗᵉ de), I, p. 330.

CARY (Elisabeth Luther), II, p. 153, 328, 336, 337.

CASALTA (HOUDARD-). *Voir:* Houdard-Casalta.

CASANOVA (François), p. et gr., II, p. 95.

CASSAIGNE (J.), I, p. 239.

CASSANDRE, dess. d'affiches, I, p. 383. II, p. 95.

CASSATT (Mary), p. et gr., II, p. 95.

Cassel (Vues de), gr., par P.-A. Bouroux, II, p. 62.

CASSOU (Jean), II, p. 294.

CASTAGNARY (Jules-Antoine), I, p, 64. II, p. 149.

CASTAN (Auguste), I, p. 167. II, p. 483.

CASTAN (François), I, p. 330.

CASTELAN, I, p. 84.

CASTELLAN (A.-L.), II, p. 251.

CASTELLIN (Nicolas), gr., II, p. 96, 415.

CASTETS (H.), II, p. 101, 269, 454.

CASTILHON (Jean), I, p. 35. II, p. 96.

CASTRES (Tarn). — Musée, I, p. 170.

CATAFALQUES, I, p. 160.

CATELLAN (De), I, p. 330.

CATHERINE DE MÉDICIS, reine de France, II, p. 482.

CAUME (Pierre), II, p. 469.

CAUMONT (CAZE de). *Voir:* Caze de Caumont.

CAYLA (J.-M.), I, p. 384.

CAYLUS (Cᵗᵉ de), amateur et gr., I, p. 423. II, p. 96-97, 414, 540.

CAYRON (L.-M.), gr., I, p. 224.

CAZE DE CAUMONT (Franz), I, p. 270.

CÉ (Henri), I, p. 379.

CEINMAR (Olivier de). *Voir :* Carné (Olivier de).

Célébrité (La), revue, I, p. 76, 84, 91, 100. II, p. 499.

CELEYRAN (Dr TAPIÉ DE). *Voir :* Tapié de Celeyran.

CELLIER (François), tapissier, II, p. 16.

CELLIER (Pierre), I, p. 330.

CELLIEZ (Henry), I, p. 107.

CELLULOTYPIE, I, p. 66, 100.

CERNA (Ramon Gomez de la), I, p. 80.

CERNEL (Marie-Louise MAR-CEAU, femme CHAMPION DE) [Emira MARCEAU], gr., II, p. 97.

CERQUAND (J.-F.), I, p. 409.

CERTEUX (Alphonse), I, p. 407.

CERVANTÈS. — *Don Quichotte*, ill. par G. Doré, I, p. 287. II, p. 181.

C'est un fils, Monsieur, dess. de Moreau le Jeune, II, p. 387.

CETTE (Hérault). — Musée, I, p. 170.

CÉZANNE (Paul), p., I, p. 214.

CHAALIS (Abbaye de), I, p. 310.

CHABERT (F.-M.), II, p. 320.

CHABEUF (Henri), I, p. 321, 328, 342. II, p. 197, 326, 387. — Ses ex-libris, I, p. 330.

CHABLIS (Yonne), II, p. 340.

CHABOT, I, p. 309.

CHABOT (Duc de) II, p. 176.

CHABREL (M.-C.), I, p. 182.

CHACORNAC, proviseur du lycée Condorcet. — Son portrait gr. par J. Lieure, II, p. 345.

CHAFFIOL (Fernand), II, p. 419.

CHAGALL (Marc), p. et gr., II, p. 97.

CHAHINE (Edgar), p. et gr., II, p. 97-99.

CHAILLOU, marchand d'est., I, p. 136. II, p. 99.

CHAIX (Imprimerie), I, p. 380.

CHAIX D'ESTANGE, II, p. 383.

CHALAIS (De), I, p. 330.

CHALAMEL, I, p. 91.

CHALANDRE (Fernand), I, p. 81.

CHALCOLITHOGRAPHIE, I, p. 87.

CHALCOTYPIE, I, p. 84.

CHALLE (Michel-Ange), p. et gr., II, p. 100.

CHALLERANGE (ROLAND DE). *Voir:* Roland de Challerange.

CHALON-SUR-SAÔNE (Saône-et-Loire). — Musée, I, p. 170. — Oratoire, I, p. 310.

Chalon-sur-Saône (Une rue à), gr. par Ch. Maldant, II, p. 352.

CHÂLONS-SUR-MARNE (Marne). — Graveurs, II, p. 109, 112, 419, 523, 524. — Musée, I, p. 170.

CHALOT-SAINT-MARD (LE JUGE-). *Voir :* Le Juge-Chalot-Saint-Mard.

CHAM (Amédée de Noé, *dit*), caricaturiste, II, p. 100.

CHAMAYOU (Adalbert), I, p. 170.

CHAMBLY (DE LA TOUR-DU-PIN). *Voir :* La Tour-du-Pin Chambly.

CHAMBOISSIER (Léon), I, p. 418.

CHAMBRAY (De), I, p. 330.

CHAMBRE SYNDICALE de la Librairie, I, p. 109, 110, 111, 126, 127.

CHAMPAGNE. — Almanachs, I, p. 402. — Graveurs, I, p. 425-426, 432. II, p. 132. — Portraits, I, p. 237.

CHAMPAIGNE (Philippe de), p. 1. II, p. 53, 168.

CHAMPAVERT (ROSÉ DE). *Voir :* Rosé de Champavert.

CHAMPENOIS, II, p. 331.

CHAMPFLEURY, littérateur et amateur, I, p. 269, 385, 386, 387, 409. II, p. 52, 59, 68, 85, 100-101, 148, 152, 237, 255, 292, 382, 392, 393, 417, 421, 515.

CHAMPIER (Victor), I, p. 402-405. II, p. 115.

CHAMPIN, lith., I, p. 257.

CHAMPION DE CERNEL (Marie-Louise MARCEAU, femme). *Voir :* Cernel (Marie-Louise Marceau, femme Champion de).

CHAMPOLLION (Eugène-André), gr., II, p. 101, 218.

CHAMPSAUR (Félicien), II, p. 113, 174, 451, 466.

CHANCEREL (Léon), I, p. 416. II, p. 224.

CHANCEY (Abbé de), garde du Cabinet des Estampes, I, p. 149, 150.

CHANOINE-DAVRANCHES (L.), I, p. 398.

CHANSIERGUES-ORNANO (Les), I, p. 331.

CHANSIERGUES-ORNANO (Vte de), I, p. 374.

CHANSIERGUES-ORNANO (Cte Benoît de), amateur, II, p. 101.

Chanson des Gueux (La), de J. Richepin, ill. par Steinlen, I, p. 292. II, p. 496.

Chansons (Les) de Laborde, I, p. 289.

Chansons (Les Nouvelles) de P. Delmet, ill. par Willette, II, p. 545.

CHANSONS des rues, I, p. 397.

CHANSONNIERS, I, p. 402, 404.

CHANTAVOINE (Jean), II, p. 133.

CHANTEAU (Francis de), I, p. 300.

CHANTÉRAC (LA CROPTE DE). *Voir:* La Cropte de Chantérac.

CHANTEREAU (J.), p. et gr., II, p. 101.

CHANTILLY. — Musée, II, p. 479.

Chants et Chansons populaires de la France, I, p. 295.

Chapelle Sixtine (La), lith. par J.-P. Sudre, d'ap. Ingres, II, p. 498.

CHAPIN (Willis O.), I, p. 52.

CHAPLIN (Charles), p. et gr., II, p. 101.

CHAPOULLIÉ (René), II, p. 91.

CHAPPET (De), I, p. 331.

CHAPPUIS (Fr.), II, p. 22.

CHAPRON (Nicolas), p. et gr., II, p. 102.

CHAPRONT (Henry), gr., II, p. 102.

CHAPSOL (Éloy), I, p. 166.

CHAPTAL (Henri), I, p. 427.

CHAPU (Henri), sc., II, p. 225.

CHARAVAY (Étienne), II, p. 210, 410.

CHARBONNEL (Victor), II, p. 154.

CHARDIN (Jean-Baptiste-Siméon), I, p. 29, 41. II, p. 102-103, 523.

CHARDON (V.), I, p. 319, 331.

CHARENSOL, II, p. 470.

CHARENTON (Seine), II, p. 372.

CHARETTE, général vendéen. — Ses portaits, I, p. 240.

Charivari (Le), journal, II, p. 149.

CHARLES Ier, roi d'Angleterre. — Son portrait gr. par P. Lombart, II, p. 347.

CHARLES VI, roi de France, I, p. 251.

CHARLES, I, p. 195.

CHARLES (Claude), gr., I, p. 428.

CHARLET (Nicolas-Toussaint), p. et lith., I, p. 50, 91, 254, 385. II, p. 103-107, 409.

CHARMIER (J.-Claude), gr., II, p. 107.

CHARPENTIER, gr., I, p. 123.

CHARPENTIER (Léon), I, p. 332, 374.

CHARTIER (Jean), p. et gr., II, p. 107.

CHARTRAINE (Henry), II, p. 78.

CHARTRES (Duc de), I, p. 137.

CHARTRES (Eure-et-Loir). — Imagerie populaire, I, p. 397.

CHARVERIAT, II, p. 52.

CHARVET (L.), II, p. 42.

CHARVOT (Eugène), p. et gr., II, p. 107.

CHAS LABORDE. *Voir :* Laborde (Chas).

CHASLES (Philarète), I, p. 384.

CHASSE, I, p. 406.

CHASSÉRIAU (Théodore), p., gr. et lith., II, p. 107-108.

CHASSIGNET (Jean-Baptiste), II, p. 348.

CHASTANET (Claude - Léonard - Joseph), I, p. 331.

CHASTEAU (Guillaume), gr., II, p. 108-109.

CHASTELLAIN D'ESSERTINES DE BELLEROCHE (Jacques-André), I, p. 331.

CHASTENET (Claude - Léonard - Joseph), gr., II, p. 109.

CHASTILLON (Claude), dess. et gr., II, p. 109.

CHÂTEAU (Guillaume). *Voir :* Chasteau.

CHÂTEAU-THIERRY (Aisne). — Musée, I, p. 171.

CHÂTEAUGIRON (De), coll., II, p. 56.

CHÂTEAUGIRON (Jean-Marie de), I, p. 331.

CHÂTEAUNEUF (D'ALLEMAN DE). *Voir :* Alleman de Châteauneuf (D').

CHÂTEAUNEUF DE ROCHEBONNE (Les), évêques de Noyon et de Carcassonne, I, p. 332.

CHÂTEAURENAUD (Antoine de MAILLY, marquis de), I, p. 332.

CHATEAUROUX (Indre). — Musée, I, p. 170.

Chats (Les) de Steinlen, II, p. 497.

CHATILLON (Louis de), p. et gr., II, p. 109.

CHATROUSSE (Just.), II, p. 306.

CHATTO (William Andrew), I, p. 396.

CHAUBRY DE TRONCENORD (B^{on}), I, p. 425, 426.

CHAULNES Anne-Josèphe BONNIER DE LA MOSSON (duchesse de), I, p. 332.

CHAUMEIX (André), I, p. 213.

CHAUMELIN (Marius), II, p. 160.

CHAUMETON. *Voir :* Chometon.

CHAUMONT (Haute-Marne). — Musée, I, p. 171.

CHAUSSARD (Pierre-Jean-Baptiste), I, p. 189.

CHAUVEAU (Évrard), p., II, p. 110.

CHAUVEAU (François), dess. et gr., I, p. 34. II, p. 110.

CHAUVEAU (Jacques), gr., II, p. 110.

CHAUVEAU (René), arch. et sc., II, p. 110.

CHAUVEL (Théophile, gr., I, p. 52. II, p. 110-112.

CHAUVIÈRE (LEVEAU DE). *Voir :* Leveau de Chauvière.

CHAVANCE (René), I, p. 80.

CHAVANNE (Cᵗ), II, p. 34.

CHAVANNES (PUVIS DE). *Voir :* Puvis de Chavannes.

CHAZELLE (De), II, p. 47.

CHÉDEL (Pierre-Quentin), gr., II, p. 112.

CHEFFER (Henry), p.-gr., II, p. 112-113.

CHENAVARD (Aimé), p., gr. et ornemaniste, II, p. 113.

CHENAY (Paul), gr., II, p. 113, 278.

Chêne (Le) et le Roseau, fable de la Fontaine ill. par A. Jacquin, II, p. 287.

CHÉNIER (André). — Ses œuvres ill. par Bida, II, p. 40.

CHENNEVIÈRES (Mⁱˢ de), II, p. 176.

CHENNEVIÈRES (Henry de), I, p. 158, 159, 161, 197, 198, 296. II, p. 27, 78, 87, 123, 178, 346, 418, 482, 488, 530.

CHENNEVIÈRES (Philippe de), I, p. 14, 27, 145, 146, 235, 430. II, p. 22, 25, 122, 225, 237, 252, 309, 339, 390, 460, 480, 503.

CHENU (Pierre), gr., II, p. 113.

CHÉREAU (François), dess. et gr., II, p. 15, 114.

CHÉREAU (Jacques), gr. et marchand d'est., II, p. 114.

CHÉREAU (Simon), gr. et marchand d'est., II, p. 114.

CHÉRET (Joseph), I, p. 424.

CHÉRET (Jules), p. et lith., I, p. 274, 275, 334, 378, 379, 415, 418, 424. II, p. 114-117.

CHÉRIÉ (A.), II, p. 256.

CHÉRON (Élisabeth-Sophie), femme Le Hay, p. et gr., II, p. 117.

CHÉRON (Henri), p. et gr., II, p. 117.

CHÉRON (Paul), I, p. 91. II, p. 64, 110.

CHERONNET (Louis), I, p. 382, 383. II, p. 91, 95, 167, 322, 349, 520.

CHÉROT (Le P. Henri), I, p. 240.

CHERRIER (Henry), II, p. 422.

CHESNE-VARIN (Antoine de LA-MARE, seigneur de). *Voir :* Lamare (Antoine de).

CHESNEAU (Ernest), I, p. 63, 71. II, p. 163.

CHEUTIN (Lieutenant E.), I, p. 419.

CHEVAL. *Voir :* Chevaux.

CHEVALERIE (Romans de), I, p. 263.

CHEVALIER, I, p. 87.

Chevalier de la Mort (Le), par V. Bernard, II, p. 35.

CHEVALIERS de l'Ordre de l'Espérance, I, p. 251.

CHEVALLIER (Antoine), gr. sur bois, II, p. 118.

CHEVASSU (Francis), II, p. 216.

CHEVAUX, I, p. 253, 406.

CHEVAUX (Courses de), I, p. 406.

CHEVIGNARD (LECHEVALLIER-). *Voir :* Lechevallier-Chevignard.

CHEVIGNÉ (Cte de), I, p. 287, 288.

CHÈVREMONT (F.), I, p. 243.

CHEVRIERS (Claude-Joseph de), *dit* le comte de SAINT-MAURIS, I, p. 332.

CHICAGO (États-Unis). — Albert Roullier's Art Galleries, I, p. 223, 225, 226, 227. II, p. 26, 27, 155, 329, 337.

CHIEN-CAILLOU. *Voir :* Bresdin (Rodolphe).

CHIFFLART (François-Nicolas), p. et gr., II, p. 118.

CHIFFLET (Famille), I, p. 332.

CHIFFLET D'ORCHAMPS (Le Président), I, p. 332.

CHINCHOLLE (Charles), I, p. 16, 46, 64, 72, 143, 203, 204, 205, 206, 207, 208, 209, 210, 211. II, p. 6, 9, 12, 29, 35, 41, 43, 62, 66, 72, 76, 77, 101, 111, 180, 194, 207, 211, 251, 274, 284, 344, 364, 380, 383, 389, 413, 459, 461, 463, 506, 511, 531, 545.

Chine (Les Conquêtes de l'Empereur de la), suite d'estampes, I, p. 47, 51, 52, 252. II, p. 123-124.

CHIQUET, gr., I, p. 209.

CHIRAC (Frédéric de), II, p. 87.

CHIRURGIENS (Ex-libris de), I, p. 308, 331, 333, 364.

CHODOWIECKI (Daniel), p. et gr., II, p. 403.

CHOFFARD (Pierre-Philippe), gr., I, p. 25, 38, 39, 341, 374. II, p. 118-119.

CHOISEL, potier d'étain, I, p. 114.

CHOLET DE JETPHORT, I, p. 106.

CHOMEL (André-Christophe), seigneur de LA FAYOLLE, I, p. 332-333.

CHOMETON ou CHAUMETON (Jean-Baptiste), p. et gr., II, p. 119.

CHOPARD (D^r), I, p. 410.

CHRÉTIEN (Gilles-Louis), gr. au physionotrace, I, p. 230. II, p. 119-120.

CHRIST (Johann Friedrich), I, p. 22.

CHRISTIAN (Arthur), I, p. 274.

CHRISTIN (Jean-Pierre), I, p. 333.

Christophe (*Saint*), gr. sur bois, I, p. 412.

CHROMOLITHOGRAPHIE, I, p. 88, 89, 91, 96.

CHROMO-TYPOGRAPHIE I, p. 71.

Chronik für verfielfältigende Kunst, revue viennoise, I, p. 45.

Chronique (*La*) *des arts et de la curiosité,* revue, I, p. 16, 42, 43, 44, 63, 92, 246. II, p. 33, 48, 51, 103, 157, 158, 163, 167, 178, 185, 227, 235, 243, 252, 258, 341, 372, 384, 418, 427, 522.

CICÉRI (Eugène), lith. II, p. 120.

Chronique médicale (*La*), revue, II, p. 514.

CINIER (Antoine-Claude). *Voir :* Ponthus-Cinier.

CISELEURS (Maîtres Fondeurs-), I, p. 257.

CLADEL (Judith), II, p. 463.

CLAIR-OBSCUR (Gravure en Camaïeu ou), I, p. 57, 82.

CLAIRAMBAULT (Collection), I, p. 154.

CLAIRAMBAULT (Pierre de), généalogiste et coll., II, p. 120, 462.

CLAIRMARAIS (Abbés de), I, p. 304, 347.

CLAMECY (Nièvre). — Musée, I, p. 171.

CLANET (Louis), II, p. 246.

CLARET DE FLEURIEU (Ctesse), I, p. 333.

CLARET DE LA TOURETTE (Les), I, p. 333.

CLARETIE (Jules), I, p. 63, 253, 272, 296, 423. II, p. 29, 148, 151, 181, 236, 284, 382, 437, 451, 495, 511.

CLARETIE (Léo), I, p. 382.

CLARO (Charles), I, p. 108.

CLARY (J.), I, p. 307.

CLAUD (Pierre), I, p. 406.

CLAUDET (MATTHEY-). *Voir :* Matthey-Claudet.

CLAUDIN (Anatole), I, p. 273. II, p. 11, 19, 63, 79, 138, 194, 203, 273, 279, 291, 297, 305, 344, 351, 355, 405, 421, 499, 516, 526, 535.

CLAUDIN (G.), I, p. 78, 212.

CLAUS (C.), I, p. 29.

CLAUS (E.), I, p. 424.

CLAUSADE (De), I, p. 247, 260, 456.

CLAUSE (J.-J.), II, p. 199.

Claye (Bon A. de), I, p. 138, 266, 291, 301.

Clémenson (A.), II, p. 412.

Clément (Charles), II, p. 160, 243, 432, 459.

Clément-Janin, I, p. 49, 59, 77, 81, 83, 144, 214, 225, 253, 274, 276, 278, 283, 284, 286, 294, 295, 411. II, p. 5, 25, 26, 30, 32, 33, 38, 66, 67, 74, 75, 97, 113, 126, 133, 138, 174, 175, 186, 207, 213, 214, 222, 223, 262, 263, 264, 266, 270, 272, 275, 287, 291, 295, 296, 297, 302, 315, 324, 325, 326, 327, 328, 329, 336, 337, 341, 352, 365, 399, 400, 406, 412, 413, 420, 433, 437, 452, 486, 491, 496, 498, 531, 532, 533, 533, 534. — Son ouvrage : *Coup d'œil sur Paris* ill. par Ch. Heyman, II, p. 272.

Clément de Ris (Cte L.), I, p. 191, 423. II, p. 96, 104, 162, 171, 296, 304, 358, 359, 392.

Clementsen (O. H.), II, p. 120.

Clerget (Fernand), II, p. 404.

Clermont-Ferrand (Puy-de-Dôme). — Musée, I, p. 171.

Clermont-Ganneau (Charles), I, p. 64.

Clichage des estampes, I, p. 64.

Clichés-verre, I, p. 101.

Clinchamp-Bellegarde (Joseph-Albert, marquis de), I, p. p. 333.

Clogenson (S.), II, p. 254.

Clouard (Maurice), I, p. 291.

Clouzot (Henri), conservateur du Musée Galliéra, I, p. 282, 415, 416. II, p. 283, 443, 461, 515.

Club des amis de la Constitution, I, p. 137.

Coblence (Procédé) pour la restitution des vieux bois gravés, I, p. 76.

Cochet (Famille), I, p. 333.

Cochin (Les), gr., II, p. 120-121.

Cochin le père, gr., II, p. 510.

Cochin (Charles-Nicolas), fils, gr., I, p. 36, 41, 52, 129, 148, 153, 187, 256. II, p. 96, 121-124, 176, 221, 319, 381, 477.

Cochin (Henry), I, p. 288. II, p. 191. — Son ouvrage : *En Flandre maritime*, ill. par P.-A. Bouroux, II, p. 62.

Cochin (Madeleine Horthemels, femme), gr., I, p. 297. II, p. 124.

Cochin l'ancien (Nicolas), gr., II p. 90, 121.

Cochon (J.), I, p. 347, 357, 376, 377.

COCLERS, gr., II, p. 169.

CODÉRÉ (Olivier), gr., I, p. 109.

COGNAC (Charente). — Musée, I, p. 171.

COHEN (Henry), I, p. 263-265.

COHEN (J.), I, p. 394, 395.

Coiffures françaises (*Modes et*), est., I, p. 133.

COINY (Jacques-Joseph), gr., II, p. 124, 407.

COINY (Vve), II, p. 323, 406, 407.

COLANDON (D.), p. et gr., II, p. 125.

Colas Breugnon, roman par R. Rolland, I, p. 292. II, p. 33.

COLBERT (Jean-Baptiste), I, p. 113, 423. — Ses portraits, I, p. 240.

COLE (Vicat), p., II, p. 111.

COLIGNY (Charles), I, p. 288, 385. II, p. 31, 211, 367.

COLIN (Charles), gr., II, p. 125.

COLIN (Jean), gr., II, p. 125.

COLIN (Paul-Émile), p. et gr., I, p. 79, 81, 294. II, p. 125-126.

COLINES (Simon de), éd., I, p. 266.

COLISÉE (Exposition du), I, p. 188.

COLLECTIONS et COLLECTIONNEURS, I, p. 44, 138-144, 301, 303, 379.

COLLETET (François), II, p. 52.

COLLIER (La Gravure du) [1786], I, p. 252.

COLLIGNON (François), gr., I, p. 189. II, p. 126.

COLLIN (Dominique et Yves-Dominique) père et fils, gr., I, p. 326, 330, 346, 360, 369. II, p. 127-128.

COLLINET DE LA SALLE, I, p. 333.

COLLOT (Jérôme), chirurgien, I, p. 333.

COLONNA (Francesco), I, p. 288.

COLORIS des gravures et lithographies, I, p. 74, 87, 91.

COLUCCI (Carlo Waldemar), II, p. 99.

COMBES (Paul), I, p. 305, 344, 358.

COMÈTE (Jeu de la), I, p. 399, 409.

COMMANDES de l'État en 1912, I, p. 222.

COMMERCE, I, p. 36, 136, 137, 138-144.

COMMISSION des Beaux-Arts, I, p. 45.

COMMUNE (La), I, p. 387.

COMMUNE générale des arts, I, p. 148.

Comœdia illustré, II, p. 512.

COMPAGNIE DE JÉSUS (Iconographie de la), I, p. 233.

COMPAGNIE néerlandaise des Indes Orientales, II, p. 158.

COMPLAINTES, I, p. 397.

COMPTE-CALIX (François-Claudius), p. et lith., II, p. 128.

COMPTES des États de Bretagne, I, p. 421.

COMTAT-VENAISSIN (L'Imagerie populaire dans le), I, p. 409-410.

COMTE (Jules), I, p. 94, 209, 270. II, p. 182.

CONBROUSE (Guillaume), I, p. 250.

CONCHES (FEUILLET DE). *Voir :* Feuillet de Conches.

CONCHES (LEARES DE). *Voir :* Leares de Conches.

CONCOURS de Rome, I, p. 83.

CONDAT (A. de), II, p. 306.

CONFRÉRIES (Images de), I, p. 407.

CONFRÉRIES parisiennes, I, p. 258. — toulousaines, I, p. 261.

CONGÉS des troupes, I, p. 118.

CONGRÈS des bibliothécaires et des bibliophiles (1923), I, p. 226, 279.

Connaissance (La), revue, I, p. 278.

Connoisseur (The), revue anglaise, I, p. 16, 275. II, p. 159, 206, 360, 365, 373, 397.

CONQUET (Léon), libr., II, p. 128.

Conquêtes de l'empereur de la Chine, suite d'estampes, I, p. 47, 51, 52, 252. II, p. 123-124.

CONRAT (TIETZE-). *Voir :* Tietze-Conrat.

CONSCIENCE (Francis), p. et lith., II, p. 129.

CONSERVATION des estampes, I, p. 104.

CONSERVATOIRE d'estampes (Idée d'un), I, p. 37.

CONSTANT DE TOURS, II, p. 152.

CONSTANTIN (Jean-Antoine), p., dess. et gr., II, p. 129.

CONSTANTIN DE MAGNY, I, p. 333.

Constitutionnel (Le), journal, II, p. 529.

CONSULAT (Le), I, p. 390.

CONTADES (Cte C. de), I, p. 310, 350, 371, 372.

Contes de La Fontaine, I, p. 290. II, p. 200, 476.

Contes drolatiques de Balzac, I, p. 287. II, p. 180.

Contes rémois (Les), par le Cte de Chevigné, I, p. 287, 288. II, p. 367.

CONTI (Prince de), II, p. 478.

CONTRASTE (Le), inventé par N. Pineau, II, p. 423.

CONTREFAÇON des estampes, I, p. 105, 106, 107, 108, 128, 132, 133, 136, 137. II, p. 126, 370.

CONVENTION NATIONALE (La), I, p. 37, 135.

CONVENTS (Sosthène), I, p. 334.

COOPÉRATION ARTISTIQUE INTERNATIONALE (La), I, p. 55.

COPEAU (Jacques), I, p. 73, 215.

COPETTE (Abbé Ponce-François). — Ses portraits et ses ex-libris, I, p. 240, 334.

COPIES d'estampes, I, p. 105, 128, 136.

COPPIER (André-Charles), p. et gr., II, p. 38, 129, 212.

COQUERET (Pierre-Charles), gr., II, p. 129.

COQUIOT (Gustave), II, p. 205, 324, 437, 495, 512, 513, 514.

CORABŒUF (J.), II, p. 129.

CORBUCCI (Vittorio), II, p. 81.

CORDIER (Henri), I, p. 51. II, p. 123.

CORDIER (Louis-Joseph), I, p. 150.

CORGEAT (ARNOUX DE). *Voir :* Arnoux de Corgeat.

CORNEILLE (Claude), p. et gr., II, p. 129.

CORNEILLE (Jean-Baptiste), p. et gr., II, p. 130.

CORNEILLE (Michel-Ange), p. et gr., II, p. 130.

CORNEILLE (Pierre), II, p. 258. — Ses portraits, I, p. 240.

CORNU (Paul), I, p. 147, 148, 390. II, p. 91, 399.

CORNU (Sébastien-Melchior), p. et lith., II, p. 130.

COROT (Jean-Baptiste), p. et gr., I, p. 31, 218. II, p. 111, 130-132, 530.

CORPET (Étienne), I, p. 157.

CORPORATION des graveurs, I, p. 47.

CORRARD DE BRÉBAN, I, p. 432.

Correspondant (Le), revue, II, p. 527.

Cosaque à cheval, lith. par le baron Lejeune, II, p. 330.

COSSIN (Louis), p. et gr., II, p. 132.

COSTE (P.), II, p. 257.

COSTEL, II, p. 129.

COSTER, II, p. 82.

COSTUMES MILITAIRES, I, p. 253.

COTELLE (Les), p. et gr., II, p. 132.

Cotelle (Jean), père, p. et gr., II, p. 132.

Cotelle (Jean), fils, p. et gr., II, p. 133.

Cottenet, I, p. 293.

Cottet (Charles), p. et gr., I, p. 424. II, p. 133.

Cottreau (Gabriel), I, p. 253, 306.

Couché (Jacques), gr., II, p. 133.

Couchet (Famille), I, p. 333.

Coucy (Enguerrand de), I, p. 251.

Coucy-le-Chateau (Aisne), II, p. 189.

Couder (Ruben de), I, p. 108.

Couderc (Camille), conservateur honoraire du Département des Manuscrits, I, p. 152.

Coudray (Jean), I, p. 47. II, p. 63.

Cougniou (Philippe de), I, p. 334.

Couleur (Gravure en), I, p. 28, 57, 59, 61, 68, 69, 70, 71, 72, 73, 130, 155, 208, 213, 214, 215, 216, 217, 220, 223, 224. II, p. 51, 166, 232-233, 316-317, 352.

Coulommiers (Seine-et-Marne), II, p. 60.

Coulon (Eric de), dess. d'affiches, I, p. 383. II, p. 133.

Coupin (P.-A.), II p. 171.

Coups d'œil sur Paris, ouvrage de M. Clément-Janin, ill. par Ch. Heyman, II, p. 272.

Courajod (Louis), I, p. 254. II, p. 357.

Courbet (Gustave), p., II, p. 133.

Courbeville (Jean-Pierrre-Marie Guilloud de). *Voir:* Guilloud de Courbeville.

Courboin (François), graveur et conservateur du Cabinet des Estampes, I, p. 46, 48, 53, 59, 66, 67, 79, 98, 152, 153, 154, 155, 199, 223, 230, 377. II, p. 77, 90, 169, 170, 269, 339, 398, 434, 547. — Articles écrits sur lui après sa mort, II, p. 134.

Couronne (De). *Voir :* Haillet de Couronne.

Couronne (Haillet de). *Voir :* Haillet de Couronne.

Courrier de l'Art (Le), revue, I, p. 16, 44, 287. II, p. 79, 94, 114, 158, 159, 200, 259, 357, 360, 389.

Courrier du Livre, revue canadienne, I p. 302.

Courses de chevaux, I, p. 406.

COURTANVAUX (François-César Le Tellier, marquis de), I, p. 334.

COURTAUX (Théodore), II, p. 348.

COURTIN (Les), I, p. 331, 334.

COURTIN (A.), I, p. 182.

COURTOIS (Guillaume), p. et gr., II, p. 134.

COURTOIS (Jacques), p. et gr., II, p. 134.

COURTOIS (Jean-Baptiste), p. et gr., II, p. 134.

COURTRY (Charles), gr., II, p. 62, 135-136, 218.

COURVILLE (E.-H.), I, p. 140.

COUSIN (Jean), p. et gr., I, p. 268. II, p. 136-138.

COUSSENS (Armand), gr., II, p. 138.

COUTEAU (Gilles), impr., II, p. 138.

COUTIL (Léon), gr., II, p. 66, 138.

COUTURE (Thomas), p., II, p. 151.

COUVELEY, I, p. 172.

COUVERTURES de livres illustrées, I, p. 272, 418.

COYECQUE (Ernest), I, p. 111, 219, 258, 266.

COYPEL, p., I, p. 148, 245.

COYPEL (Antoine), p. et gr., II, p. 138-139.

COYPEL (Charles), p., II, p. 139.

COYPEL (Noël), p. et gr., II, p. 139.

COYPEL (Noël-Nicolas), p. et gr., II, p. 139.

CRAISSIN, I, p. 334.

Crapouillot (Le), revue, I, p. 283, 411. II, p. 52.

CRAUK (Musée Gustave), à Valenciennes, I, p. 182.

CRAUZAT (E. de), I, p. 98, 274, 275, 292, 305, 334, 380, 381, 416. II, p. 116, 450, 463, 495, 496, 497, 515.

CRAUZAT (P. de). — Ses ex-libris, I, p. 334. II, p. 116.

ERAYEN (A.), II, p. 485.

CRAYON (Gravure en manière de), I, p. 61, 68. II, p. 51, 121, 168-170, 221.

CRAYONS lithographiques, I, p. 87.

Crédit est mort... image populaire, I, p. 409.

CRÈMIEUX (Albert), II, p. 146.

CRENIÈRE, membre du Conseil des Anciens, I, p. 135.

CREPET (Jacques), I p. 392.

CRÉPY (Les), gr., II, p. 139-140.

CRÉPY (Jean-Baptiste), gr., I, p. 130. II, p. 140.

CRÉPY (Pierre-Louis), gr., I, p. 130, 140. II, p. 541.

CRÈS (Georges), éd., II, p. 140.

CRESTE (Georges), I, p. 416.

CRETEY (J.), p. et gr., II, p. 140.

CREUSE (Estampes relatives au Département de la), I, p. 256.

CREUZÉ (M.), I, p. 180.

CRÈVECŒUR DE PERTHES (Jacques BOUCHER DE). *Voir :* Boucher de Crèvecœur de Perthes.

CRIBLÉ (Gravure en), I, p. 30, 43.

CRIMES (Les) et la gravure, I, p. 407.

CRIQUEBEUF (LANGLOIS DE). *Voir :* Langlois de Criquebeuf.

Cris de Paris, I, p. 407. II, p. 507.

Cris de Londres, I, p. 407.

CRISSÉ (TURPIN DE). *Voir :* Turpin de Crissé.

CRISTALLOGRAPHIE, I, p. 101.

CRITIQUE, I, p. 45.

Croix (Portement de), gr. sur bois, XIVe siècle, I, p. 82.

CROMER (G.), I, p. 230. II, p. 120.

CROMWELL. — Son portrait gr. par P. Lombart, II, p. 348.

CROSBIE (E.), II. p. 245.

CROSNE (De), I, p. 134.

CROTTET (E.), I, p. 265.

CROUCHANDEU, I, p. 176.

CROY (De), I, p. 335.

CROZAT, coll., II, p. 478.

CROZATIER (Musée), au Puy-en-Velay, I, p. 177.

CROZE (J.-L.), II, p. 120.

CROZE-LINCEL (H. de), I, p. 335.

CROZE-LINCEL (J.-A. de), I, p. 335.

CROZIER (J.-J.), gr., II, p. 140.

CROZIER (J.-P.), gr., II, p. 140.

CRUCY (François), II, p. 32.

CUBIÈRES-PALMÉZEAUX (Michel de), I, p. 292.

CUMOND (Marquis de), I, p. 335.

CUREAU DE LA CHAMBRE. — Son portrait gr. par R. Nanteuil, II, p. 396.

CUREL (Chevalier de), *dit* Zapouraph, gr. sur bois, II, p. 140-141, 409.

Curieux (Le), revue, II, p. 65, 80, 268, 271, 291.

CURIOSITÉ, I, p. 141.

Curiosité universelle (La), revue, I, p. 45, 65, 68, 93, 104, 163, 200, 201, 229, 234, 240, 241, 242, 243, 244, 252, 253, 255, 258, 260, 270, 300, 301, 326, 329, 353, 359, 376, 378, 379, 387, 398, 401, 405, 407, 412, 417, 418, 428. II, p. 8, 20, 24, 25, 47, 64, 90, 119, 120, 123, 127, 132, 135, 174, 188, 234, 242, 248, 249, 254, 300, 308, 314,

334, 34o, 355, 35g, 365, 37o, 381, 404, 417, 422, 429, 43g, 48o, 488, 5o6, 517, 518, 53o.

Curmer (Henri-Léon), éd., ii, p. 141.

Curtis (Atherton), i, p. 96. ii, p. 49, 81, 106, 152, 163, 179, 238, 243, 281, 440, 441.

Curzon (Alfred de), p., gr. et lith., ii, p. 141.

Curzon (Henri de), ii, p. 141.

Cuvilliers (Hénin de). *Voir :* Hénin de Cuvilliers.

Cuvilliès (François), père et fils, arch. et gr., ii, p. 141.

Cuzey (Simon-Michel de), i, p. 335.

Cuzieu (Denis de). *Voir :* Denis de Cuzieu.

D** d‘A*** (Chevalier L.-A.), i, p. 3o2.

Dabot (Perrault-). *Voir :* Perrault-Dabot.

Dacier (Émile), i, p. 53, 55, 149, 153, 158, 15g, 175, 211, 212, 213, 214, 215, 216, 217, 219, 221, 235, 240, 246, 248, 258, 38g. ii, p. 97, 124, 129, 16o, 169, 175, 2o3, 247, 260, 263, 272, 296, 34o, 347, 34g, 35o, 352, 374, 398, 416, 419, 422, 475, 478, 479, 541, 542.

Dagnan-Bouveret, p., i, p. 274, 275.

Dagoty (Gautier-). *Voir :* Gautier-Dagoty.

Daillon Du Lude (Gaspard de), évêque d'Albi, i, p. 335.

Dairaine (Abbé), ii, p. 27.

Dalgabio (J.-M.), ii, p. 19.

Dalisson (Nicolas), i, p. 132.

Dallemagne (Aimé), p.-gr., ii, p. 142.

D'Allemagne (Henri-René), i, p. 47, 400.

Dalles (Jean de), gr. sur bois, ii, p. 142.

Dallier (Claude), i, p. 32g, 335.

Dalligny (Auguste), i, p. 17, 64, 93, 95, 97, 108, 149, 157, 179, 196, 197, 199, 2oo, 2o1, 2o2, 2o3, 2o4, 2o5, 2o7, 2o8, 212. ii, p. 6, 111, 178, 2o4, 22o, 226, 237, 238, 3o3, 326, 331, 344, 345, 43g, 44o, 458, 467, 5o4.

Dalloz (Paul), ii, p. 182.

Dalmatie (Eaux-fortes sur la), par T. Valério, ii, p. 52o.

Damas (Fuligny de). *Voir :* Fuligny de Damas.

Damery (Antoine-Alexandre Le Vaillant, seigneur de) i, p. 336.

DAMERY (J.), dess. et gr., II, p. 142.

DANANCHE (Xavier de), p. et gr., II, p. 142.

DANGIBEAUD (Charles), I, p. 180.

DANGUIN, I, p. 42.

DANGUIN (Jean-Baptiste), gr., II, p. 142.

DANGUY DE LA MENAYE, I, p. 336.

DANGY, II, p. 462.

DANIEL, gr., I, p. 321.

DANLOUX (Henri-Pierre), p. et gr., II, p. 143.

DANRÉ D'ARMANCY, I, p. 327, 336.

DANSE, I, p. 221, 408.

Danses des morts ou *Danses macabres*, I, p. 268, 295, 395.

DANTAN (Jean-Pierre) le jeune, sc. et lith., II, p. 143.

DANTE. — *L'Enfer* ill. par G. Doré, I, p. 288. II, p. 180, 181. — par Hermann Paul, I, p. 289. II, p. 270.

DANTIN (Jean), I, p. 222, 223, 225.

DANTON (J.), II, p. 365.

DANYE (Famille), I, p. 336.

DARAGNÈS (Gabriel), dess. et gr., I, p. 81, 225, 285. II, p. 143.

DARBOUR (Gaston), gr., I, p. 274. II, p. 144.

DARCEL (A.), II, p. 339.

DARCIS (Louis), gr., II, p. 144.

DARDEL, dess., II, p. 213, 323.

DARET (Jean), p. et gr., II, p. 144.

DARET (Pierre), p. et gr., II, p. 144.

DARGENTY (G.), II, p. 182, 220, 226, 540.

DARLY (Les), gr., II, p. 144.

DARMON (J.-E.), I, p. 73, 401.

DARODES (Louis-Auguste), gr., II, p. 144.

DARZENS (Rodolphe), II, p. 166.

DASSONVILLE (Jacques), gr. amateur, II, p. 145.

DAUBIGNY (Charles), p. et gr., I, p. 31, 218. II, p. 61, 111, 145-146.

DAUCHEZ (André), p. et gr., II, p. 147.

DAUDÉ DE JOSSAN, I, p. 187.

DAUDET, gr., I, p. 123.

DAUDET (Mme Alphonse), II, p. 437.

DAUDET (Eugène), I, p. 146.

DAUDET (Robert II), gr., II, p. 147.

DAUGARD (BASSINET-). *Voir :* Bassinet-Daugard.

DAULLÉ (Jean), gr., II, p. 147-148.

DAUMIER (Honoré), p. et lith., I, p. 32, 220, 385, 391, 392. II, p. 148-157, 270.

DAUPHIN (Olivier), p. et gr., II, p. 157.

DAUPHINÉ. — Ex-libris, I, p. 327. — Graveurs, I, p. 426, 427.

DAUTAN (Pierre), I, p. 17, 158, 219, 220, 221, 222, 223, 224. II, p. 324, 336.

DAUTREY (L.), II, p. 66.

DAUVERGNE (Anatole), II, p. 60, 443.

DAUZATS (Adrien), p. et lith., II, p. 157-158, 441.

DAUZE (Pierre), I, p. 138, 139, 265, 267.

DAVANNE (A.), I, p. 44, 195.

DAVID (EMERIC-). *Voir :* Emeric-David.

DAVID (Abbé Étienne), I, p. 336.

DAVID (François-Anne), I, p. 246. II, p. 158.

DAVID (Jacques-Louis), p., II, p. 389. — Son tableau : *Le Peletier de Saint-Fargeau,* II, p. 500.

DAVID (Léon), II, p. 98.

DAVID (Louis), gr., I, p. 368. II, p. 158.

DAVID D'ANGERS (Pierre-Jean), sc., I, p. 50. II, p. 103, 217.

DAVILLIER (Baron), I, p. 415.

DAVIN (Léon). *Voir :* Thiry (Léonard).

DAVOUST (Émile), I, p. 63. II, p. 392.

DAVRANCHES (CHANOINE-). *Voir :* Chanoine-Davranches.

DAX (Pierre), I, p. 200, 202, 203, 291.

DAX (Landes), II, p. 350.

DAYMARD (Dr Léon), I, p. 414.

DAYOT (Armand), I, p. 14, 45, 246, 387. II, p. 24, 26, 102, 105, 106, 107, 152, 205, 440, 442, 451, 453, 528, 529.

De arte amandi, poème d'Ovide, I, p. 292.

De artificiali perspectiva, par J. Pélerin, I, p. 292.

DEBAINES (BRUNET-). *Voir :* Brunet-Debaines.

DEBATS ou DE BATS (J.-P. et Marie), impr., I, p. 122. II, p. 185.

DEBERDT (Raoul), I, p. 388, 398. II, p. 143.

Débit de tabac (Le), image populaire, I, p. 410.

DE BOIS, II, p. 448.

Debois (F.), coll., II, p. 158.

Debrie (G.-J.-L.), dess. et gr., II, p. 158.

Debrou (P.), II, p. 392.

Debucourt (Philibert-Louis), p. et gr., I, p. 41, 49, 71, 147. II, p. 158-160, 289.

Decamps (Alexandre), p. et gr., I, p. 91. II, p. 160, 409.

Decas (L.), II, p. 74.

Decauville-Lachénée (Abel), II, p. 310.

Déchaud (Étienne et Jean-Marie), gr., II, p. 160.

Decisy (Eugène), p. et gr., II, p. 161.

Décollage des dessins à l'encre de Chine, II, p. 426. — des ex-libris, I, p. 301.

Decorde (Adolphe), II, p. 122.

Decugis (Joseph), sieur d'Eve-nos. Voir : Evenos (Joseph Decugis, sieur d').

Defer (P.), I, p. 138.

Deflorenne, marchand d'est., II, p. 161.

Degaest (Georges), I, p. 279.

Degas (Edgar), p. et gr., I, p. 31, 101. II, p. 161-162.

Degert (A.), I, p. 249.

Dehérain (Henri), II, p. 158.

Déjanire (Enlèvement de), gr. par C.-C. Bervic, d'ap. G. Reni, II, p. 36.

Déjeûné de Ferney (Le), aquarelle par V. Denon, gr. par Née et Masquelier, I, p. 133. II, p. 172.

Delaborde (Cte Henri), conservateur du Cabinet des Estampes, I, p. 40, 41, 42, 43, 44, 91, 147, 151, 152, 194. II, p. 198, 236, 268, 269, 281, 368, 503. — Discours et notices à son sujet, II, p. 162.

Delacour (Pierre). Voir : Lacour (Pierre de).

Delacroix (Eugène), p., gr. et lith., I, p. 31, 50, 91, 246. II, p. 105, 162-164, 277, 409.

Delacroix (Joseph), garde des Estampes du Roi, II, p. 164.

Delaforest (Marie-Angélique), II, p. 293.

Delafosse (Jean-Baptiste), gr., II, p. 164-165.

Delahaye (Guillaume-Nicolas), gr., II, p. 165.

Delaistre (Louis), II, p. 92.

Delalain (Jules), I, p. 107.

Delalain (Paul), I, p. 270. II, p. 194.

Delalande (E.), I, p. 107.

Delalande (J.-J.), i, p. 87.

Delamonce (Ferdinand), arch., p. et gr., ii, p. 165.

Delaquys (Georges), i, p. 81.

Delaroche (Paul), p., ii, p. 165, 268, 528.

Delarue (F.), marchand d'est., ii, p. 16.

Delas (Marcel), ii, p. 207, 547.

Delasalle (Angèle), p. et gr., ii, p. 165-166.

Delatre (Auguste), impr. en taille-douce, i, p. 64, 72. ii, p. 166.

Delatre (Eugène), p., gr. et impr., ii, p. 166.

Delattre (Jean-Marie), gr., ii, p. 166.

Delaunay (Léon), ii, p. 371.

Delaunay (Robert), p. et dess., i, p. 383. ii, p. 167.

Delaune (Étienne), orf. et gr., ii, p. 167.

Delauney (Alfred), gr., ii, p. 167.

Delécluze (E.-J.), i, p. 88, 191. ii, p. 268.

Delecourt (J.-F.), i, p. 336.

Deleschamps (Pierre), pharmacien-chimiste, i, p. 61.

Delestre (J.-B.), ii, p. 196.

Delestre (Pierre), cartier, ii, p. 167.

Delfosse (L.-B.), p., gr. et lith., ii, p. 167.

Deligand (E.), ii, p. 136, 137.

Delignières (Émile), i, p. 163, 164, 424, 425. ii, p. 6, 27, 59, 71, 72, 148, 166, 187, 344, 350, 370, 389, 471.

Delisle (Léopold), i, p. 323. ii, p. 162, 193.

Delmet (Paul), ii, p. 545.

Delorme (E.), i, p. 79, 260.

Delorme (René), ii, p. 181.

Deloynes, coll.. i, p. 154.

Delouche, gr., i, p. 100.

Delpech (S.), i, p. 189.

Delpit (Jules), ii, p. 299.

Delprat (Édouard), i, p. 249.

Delpy (Camille), p. et gr., ii, p. 167.

Delteil (Léo), i, p. 139, 267, 401. ii, p. 100, 289, 485.

Delteil (Loys), expert, p. et gr., i, p. 31, 45, 49, 53, 55, 65, 72, 152, 159, 163, 175, 199, 200, 201, 204, 209, 212, 222, 250, 299. ii, p. 9, 21, 23, 33, 38, 39, 40, 43, 45, 60, 63, 66, 67, 91, 92, 94, 99, 111, 120, 131, 146, 147, 153, 156, 161, 164, 192, 195, 220, 223, 227, 228,

242, 243, 277, 281, 282, 291,
314, 329, 334, 347, 352, 362,
364, 370, 373, 375, 379, 422,
424, 438, 439, 451, 453, 459,
463, 471, 474, 480, 481, 492,
493, 513, 516, 524, 542. —
Notice sur lui, II, p. 168.

DELVAL (J.), II, p. 256.

DELZANT (Alidor), II, p. 252.

DELZERS (M.), gr., II, p. 168.

DEMAISON (Maurice), I, p. 209.

DEMARNE (Jean-Louis), p. et gr.,
II, p. 168.

DEMARTEAU (Gilles), gr. en manière de crayon, II, p. 168-170.

DEMARTEAU (Gilles-Antoine), gr.
en manière de crayon, II, p. 169-
170.

DEMARTEAU (J.-E.), II, p. 169.

DEMARTIAL (André), II, p. 346.

DEMASSO (Michel-François et
Simon), gr., II, p. 170.

DEMBOUR (A.), I, p. 83.

DEMEUGEOT (C.), gr., I, p. 370.

DEMEURES des graveurs (1757-
64), I, p. 422.

DEMEUSE, gr., II, p. 169.

DÉMICHEL, I, p. 279.

DEMMIN (Auguste), I, p. 28.

DEMOLDER (Eugène), II, p. 466,
468.

DEMOLE (Eugène), I, p. 240.

DEMORTEIN, marchand d'est., II,
p. 170.

DENAIS (Joseph), I, p. 165.

DÉNIER (Marc), I, p. 309.

DENIÈRE (G.), II, p. 113.

DENIS (Auguste), I, p. 402.

DENIS (Ferdinand), II, p. 276.

DENIS (Maurice), p. et lith., I. p.
295. II, p. 170.

DENIS DE CUZIEU, I, p. 336-337.

DENISE (Louis), II, p. 544.

DENOINVILLE (Georges), II, p. 93,
481.

DENOIRVILLE (A.), I, p. 256.

DENON (Dominique-Vivant),
dess. et gr., I, p. 423. II, p. 15,
171-172, 240.

DÉPOLLIER (F.) aîné, gr., II, p.
172.

DÉPOT LÉGAL, I, p. 107, 108, 111,
113, 114, 116, 117, 123, 126, 131,
132, 150, 152.

DEPPING, I, p. 295, 394.

DEPREAUX (Albert), I, p. 382.

DÉPUTÉS à l'Assemblée nationale
de 1789 (Portraits de), I, p.
232, 238.

Derlange (Nicolas), gr., I, p. 429.

Dernières Chansons, par J. Richepin, I, p. 292. II, p. 496.

Deroche de Longchamp (Jean-Jacques-André), I, p. 337.

Derues (Procès de), I, p. 252.

Deruet (Claude), p. et gr., II, p. 172-173.

Dervaux (Adolphe), II, p. 534.

Desains, II, p. 427.

Desar (Lelarge-). *Voir :* Lelarge-Desar.

Desaudray, II, p. 129.

Desazars de Montgaillard (Baron), I, p. 274.

Desbarreaux-Bernard, I, p. 402.

Desbiey (L.-M.), II, p. 257.

Desbois, impr. en taille-douce, I, p. 62.

Desbois (Martial), p. et gr., II, p. 173.

Desboutin (Marcellin), p. et gr., I, p. 108. II, p. 173-175.

Des Brunières (Paillet). *Voir :* Paillet Des Brunières.

Descamps, II, p. 122, 176.

Descartes (René). — Ses portraits, I, p. 241.

Descaves (Lucien), I, p. 410. II, p. 242.

Deschamps (J.), I, p. 392.

Deschamps (Léon), I, p. 18.

Deschaumes, arch., II, p. 170.

Deschaumes (Edmond), II, p. 457.

Des Claines (Dupuy). *Voir :* Dupuy Des Claines.

Descombes (Dujarric-). *Voir :* Dujarric-Descombes.

Descourtis (Charles-Melchior), gr., I, p. 71.

Desdevizes Du Dézert (G.), II, p. 295.

Desenne (Alexandre-Joseph), dess., II, p. 175-176.

Desfontaines (Bellery-). *Voir :* Bellery-Desfontaines.

Desfriches (Aignan-Thomas), dess. et gr., II, p. 176-177.

Desgranges (Pélissier-). *Voir :* Pélissier-Desgranges.

Deshairs (Léon), I, p. 51, 81. II, p. 53, 377, 388, 527, 541.

Deshayes (Nicolas), p. et gr., II, p. 177.

Desjardins, I, 71.

Desjardins (Paul), II, p. 93.

Deslignères (André), gr. sur bois, I, p. 81. II, p. 177.

Des Lobbes (Jean-Dominique), I, p. 337.

Desmadryl, gr., I, p. 137.

Des Marais (Seignette). *Voir :* Seignette des Marais.

Des Maretz (Marie-Yves), I, p. 337.

Desmes (Paul), I, p. 327.

Desnoireterres (Gustave), I, p. 249.

Desnoyers (Mgr), I, p. 320, 337.

Desnoyers (Boucher-). *Voir :* Boucher-Desnoyers.

Desnoyers (Abbé F.-E.), I, p. 410.

Desnoyers (J.), II, p. 187.

Desnues (Paul), I, p. 347.

Des Ormes (Trudon). *Voir :* Trudon Des Ormes.

Desportes (Jules), I, p. 86, 88, 89, 90, 102, 190.

Despréaux, I, p. 84.

Després (Dr Armand), I, p. 290.

Després, Desprée ou Desprez (Jean-Louis), arch., p. et gr., II, p. 177.

Desprez (Louis), II, p. 44.

Des Robert (Edmond), I, p. 304, 313, 328, 353, 357, 358, 365, 369.

Des Robert (Ferdinand), II, p. 333.

Desrochers (Étienne Jahandier, dit), II, p. 178.

Dessalle (L.-A.), I, p. 172.

Dessins à l'encre de Chine (Décollage des), II, p. 426.

Dessus de porte, gr. par Huquier, d'ap. Oudry, II, p. 279.

Destailleur (Hippolyte), coll., I, p. 155, 423.

Destrée (Jules), II, p. 444, 445.

Destruction des planches gravées, I, p. 63.

Desvernay (Les Frères), I, p. 337.

Desvernay (Félix), II, p. 224, 263.

Detaille (Édouard), p., I, p. 379.

Dété (Eugène), gr. sur bois, II, p. 92, 178.

Detouche (Henry), II, p. 466, 468, 545.

Détournelle, I, p. 36.

Deumier (Lefèvre-). *Voir :* Lefèvre-Deumier.

Deux-Orp (Bon Carl de Vinck de). *Voir :* Vinck de Deux-Orp (Bon Carl de).

Devambez (C.), gr., I, p. 360.

Devaulx (Théophile), I, p. 299, 302, 303. II, p. 321.

Devaux (A.), I, p. 398.

Deveaux (Martial), gr., II, p. 178.

Devéria (Les), I, p. 50.

Devéria (Achille), p. et lith., I, p. 91, 265, 286. II, p. 178-179, 409.

Deverin (Edouard), II, p. 126.

Devigne (Roger), I, p. 284.

Deville (Henry), gr., II, p. 179.

Deville (Jacques), I, p. 280, 281.

Devincenzi (Joseph), I, p. 84.

Devises figurant sur des ex-libris, I, p. 306.

Dézallier d'Argenville (Antoine-Nicolas), I, p. 145, 188.

Dézarrois (A.), gr., I, p. 67, 209.

Dézarrois (André), II, p. 8.

Diable à Paris (Le), II, p. 235.

Diacre, maître p., I, p. 119.

Diaphane (Gravure), I, p. 100.

Diaz de La Peña (Narcisse-Virgile), p. et lith., II, p. 111, 179.

Dictionnaire de l'intelligence des auteurs classiques grecs et latins, par Sabbathier, II, p. 523.

Diderot (Denis), I, p. 35, 56, 140. — Ses portraits, I, p. 241.

Didot (Ambroise Firmin-). *Voir:* Firmin-Didot.

Didot (Gélis-). *Voir :* Gélis-Didot.

Dien, gr., II, p. 179, 392.

Dighton (B. L.), I, p. 49.

Digne (Basses-Alpes). — Musée, I, p. 171.

Diguet (Charles), II, p. 503.

Dijon (Côte-d'Or). — Musée, I, p. 172. II, p. 325, 393. — Musée Trimolet, II, p. 516.

Dijonval (Paignon-). *Voir:* Paignon-Dijonval.

Dilke (Lady), I, p. 46. II, p. 241.

Dillon (Henri), p. et lith., I, p. 209. II, p. 180.

Dimanches et fêtes (Observation des), I, p. 128-129.

Dimier (Louis), I, p. 65, 83, 283. II, p. 250.

Dinard, II, p. 77.

Dinaux (Arthur), I, p. 427. II, p. 10, 44, 43.

Diplômes, I, p. 408.

Directoire (Le), I, p. 390.

Divin pressoir (Le), gr. du XVIIe s., I, p. 412.

Dixon (Zella Allen), I, p. 304.

Dobrée (Musée Thomas), à Nantes, I, p. 175.

Docaigne, dit Duplessis. *Voir :* Duplessis (Docaigne, *dit*).

Docquois (Georges), II, p. 494.

Dodgson (Campbell), I, p. 53, 73, 78. II, p. 27, 298, 328.

Dofin (Olivier). *Voir :* Dauphin.

Doger de Spéville (C.-N.-F.), I, p. 337.

Doggett (K. N.), I, p. 57.

Dohme (Robert), II, p. 86.

Doin (Jeanne), II, p. 448.

Doinel (Jules), II, p. 13.

Doissin (Louis), I, p. 34.

Doiteau (Dr Victor), II, p. 224.

Dollfus (Charles), I, p. 401.

Dombasle (Meixmoron de). *Voir :* Meixmoron de Dombasle.

Dombes (Bibliophiles des), I, p. 313.

Domby (P.-C.), I, p. 91.

Dominicain (Ex-libris), I, p. 341.

Dominique Florentin. *Voir :* Barbiere (Domenico del).

Dominotiers, I, p. 109, 120, 129. — troyens, I, p. 77, 432, 485.

Don Quichotte, roman de Cervantès, I, p. 287. II, p. 181.

Don Quichotte (*Histoire de*), p. par Ch. Coypel, II, p. 139.

Donjean (A.), I, p. 64.

Dont Care, I, p. 339.

Donzel (Charles), p. et gr., II, p. 180.

Dorange (Pierre), II, p. 314.

Dorbec (Prosper), I, p. 391. II, p. 79, 193, 204, 471.

Doré (Gustave), p., dess., ill. et sc., I, p. 287, 288, 293, 294. II, p. 180-193.

Doré (Grand Prix Gustave), I, p. 282, 286.

Dorigny (Michel), p. et gr., II, p. 184.

Dorigny (Nicolas), gr., II, p. 184.

Doroz (Jean), évêque de Lausanne, I, p. 337.

Dorsenne (Jean), I, p. 286.

Dorval (L.), I, p. 62.

Dorval (Marie), II, p. 393.

Dörnhöffer [Doernhöffer] (Friedrich), I, p. 95.

Dosne (Bibliothèque), I, p. 298. II, p. 343.

Douai (Nord). — Estampes de la région, I, p. 47. — Graveurs douaisiens, II, p. 192, 505. — Iconographie religieuse, I, p. 256. — Musée, I, p. 172.

Douarnenez (Marché d'étoffes à), gr. par H. Cheffer, II, p. 112.

Double modèle d'Hercule (Le), eau-forte de Meissonier, II, p. 368.

DOUCET (Jacques), coll., II, p. 478.

DOUCET (Jérôme), I, p. 5o.

DOUÉ (Martin), p. et gr., II, p. 184.

DOUMERGUE (E.), I, p. 240.

DRAGUIGNAN (Var). — Bibliothèque, I, p. 3io. — Musée, I, p. 172.

DRAIBEL (Henri). *Voir :* Beraldi (Henri).

DRAPPIER (Jean-Ennemond), II, p. 338.

DREVET (Les), gr., II, p. 184-185.

DREVET (Claude), gr., I, p. 122. II, p. 184, 185.

DREVET (Pierre), gr., II, p. 184, 185.

DREVET (Pierre-Imbert), gr., I, p. 147. II, p. 184.

DREYFOUS (Maurice), II, p. 327.

DRIELSMA (A. J. Hankes), II, p. 98.

DROITS d'auteur, I, p. 106.

DROITS sur les estampes, I, p. 116, 129, 131. — sur les papiers, I, p. 118.

DROUART (Raphaël), gr. et lith., II, p. 186.

DROUET, II, p. 76.

DROUYN (Léo), dess. et gr., II, p. 186.

DROZ (E.), I, p. 284.

DRUGULIN (W. E.), I, p. 232.

DRUJON (Fernand), I, p. 107.

DRUMONT (Edouard), II, p. 382.

DU BARRY (Comtesse). — Ses portraits, I, p. 241.

DU BARRY (Vente A.), II, p. 478.

DU BELLAY (Martin), évêque de Fréjus, I, p. 338.

DU BLED (Victor), I, p. 400.

DUBOIS (Alain), I, p. 410, 420.

DUBOIS (B.), p. et gr., II, p. 186.

DU BOIS (Guy Pène), II, p. 155.

DUBOIS (Paul), sc., II, p. 162.

DUBOIS (Pierre), I, p. 211. II, p. 465.

DU BOIS DE LA VILLERABEL (A.), I, p. 412.

DUBOR (Georges de), I, p. 417.

DUBOSC (Claude), gr., I, p. 122. II, p. 186.

DUBOSC (Georges), I, p. 5o. II, p. 350.

DUBOUCHET, gr., II, p. 386.

Dubouchet (H. et G.), I, p. 64.

Dubouchet (Jean-François), gr., II, p. 186.

Du Bouchet (L.-F.), marquis de Sourches. *Voir :* Sourches (L.-F. Du Bouchet, marquis de).

Dubouloz (John), I, p. 212, 213, 422.

Dubourg (L.-A.), I, p. 173.

Du Bousquet (Ch.), I, p. 48, 217.

Du Breuil (Famille), I, p. 338.

Du Breuil (Brochant). *Voir :* Brochant Du Breuil.

Dubreuil (René), II, p. 115.

Dubufe fils (Guillaume), II, p. 181.

Dubuis (Jacques), I, p. 79.

Dubuisson (A.), II, p. 49, 183, 220, 394.

Duburgua (Lt-Colonel), I, p. 165.

Du Bus (Charles), bibliothécaire à la Bibliothèque nationale, I, p. 21.

Du Cerceau (Androuet). *Voir :* Androuet Du Cerceau.

Du Chambge (Pierre-Joseph), baron d'Elbhecq, I, p. 305.

Duchange (Gaspard), gr., II, p. 187.

Duchartre (Pierre-Louis), I, p. 383, 411. II, p. 133, 318.

Du Chasnet, II, p. 470.

Duchatel (E.), I, p. 94, 98.

Duché, I, p. 338.

Duché de Vancy (Gaspard), p. et gr., II, p. 187.

Du Chemin (Luc-François), I, p. 320.

Du Chemin de La Tour (Famille), I, p. 338.

Duchêne (Etienne), gr., II, p. 187.

Duchesne aîné (Jean), conservateur du Cabinet des Estampes, I, p. 20, 59, 151, 153, 395, 396. II, p. 171, 175, 176, 428. — Études sur lui, II, p. 187-188.

Duchesne fils, II, p. 423.

Duclaux (Antoine-Jean), p. et gr., II, p. 188.

Du Cleuziou (Henri), II, p. 256.

Duclos (Abbé), I, p. 262.

Duclos (Charles Pinot). — Son roman : *Zirphile et Acajou*, II, p. 54.

Du Colombier (Pierre), II, p. 522.

Ducoudray (Mme Bourgault-). *Voir :* Bourgault- Ducoudray (Mme).

Ducreux (Joseph), p. et gr., II, p. 188.

Du Dézert (Desdevizes). *Voir :* Desdevizes Du Dézert.

DUDOT (R.), p. et gr., II, p. 188.

DUEZ (Ernest), p. et gr., II, p. 188.

DUFAU (Hélène), p., I, p. 382.

DU FAŸ DE CARSIX, I, p. 338.

DUFLOS, gr. béarnais, II, p. 188.

DUFLOS (Les), gr., II, p. 189.

DUFLOS (Claude), gr., I, p. 344. II, p. 189.

DUFLOS (Claude-Augustin), gr., II, p. 189.

DUFLOS (Pierre), gr., II, p. 190.

DUFLOS DE SAINT-AMAND (Gaston), II, p. 189.

DUFOUR (Théophile), II, p. 415.

DUFRESNE (Charles), p. et gr., II, p. 190.

DU GARDIER (Raoul), p. et gr., II, p. 190.

DUGAS-MONTBEL, II, p. 47.

DUGHET (Gaspard), *dit* LE GUASPRE ou GASPRE-POUSSIN, p. et gr., II, p. 190.

DUGOURC (Jean-Démosthène), dess. et gr., II, p. 190.

DUGY (Henri-Joseph), I, p. 150.

DU HALDE (Le P.), II, p. 408.

DUHAMEL, II, p. 259.

DUHAMEL DU MONCEAU, I, p. 394.

DUJARDIŃ, II, p. 137.

DUJARRIC-DESCOMBES (A.), I, p. 309, 315, 317, 318, 320, 323, 331, 335, 349, 356. II, p. 109, 196.

DULAC (Charles-Marie), p. et lith., II, p. 191.

DU LAC DE LA TOUR (Hector SONYER). *Voir:* Sonyer Du Lac de La Tour.

DU LAU (J.-L.-A.), marquis d'ALLEMANS. *Voir :* Allemans (J.-L.-A. Du Lau, marquis d').

DU LIS (Pélissier-). *Voir:* Pélissier-Du Lis.

DULOS, gr. de l'Ac. des sciences, I, p. 62.

DU LUDE (G. de DAILLON). *Voir:* Daillon Du Lude.

DU LYS (DE HALDAT). *Voir :* Haldat Du Lys.

DUMAS, de l'Ac. des sciences, I, p. 90.

DUMAS père (Alexandre), I, p. 263, 264. II, p. 178, 255, 292. — Ses portraits, I, p. 241.

DUMAS fils (Alexandre), II, p. 100, 181, 182, 368, 501.

DUMAS (F.-G.), II, p. 453.

DUMAS (J.-B.), II, p. 11.

DUMAST (GUERRIER DE). *Voir :* Guerrier de Dumast.

Du Mast (Prosper). *Voir:* Guerrier de Dumast (Prosper).

Dumée, I, p. 92.

Dumesnil (Jules-Antoine), I, p. 422. II, p. 176, 357.

Dumolard, II, p. 82.

Du Monceau (Duhamel). *Voir:* Duhamel Du Monceau.

Dumonstier (Daniel), p., II, p. 309.

Dumonstier (Geoffroy), p. et gr., II, p. 191-192.

Dumonstier (Louis), p. et gr., II, p. 192.

Dumont (Jacques), dit *le Romain*, p. et gr., II, p. 192.

Dumont (Maurice), gr., II, p. 192.

Dumont (Richard-Charles), I, p. 150.

Dumont-Wilden (L.), I, p. 230. II, p. 452.

Du Mortier (Guillaume), gr., II, p. 192.

Dunan, I, p. 410.

Dunkerque (Nord).—Graveurs, II, p. 72. — Musée, I, p. 172.

Dunoyer de Segonzac (A.), II, p. 143.

Du Pac de Bellegarde, I, p. 339.

Du Palluet (Joseph Mandonnet). *Voir :* Mandonnet Du Palluet.

Du Péage (P.-Denis), I, p. 305.

Dupérac (Étienne), p., arch. et gr., II, p. 192-193.

Du Péron (Dominique de Ponsainpierre, seigneur), I, p. 339.

Du Perré, I. p. 353.

Du Petit-Bois (Pinot). *Voir :* Pinot Du Petit-Bois.

Dupin, député de la Nièvre, I, p. 136.

Dupin (Baron Charles), II, p. 310.

Duplessi-Bertaux (Jean), gr., I, p. 61, 63. II, p. 30, 83, 193, 320.

Duplessis (Docaigne, *dit*), gr., II, p. 193.

Duplessis (Georges), conservateur du Cabinet des Estampes, I, p. 20, 21, 26, 30, 33, 42, 43, 44, 76, 107, 138, 139, 142, 146, 150, 151, 152, 154, 155, 191, 195, 229, 243, 250, 264, 269, 287, 291, 296, 414. II, p. 13, 15, 16, 28, 53, 65, 136, 178, 182, 192, 210, 220, 224, 236, 241, 245, 257, 269, 278, 281, 285, 286, 308, 310, 359, 376, 392, 397, 409, 430, 439, 441, 543. — Articles écrits sur lui après sa mort, II, p. 193-194.

Dupoirier (L.), II, p. 420.

Dupont (Famille), I, p. 339.

Dupont, gr., I, p. 189.

Dupont (Auguste), I, p. 88.

Dupont (Félix), gr., II, p. 194.

Dupont (Henriquel-). *Voir :* Henriquel-Dupont.

Dupont (Paul), impr., p. 88, 90.

Duportal (Mlle Jeanne), I, p. 55, 252, 276, 280. II, p. 231, 310, 321, 479.

Du Poyet (Abbé Laurent Véron). *Voir :* Véron Du Poyet.

Du Pré (Le Président), I, p. 339.

Dupré (A.), I, p. 290. II, p. 200.

Du Pré (Galliot), lith., II, p. 194.

Du Pré (Jehan), impr., II, p. 194.

Dupré (Jules), p. et lith., I, p. 31. II, p. 111, 195.

Dupré de Saint-Maur (Antoine-Louis), I, p. 339.

Du Puget (Brandouin). *Voir :* Brandouin Du Puget.

Dupuis (Pierre-François), p. et gr., II, p. 195.

Du Puy (Arnaud). *Voir :* Arnaud Du Puy.

Dupuy (Louis), II, p. 209.

Du Puy de Lage, gr., II, p. 195.

Du Puy Des Claines (Philibert), I, p. 339.

Duran (Carolus), p., I, p. 379. II, p. 182.

Durand, I p. 394.

Durand, gr. dijonnais, I, p. 328.

Durand (Amand-). *Voir :* Amand-Durand.

Durand (Chanoine François), I, p. 297.

Durand (Georges), II, p. 144.

Durand (J.-J. Edmond-). *Voir :* Edmond-Durand.

Durand (Philippe-Fortuné), gr. sur bois, II, p. 195.

Durande (Amédée), II, p. 528.

Duranty, II, p. 150, 151.

Dürer (Albert), p. et gr., I, p. 57. II, p. 475.

Duret (Pierre-Jacques), gr., II, p. 195-196.

Duret (Théodore), I, p. 382. II, p. 133, 353, 513.

Durig (Jean-Joseph), gr., II, p. 196.

Du Roseil (Puy). *Voir :* Puy Du Roseil.

Durouchail (Pierre), gr., II, p. 196.

Du Roure de Paulin (Baron), I, p. 309, 316, 321, 324, 327, 328, 330, 333, 340, 344, 347, 348, 349, 359, 361, 362, 363, 366, 371.

Du Roure de Paulin (Vte Paul-Antoine-Edmond), I, p. 339-340.

Durrieu (Cte Paul), I, p. 52, 280.

Dusacq, II, p. 505.

Du Sart de Bouland (Baron), I, p. 306.

Du Seigneur (J.), II, p. 530.

Du Seigneur (Maurice), I, p. 196, 197, 198, 199, 200, 201, 386, 387. II, p. 303.

Du Seigneux, II, p. 183.

Du Soleil (Joseph), I, p. 340.

Du Sommerard, II, p. 503.

Dussault, I, p. 289.

Dussieux (L.), I, p. 145, 146. 422. II, p. 342, 343.

Du Terrage (De Villiers). *Voir:* Villiers Du Terrage.

Dutertre (André), dess., gr. et lith., II, p. 196.

Dutertre (V.), gr., I, p. 224.

Du Tillet, officier de marine, I, p. 340.

Dutuit (Eugène), I, p. 30.

Duval (Gaston), II p. 526.

Duval (Marc), gr., II, p. 196.

Du Verdier de Vauprivas, I, p. 340.

Duverneuil (Alcide), I, p. 323.

Duverney (Joseph-Guichard). — Son *Essai d'anatomie*, II, p. 232, 233.

Duvert (G.), II, p. 503.

Duvet (Jean), orf. et gr., II, p. 197.

Duvivier, I, p. 146.

Du Vivier (G.), gr., II, p. 197.

East (Alfred), I, p. 66.

Eau-forte (Gravure à l'), I, p. 52, 57, 58, 59, 61, 62, 63, 64, 65, 66, 67, 129, 193, 194, 195, 199, 206, 207, 208, 216, 217, 222, 223, 285. II, p. 78, 325, 327, 336, 338, 345.

Eau-forte à la plume sur acier, II, p. 78.

Eau-forte en relief ou en taille d'épargne, I, p. 84.

Eau-forte lithographique, I, p. 98.

Eaux-fortes (Sonnets et), ouvrage, I, p. 296.

Échecs (Jeu d'), I, p. 400.

Échérac (D'), II, p. 220.

Echo de Paris (L'), journal, II, p. 44, 76, 174, 206, 209, 246, 270, 435, 436, 446, 467, 511, 545, 546.

Eclair (*L'*), journal, II, p. 365, 438, 533.

ECTYPOGRAPHIE métallique, I, p. 83.

EDDY, I, p. 213.

EDELINCK (Gérard), gr., II, p. 197-198.

EDELINCK (Jean), gr., II, p. 198.

EDELINCK (Nicolas-Étienne), gr., II, p. 199.

EDIMBOURG (Écosse). — Exposition internationale (1886), I, p. 197.

ÉDITEURS d'estampes, I, p. 143.

ÉDITIONS originales, I, p. 266, 267, 281.

EDMOND-DURAND (L.-J), II, p. 9.

EFFAÇAGE des pierres lithographiques, I, p. 87.

ÉGYPTE (Expédition d'), II, p. 196.

EHRLE (Francisco), II, p. 301.

EIFER (D^r), I, p. 389, 413.

EINSTEIN (Carl), II, p. 514.

EISEN (Charles), p., dess. et gr., I, p. 41, 289, 290, 332, 337. II, p. 199-201, 332.

EKHOLM (Gunnar), I, p. 184. II, p. 370.

ELBERFELD (Allemagne), I, p. 72, 213.

ELBHECQ (Pierre-Joseph DU CHAMBGE, baron d'), I, p. 305.

ELDER (Marc), II, p. 94.

ÉLECTRO-MAGNÉTIQUE (Gravure), I, p. 100.

ÉLECTROGRAPHIE, I, p. 84.

ÉLIOT (Maurice), p. et lith., II, p. 201.

ELMERICH (Charles-Édouard), p., gr. et sc., II, p. 201.

ELSLER (Fanny et Thérèse). — Leurs portraits lith. par Salabert, II, p. 481.

EMANUEL (Frank L.), II, p. 284.

Emblèmes (*Les*) d'Alciat, I, p. 287.

EMERIC-DAVID (T.-B.), I, p. 38, 39.

EMPIRE (Le Premier), I, p. 386, 390.

EMPIRE (Le Second), I, p. 53, 271, 391.

EMPRUNTS de la Défense nationale, I, p. 382.

En Flandre maritime, par H. Cochin, I, p. 288.

EN-TÊTES, I, p. 408.

ENAULT (Émile), II, p. 76.

ENCADREURS, I, p. 104.

ENCRES, p. 61, 119, 279.

Encyclopédie (*L'*), ouvrage de D'Alembert et Diderot I, p. 35, 56. II, p. 354, 476.

Enfance (*Les Jeux et plaisirs de l'*), gr. par Cl. Bouzonnet-Stella, d'ap. J. Stella, II, p. 64.

Enfant (*L'*), exposition organisée à la Galerie Brunner, I, p. 225.

ENFANTS (Livres illustrés destinés aux), I, p. 276.

Enfer (*L'*) de Dante, ill. par G. Doré, I, p. 288. II, p. 180, 181. — par Hermann Paul, I, p. 289. II, p. 270.

ENGELMANN (Edmond), I, p. 313, 330, 336, 338, 345, 348, 355, 360, 372.

ENGELMANN (Godefroy), impr.-lith., I, p. 84, 85, 88, 91. II, p. 201.

ENGRAMELLE (Le P.), gr., I, p. 429.

Enlèvement de Déjanire, gr. par C.-C. Bervic, d'ap. G. Reni, II, p. 36.

ENLUMINURE des estampes, I, p. 74.

ENSEIGNES, I, p. 409.

ENSOR (James), p. et gr. belge, I, p. 31.

ENTERREMENT d'artistes (Billets d'), I, p. 147, 405-406.

ÉON (La Chevalière d'). — Ses portraits, I, p. 241.

EPHRUSSI (Charles), I, p. 288. II, p. 460.

ÉPINAL (Images d'), I, p. 409, 410, 411.

ÉPOTHÉMONT (Ch. et Édouard de BEAUFORT D'). *Voir :* Beaufort d'Épothémont.

ERMONT (Marcel), II, p. 35.

ERNOUF (Général), I, p. 340.

ERRARD (Charles), p. et gr., II, p. 202.

Erynnies (*Les*) de Leconte de Lisle, ill. par A. Leroux, II, p. 341.

ESCAMPS (Henry d'), II, p. 179.

ESCHOLIER (Raymond), I, p. 278, 283, 284, 285. II, p. 11, 12, 143, 156, 164, 166, 175, 190, 239, 350, 393.

ESCOFFIER (M.), I, p. 282. II, p. 442.

ESCOUBE (Paul), II, p. 532.

ESCRIME, I, p. 253.

ESKRICH (Pierre), p. et gr., II, p. 202.

ESNAUTS et RAPILLY, marchands d'est., I, p. 132, 133.

ESPARBÈS DE LUSSAN (François d'), marquis d'AUBETERRE. *Voir :* Aubeterre.

Espinaud (Henri d'), époux de Marie de Plantavit. *Voir :* Plantavit (Les De).

Esquieu (L.), I, p. 365.

Essai d'anatomie, par Duverney, II, p. 232, 233.

Essertines de Belleroche (Jacques-André Chastellain d'). *Voir :* Chastellain d'Essertines de Belleroche.

Esswein (Hermann), II, p. 515.

Estagniol (Nicolas-Louis, Cte d'), I, p. 340.

Estampe (L'), revue, I, p. 16, 46, 64, 65, 67, 72, 77, 94, 95, 96, 143, 159, 203, 204, 205, 206, 207, 208, 210, 211, 379, 408. II, p. 6, 9, 12, 29, 35, 41, 42, 43, 45, 62, 63, 76, 77, 87, 92, 101, 102, 106, 111, 112, 125, 135, 145, 152, 166, 172, 180, 193, 198, 208, 209, 211, 213, 231, 242, 251, 262, 284, 313, 320, 321, 323, 338, 344, 352, 364, 376, 380, 383, 389, 397, 412, 413, 424, 428, 429, 458, 459, 461, 463, 467, 481, 487, 492, 493, 494, 498, 524, 525, 527, 531, 537, 545.

Estampe (L') et l'Affiche, revue, I, p. 16, 46, 72, 77, 78, 159, 206, 207, 272, 303, 380, 381, 405, 412, 416. II, p. 9, 32, 41, 45, 63, 66, 72, 76, 91, 92, 97, 108, 111, 147, 152, 192, 203, 227, 274, 291, 314, 324, 326, 334, 347, 352, 364, 370, 422, 436, 447, 451, 459, 463, 468, 516, 518, 524.

Estampes condamnées, I, p. 106, 107. — indécentes, I, p. 123, 127, 132.

Estange (Chaix d'). *Voir :* Chaix d'Estange.

Este (Cardinal d'), II, p. 482.

Estienne (Les), impr., I, p. 267.

Estignard (Alexandre), II, p. 22, 245.

Estival (Joseph-Etienne), I, p. 340.

Estorges (J.), gr., II, p. 202.

Estournet (Abbé O.), II, p. 264.

Etain (Potiers d'), I, p. 114.

Etampes (S.-et-O.). — Musée, I, p. 172.

Etapes de Napoléon (Les), gr. par E. Varin, d'ap. F. Flameng, II, p. 525.

Etat-civil d'artistes (Actes d'), I, p. 428, 430, 431.

Etats-Unis d'Amérique (Recueil d'est. sur les), I, p. 252.

Eternelle énigme, gr. par Ch. Waltner, II, p. 538.

Etienne (Lapidation de Saint), gr. par Tassaert, d'ap. Rubens, II, p. 501.

ETIENNE (Marius), II, p. 412.

ETIQUETTES illustrées, I, p. 406.

ETOFFES (Impression sur), I, p. 89, 191.

ETRANGER (Artistes français à l'), I, p. 422, 427.

ETRENNES, I, p. 402.

Etrennes mignonnes (Almanachs dits), I, p. 121, 122.

Etudes italiennes, revue, I, p. 287, 293.

EU (Collège d'), I, p. 310.

EUDEL (Paul), I, p. 30, 105, 138, 143, 265, 271. II, p. 100, 462.

Eugénie Grandet, roman de Balzac, II, p. 72.

Evangiles (*Les Saints*), ill. par Bida, I, p. 295. II, p. 40.

Evénement (*L'*), journal, II, p. 174.

EVENOS (Joseph DECUGIS, sieur d'), I, p. 340.

EVENTAILS, I, p. 128, 408. II, p. 53, 278.

EVELYN (John), I, p. 60, 61.

Evreux (*Le Beffroi d'*), gr. par E. Charvot, II, p. 107.

EX-LIBRIS, I, p. 81, 204, 264, 273, 299-377. II, p. 33, 102, 127, 128, 141, 193, 352, 370, 383, 384, 387, 402, 409, 460, 482, 506, 536, 546.

Ex-libris (*Archives de la Société française des collectionneurs d'*). Voir : *Archives de la Société française des collectionneurs d'ex-libris.*

EXPOSITION de la Jeunesse (1791), I, p. 188.

EXPOSITION du Colisée (1776), I, p. 188.

EXPOSITION internationale de Philadelphie (1876), I, p. 193.

EXPOSITION universelle de Sydney (1879), I, p. 194.

EXPOSITION internationale d'Edimbourg (1886), I, p. 197.

EXPOSITION française d'Earls Court, à Londres (1902), I, p. 213.

EXPOSITION internationale des Arts décoratifs modernes (1925), I, p. 227, 283.

EXPOSITIONS universelles de 1855, I, p. 191. — de 1867, I, p. 62, 91, 192. — de 1878, I, p. 92, 194. — de 1889, I, p. 198, 199. — de 1900, I, p. 209, 210.

EXPOSITIONS d'œuvres d'art : 1° Générales, I, p. 185-228. — 2° Individuelles : Barye, II, p. 22. Beaufrère, II, p. 26, 27. Béjot, II, p. 29, 30. Bellangé, II, p. 31. Belleroche, II, p. 32. Besnard, II, p. 38. Beurdeley, II, p. 39. Bida, II, p. 40. Boilvin, II, p. 45. Bracquemond, II, p. 66,

67. Brouet, II, p. 73. Buhot, II, p. 76, 77, 78. Callot, II, p. 87, 88, 89. Carrière, II, p. 93-94. Charlet, II, p. 106. Chauvel, II, p. 111. Chéret, II, p. 114, 115. Colin (P.-E.), II, p. 125. Corot, II, p. 131-132. Daubigny, II, p. 146. Daumier, II, p. 148-150, 152-153, 155, 156. Debucourt, II, p. 159-160. Delacroix, II, p. 169. Desboutin, II, p. 173, 174. Doré, II, p. 182. Fantin-Latour, II, p. 204, 205, 206. Féau, II, p. 208. Feure (De), p. 209. Fleury, II, p. 212. Florian, II, p. 213. Forain, II, p. 215, 216. François, II, p. 219. Gaillard, II, p. 225, 227. Gellée (Claude), II, p. 241. Géricault, II, p. 244. Gill, II, p. 246. Gœneutte, II, p. 251. Grandville, II, p. 253. Grasset, II, p. 256. Guérard, II, p. 261. Helleu, II, p. 266. Ibels, II, p. 280. Ingres, II, p. 281. Isabey, II, p. 281. Jacque, II, p. 284, 285. Jacquemart, II, p. 286. Janinet, II, p. 288. Jouas, II, p. 294. Laboureur, II, p. 298. Lalanne, II, p. 302. Lançon, II, p. 307. Langlois, II, p. 308. Léandre, II, p. 314. Legrand, II, p. 323-325. Legros, II, p. 326, 327. Leheutre, II, p. 328, 329. Lepère, II, p. 336. Lepic, II, p. 338. Lunois, II, p. 349. Meissonnier, II, p. 368. Meryon, II, p. 372, 373, 375. Millet, II, p. 378, 379, 380. Nanteuil (Robert), II, p. 397. Moreau (Pierre-Louis), II, p. 388. Naudin, II, p. 399. Raffaëlli, II, p. 435, 436. Raffet, II, p. 439, 440, 441. Rajon, II, p. 442. Redon, II, p. 445, 446, 447, 449. Renouard, II, p. 451, 452. Ribot, II, p. 454. Rivière, II, p. 458. Rousseau, II, p. 471. Roza, II, p. 473. Saint-Aubin, II, p. 475. Steinlen, II, p. 494, 496. Tissot, II, p. 509. Toulouse-Lautrec, II, p. 512, 514. Vergé-Sarrat, II, p. 527. Viala, II, p. 531. Vierge, II, p. 533, 534. Waltner, II, p. 538. Watteau, II, p. 541.

EYLAC (D'). *Voir :* Claye (Bon J. de).

EYMARD (Paul), II, p. 188.

FABER, gr., II, p. 202.

FABRE (Auguste), gr., I, p. 217. II, p. 203.

FABRE (François-Xavier-Pascal), p. et gr., II, p. 203.

FABRE (Musée), à Montpellier, I, p. 174.

FABRI (Jean), impr., II, p. 203.

Face (La Sainte), gr. par Cl. Mellan, II, p. 370.

FACTURES, I, p. 405.

FACY (Maurice), II, p. 223.

FAGAN (Louis), I, p. 138, 184.

FAGE (Émile), II, p. 69.

FAGNIER DE VIENNE (Jean-Thierry), I, p. 341.

FAGON (Gui-Crescent), I, p. 341.

FAIRE-PART (Billets de), I, p. 414.

FAITHORNE (William), I, p. 59.

FAITOT (Le P.), I, p. 341.

FALAISE (Calvados), II, p. 50.

FALGAIROLLE (Prosper), I, p. 311, 320, 398, 399.

FALLET (Mme Céline), I, p. 40, 41.

FALLETANS (De), I, p. 341.

FANTIN-LATOUR (H.), p. et lith., I, p. 209. II, p. 203-207.

FANTIN-LATOUR (Mme), II, p. 207.

FARCY (Paul de), I, p. 313, 331.

FARJAT (Benoît), gr., II, p. 207.

FAROARD, avocat, I, p. 120.

FATOURE (P.). *Voir :* Giovane (G.).

FAUCHER (Paul de), I, p. 317, 318, 319, 339, 362, 368, 371. II, p. 158.

FAUCHEUX (Louis-Etienne), I, p. 142. II, p. 209, 257, 308, 484, 489.

FAULTRIER (GODARD-). *Voir :* Godard-Faultrier.

Faunilane ou l'Infante jaune, roman du Cte de Tessin, II, p. 54.

FAURE (Elie), II, p. 94.

FAURE (Félix), II, p. 207.

FAVART (Chanoine Rémi), I, p. 341.

FAVIER (J.), I, p. 314, 417. II, p. 10, 88.

FÉAU (Amédée), gr., II, p. 207-208.

FEDGAL (Charles), II, p. 547.

Féerie des Heures (La), lith. par H. Rivière, II, p. 457.

FEILLET (Alphonse), II, p. 84.

FÉLIBIEN, II, p. 82.

FELLMANN, I, p. 100.

FELS (Florent), II, p. 157.

FEMME (Estampes relatives à la), I, p. 389. II, p. 115, 266, 447.

Femme (La), exposition organisée à la Galerie Brunner, I, p. 225.

FEMMES artistes, I, p. 29. — bibliophiles, I, p. 300, 305.

FEMMES célèbres (Portraits de), I, p. 235.

FENAILLE (Maurice), membre de l'Institut, II, p. 159.

FÉNELON, I, p. 289. II, p. 508.

FENOUIL, p., I, p. 416.

FENOŸL (GAYARDON DE). *Voir :* Gayardon de Fenoÿl.

FERAND (Charles), I, p. 320.

FERAUD (LE CAUCHOIS). *Voir :* Le Cauchois Feraud.

FERCHL (Franz Maria), I, p. 90.

FÈRE (GUYOT DE). *Voir :* Guyot de Fère.

FERENCZI (J.) et fils, éd., I, p. 286.

FERMEL'HUIS, II, p. 117.

FERNEY (A.), II, p. 367.

Ferney (Le Déjeûné de), aquarelle de V. Denon, gr. par Née et Masquelier, I, p. 133. II, p. 172.

FERRAGUT (Chanoine Claude-François de), I, p. 341.

FERRARIO (G.), I, p. 141.

FESSARD (Étienne), gr., I, p. 130. II, p. 208.

Festin espagnol (Le), gr. par L. Lempereur, d'ap. P. Stevens, II, p. 332.

Fêtes de la Ville de Paris, est. de Moreau le Jeune (1782), II, p. 386.

Fêtes vénitiennes, p. par A. Watteau, gr. par L. Cars, II, p. 95.

FÉTIS (Édouard), I, p. 392. II, p. 198.

FEUILLET (J.), II, p. 530.

FEUILLET (L.-F.), II, p. 385.

FEUILLET (Maurice), I, p. 54.

FEUILLET (Théodore), gr., II, p. 208.

FEUILLET DE CONCHES (F.), I, p. 229. II, p. 105, 268, 459.

Feuillets d'art, revue, I, p. 277. II, p. 190, 448, 513.

FEUILLIDE (CAPOT DE). *Voir :* Capot de Feuillide.

FEURE (Georges de), p., lith. et gr., I, p. 382. II, p. 208-209.

FEVRET (Les), bibliophiles, I, p. 341.

FEVRET DE FONTETTE (Charles-Marie), coll., I, p. 231, II, p. 209.

FEYEN-PERRIN, p. et gr., I, p. 63.

FEZENSAC (Duc de), I, p. 376.

FEZENSAC (Cte de MONTESQUIOU-). *Voir :* Montesquiou-Fezensac.

FICHTENBERG, I, p. 87.

FICQUET (Etienne), gr., II, p. 209-210, 462.

FIDIÈRE (Octave), I, p. 147.

FIERENS-GEVAERT (H.), II, p. 494.

FIESINGER (Gabriel), gr., II, p. 210.

Figaro (Le), journal, I, p. 159, 206, 354. II, p. 69, 138, 216, 235, 287, 337, 394, 399, 546.

Figaro illustré (Le), II, p. 32, 106, 116, 209, 215, 238, 266, 290, 368, 440, 512.

Figaro (Le), supplément artistique, I, p. 82, 226. II, p. 265, 479, 515.

Figures des monnoyes de France, par J.-B. Haultin, I, p. 289.

FILHOL (Antoine-Michel), gr., II, p. 210, 280.

FILIGRANES, I, p. 102, 103.

FILLON (Benjamin), I, p. 241, 288. II, p. 14, 47, 356, 371, 476.

Fine Arts Quarterly Review, revue anglaise, I, p. 62.

FINOT (J.), I, p. 380.

FIORENTINO (P.-A.), I, p. 288. II, p. 180.

Fioretti (Les), ill. par M. Denis et J. Beltrand, I, p. 295. II, p. 33.

FIRMIN-DIDOT (Ambroise), impr. et coll., I, p. 233, 263, 264, 268, 294. II, p. 136, 137, 184, 210, 318, 548.

Fives-Lille, gr. par O. Bouchery, II, p. 56.

FLAMEN (Albert), p. et gr., II, p. 211.

FLAMENG (François), p., II, p. 525.

FLAMENG (Léopold), p. et gr., II, p. 42, 211, 375.

Flandre maritime (En), par H. Cochin, ill. par P.-A. Bouroux, I, p. 288. II, p. 62.

FLANDREYSY (J. de), I, p. 426.

FLANDRIN (René-Auguste), p. et lith., I, p. 154, 155. II, p. 211.

FLAT (Paul), II, p. 153, 216.

FLAUJERGUES (Les), I, p. 342.

FLEISCHMANN (Hector), II, p. 113, 278.

FLEURIEU (C^esse CLARET DE). *Voir:* Claret de Fleurieu.

Fleurs du mal (Les), poésies de Baudelaire, II, p. 65.

FLEURY (Bon A. de), I, p. 307.

FLEURY (Édouard), coll., I, p. 154, 255, 256, 260, 397. II, p. 189.

FLEURY (Elie), I, p. 251.

FLEURY (Marcel), gr., II, p. 212, 338.

FLIPART (Charles-François), gr., II, p. 212.

FLIPART (Marie-Cornélie), II, p. 213, 260.

FLOBERT (Paul), I, p. 143, 399, 401, 405, 406, 412, 416, 417, 418, 419.

Florence (Italie). — Bibliothèque nationale, II, p. 88. — Musée des Offices, II, p. 3o, 3i, 86, 88, 89.

Florian, fabuliste, I, p. 289.

Florian, gr. au burin, II, p. 213.

Florian (Frédéric), dess. et gr. sur bois, II, p. 213-214.

Flurand de Rancé (Jean-Baptiste), I, p. 342.

Focillon (Henri), I, p. 49, 5i, 52, 66, 278, 281. II, p. 45, 112, 214, 325, 373, 374, 375, 420, 538.

Focillon (Victor), gr., II, p. 214.

Focus (Georges), amateur, II, p. 214.

Foire della Madonna Imprunetta (*La*), tableau par J. Callot, II, p. 86. — est. par le même, II, p. 90.

Foix (V.), II, p. 35o.

Folkestone (Angleterre), II, p. 77.

Follot (Paul), décorateur, I, p. 415.

Folnesics (Mathilde), II, p. 257, 457.

Fonbonne (Quirin), gr., I, p. 429.

Fondeurs-ciseleurs de Paris, I, p. 257.

Fontainas (André), II, p. 155, 157, 437, 448.

Fontaine, gr., I, p. 321.

Fontaine (André), I, p. 148. II, p. 53, 77, 469.

Fontaine (F. de), I, p. 287. II, p. 180.

Fontainebleau (École de), I, p. 28, 426. II, p. 21, 229, 5o6.

Fontaines (R.), II, p. 461.

Fontan (Dr Jules), I, p. 342.

Fontenai (Abbé de), I, p. 23, 43o. II, p. 168.

Fontenay (A.-P. de). — Son ex-libris par Moreau le Jeune, I, p. 342. II, p. 387.

Fontenay (Harold de), I, p. 166, 196.

Fontette (Fevret de). *Voir :* Fevret de Fontette.

Fonville (Nicolas-Victor), p., gr. et lith., II, p. 214.

Forain (Jean-Louis), p., gr. et lith., I, p. 392, 424. II, p. 214-216.

Force (La Vertu de), gr. par A. Chevallier, II, p. 118.

Forel (Alexis), p. et gr., II, p. 216.

Forest (Alfred), II, p. 433.

Forest (Fleury), gr., II, p. 217.

Forestié (Édouard), I, p. 261, 3o4, 407.

Forez. — Bibliophiles, I, p. 3i3.
— Vues, I, p. 256.

Forgeot (Dr R.), I, p. 171.

Forgues (Eugène), II, p. 181, 237, 245, 464.

Formentin (Charles), II, p. 368, 466.

Formentin (Daniel), I, p. 342.

Formstecher (Hélène), gr., II, p. 217.

Fornazeris (Jacques de), gr., II, p. 217.

Forster (François), gr., I, p. 136. II, p. 217-218.

Fortage (Bordes de). *Voir :* Bordes de Fortage.

Forthuny (Pascal), I, p. 72, 2i3, 216, 217. II, p. 25, 3i2, 400.

Fortune des actions (La), gr. par B. Picart, II, p. 418.

Forty (Jean-François), II, p. 218.

Fos (F.), II, p. 440.

Fosca (François), I, p. 224. II, p. 267, 298.

Foucart (Paul), I, p. 182. II, p. 68, 92.

Foucher (Nicolas), p. et gr., II, p. 218.

Foucher (Paul), II, p. 149, i5o.

Foucques de Vagnonville, II, p. 86.

Foudras (Marquis de), I, p. 342.

Fouque (Charles), I, p. 97. II, p. 33o.

Fouquier (Henry), II, p. i5o.

Fourcaud (Louis de), I, p. 196, 209. II, p. 141, 3i2, 453.

Fourès (Auguste), II, p. 69.

Fournel (Victor), I, p. 386. II, p. 84, 182, 527.

Fournier le jeune, I, p. 75.

Fournier (Ch.), I, p. 293. II, p. 23o, 384.

Fournier (D.), II, p. 395.

Fournier (Fray-). *Voir :* Fray-Fournier.

Fournier-Sarlovèze, II, p. 403.

Foville (Jean de), II, p. 62.

Fragonard (Honoré), p. et gr., I, p. 41, 71, 108, 290. II, p. 88, 174, 175, 218-219.

Fraipont (Gustave), I, p. 58, 77. II, p. 219.

Fraisse (Dr Charles), I, p. 174. II, p. 21, 480.

Français (François-Louis), p., gr. et lith., II, p. 219.

Françaises du XVIIIe siècle (Portraits de), I, p. 234.

France (Anatole), I, p. 379. II, p. 172, 204, 207, 495, 496, 497. — Editions illustrées, I, p. 289. II, p. 72, 126, 287.

France libre (La), journal, I, p. 81.

FRANCHE-COMTÉ. — Artistes francs-comtois, I, p. 32, 426. II, p. 227, 245, 301, 348. — Ex-libris, I, p. 310-311, 317, 324, 325, 332, 337, 341, 354, 359, 371.

FRANCIS (Eric C.), II, p. 388.

Franciscain (Portrait de), pointe-sèche par E. Lequeux, II, p. 340.

FRANCISQUE. *Voir :* Millet (François).

FRANÇOIS (Alphonse), gr., II, p. 220.

FRANÇOIS (G.). gr., I, p. 224.

FRANÇOIS (Jean-Charles), gr. en manière de crayon, I, p. 68. II, p. 121, 221.

FRANÇOIS (Paul), gr. sur bois, II, p. 221.

FRANÇOIS Iᵉʳ, roi de France, I, p. 396.

FRANÇOIS DE NEUFCHATEAU, I, p. 35. II, p. 221.

FRANÇOYS (Simon), p. et gr., I, p. 249. II, p. 221.

FRANCS-MAÇONS (Ex-libris), I, p. 304, 305, 335, 360.

FRANKAU (Julia), I, p. 72.

FRANKE (Willibald), II, p. 403.

FRANKLIN (Alfred), I, p. 314. II, p. 416.

FRANSSIÈRES (Jacques de), gr., II, p. 222.

FRANTZ (Adolf), I, p. 44.

FRANTZ (Henri), I, p. 46. II, p. 49, 66, 153, 205, 209, 215, 238, 248, 336, 437, 457.

FRAPPA (Jean-José), I, p. 80.

FRAPPA (Maurice), I, p. 80.

FRATREL (Joseph), p. et gr., II, p. 222.

FRAUDES en matière d'art, I, p. 105, 143, 273.

FRAUENHOLZ, II, p. 47.

FRAY-FOURNIER (A.), I, p. 237, 312, 343, 373.

FRÉDÉRIC II, roi de Prusse, II, p. 213, 323.

FREDOU (J.-M.), II, p. 222.

FRÉLAUT (Jean), p. et gr., I, p. 32. II, p. 222-223.

FRÉMIET, II, p. 495.

FRÉMINE (Charles), II, p. 76, 226.

FREMINET (Martin), p. et gr., II, p. 223.

FRÉMIOT (Augustin-Jean-Nicolas), I, p. 342.

FRENCH (Frederick W.), I, p. 303.

Frenet (Jean-Baptiste), p., sc. et gr., II, p. 223.

Fréron. — Son portrait gr. par Gaucher, I, p. 132, 133.

Fressonnet (Francisque), II, p. 472.

Frey (A.-R.), I, p. 393.

Frey (J.-Pierre de). *Voir :* Van Frey (Jan Pieter).

Friant (Émile), II, p. 223.

Fribourg (Vues de), gr. par P.-A. Bouroux, II, p. 61.

Frichét (Henry), I, p. 94.

Friedländer (M. J.), I, p. 53, 99.

Friedländer (Walter), II, p. 242.

Froberville (Huet de). *Voir :* Huet de Froberville.

Frœreisen, impr. et éd., I, p. 342.

Fromageot, II, p. 119.

Froment (Nicolas), p., I, p. 48.

Fuchs (Eduard), I, p. 388, 389. II, p. 155.

Fugère (Jean), gr. et lith., II, p. 223.

Fuligny de Damas (Ctesse de), I, p. 342.

Fumés, I, p. 77.

Funck-Brantano (Frantz), I, p. 108. II, p. 292.

Funérailles (Les), est. de Willette, II, p. 545.

Furcy (G. Hygin-). *Voir :* Hygin-Furcy (G.).

Furcy-Raynaud (Marc), I, p. 148, 188. II, p. 159, 338.

Fürstenberg (Guillaume-Egon, landgrave de). — Son portrait gr. par R. Nanteuil, II, p. 398.

Füssli (Hans Heinrich), I, p. 23.

Füsslin (Johann Rudolph), I, p. 24.

Fustier (Gustave), p. 378.

Gabillot (C.), I, p. 243. II, p. 276.

Gabillot (Francisque), p. et gr., II, p. 224.

Gabriel le jeune, gr. *Voir :* Giovane (G.).

Gabriel (Claude-Louis), avocat, I, p. 343.

Gabriel (Joseph-Justin), gr., II, p. 224.

Gabriel (René), dominotier et décorateur, I, p. 416. II, p. 224.

Gaby (Dr E.), I, p. 176.

Gachet (Dr Paul-Ferdinand), p. et gr., II, p. 224.

Gaëte (Gaudin, duc de). *Voir :* Gaudin, duc de Gaëte.

Gaignat (Vente L.-J.), ii, p. 478.

Gaignières (Roger de), coll., ii, p. 224.

Gaillard (Claude-Ferdinand), gr., ii, p. 225-228.

Gaillardet (Frédéric), ii, p. 516.

Gairal (Eugène), i, p. 108.

Galanis (D.), gr. sur bois, i, p. 83. ii, p. 228.

Galard (Gustave de), p., gr. et lith., ii, p. 228.

Galbrund, i, p. 173.

Galerie du Musée de France, publiée par Filhol, ii, p. 210.

Galerie du Palais-Royal (La), rec. publié par J. Couché, ii, p. 133.

Galichon (Emile), ii, p. 500.

Galichon (Vente), i, p. 142.

Galimard (Auguste), ii, p. 12, 19.

Galle (L.), i, p. 313.

Galliard (Michel), i, p. 338, 343.

Gallimard (Paul), i, p. 216, 275.

Galtier-Boissière (Jean), ii, p. 52.

Galvanoplastie, i, p. 62.

Galway (O' Kelly de). *Voir :* O'Kelly de Galway.

Gamelin (Jacques), p. et gr., ii, p. 228-229.

Ganay (Marquise de), ii, p. 394.

Ganneau (Clermont-). *Voir :* Clermont-Ganneau.

Gantès (De), i, p. 343.

Garat, i, p. 343.

Garbet (Emile), ii, p. 229.

Gard (Bibliophiles du), i, p. 311.

Garnier, membre de l'Institut, ii, p. 505, 528.

Garnier (Antoine), p. et gr., ii, p. 229.

Garnier (Henri), ii, p. 150.

Garnier (J.-M.), i, p. 396, 397, 409.

Garnier (Noël), orf. et gr., ii, p. 229-230.

Garnier (Noël), écrivain, ii, p. 483.

Gasquet de Saint-Barthélemy (Michel), i, p. 343.

Gassicourt (Cadet de). *Voir :* Cadet de Gassicourt.

Gastambide (Adrien), i, p. 106.

Gaston (Abbé Jean), i, p. 258, 407. ii, p. 118.

Gâteau des Rois (Le), gr. par N. Le Mire, i, p. 131.

Gâteau des Rois (Le), gr. par Flipart, d'ap. Greuze, ii, p. 212.

Gatier (Pierre), gr., ii, p. 230.

Gatteaux, i, p. 40. ii, p. 15.

GAUCHER (Charles-Étienne), gr., I, p. 35, 36, 132, 133, 135, 241. II, p. 212, 230, 259, 316, 384, 385.

GAUCHERON (Roger), II, p. 383.

GAUCHEZ (Léon), I, p. 93, 193, 194, 195, 196, 197, 199, 200, 201, 214. II, p. 5, 79, 168, 217, 345, 381, 401, 408, 456, 549.

GAUDART D'ALLAINES (DE), I, p. 320.

GAUDEFROY (L.-F.-A.), I, p. 262.

GAUDIN, duc de Gaëte, I, p. 343.

GAUGUIN (Paul), II, p. 487.

GAUJEAN (Eugène), gr., II, p. 231.

Gaulois (Le), journal, II, p. 135, 325.

Gaulois du Dimanche (Le), II, p. 131.

GAULON, impr.-lith., I, p. 99, 425. II, p. 231.

GAULT DE SAINT-GERMAIN, II, p. 122.

GAULTIER (Mᵐᵉ Elisabeth), p., II, p. 308.

GAULTIER (Léonard), dess. et gr., II, p. 231.

GAULTIER (Paul), I, p. 389.

GAULTRON (H.), II, p. 426.

GAUSSERON (Bernard-Henry), I, p. 265, 271, 272.

GAUTHIER (A.), gr., I, p. 63.

GAUTHIER (Jacques), I, p. 343.

GAUTHIER (Jules), I, p. 310, 311. II, p. 347.

GAUTHIER (Maximilien), I, p. 99, II, p. 179.

GAUTHIER (Pierre), II, p. 433.

GAUTIER (Mᵐᵉ Marie), p. et gr., II, p. 232.

GAUTIER (Théophile), écrivain, p. et gr., I, p. 43, 63, 263, 264, 423. II, p. 80, 113, 163, 180, 235, 236, 254, 255, 278, 292, 367, 382, 392. — Ses portraits, I, p. 241. — Ouvrages publiés sur lui, II, p. 232.

GAUTIER-DAGOTY (Édouard), gr., II, p. 232.

GAUTIER-DAGOTY (Jacques), gr., I, p. 69, 70, 75, 130. II, p. 232-234.

GAUTIER DE MONTDORGE, I, p. 56, 70. II, p. 317.

GAVARD (Collection), I, p. 162.

GAVARD, éd., II, p. 234.

GAVARNI, p. et lith., I, p. 91, 226, 385, 392. II, p. 235-240, 253.

GAVARNI (Pierre), II, p. 238.

GAY (Jules), I, p. 233.

GAYARDON DE FENOŸL (Laurent-Charles de), I, p. 344.

GAYDA (Joseph), I, p. 92.

GAYOT DE MASCRANY, I, p. 344.

Gazette de Cologne (La), I, p. 44.

Gazette (La) des Artistes graveurs français, revue, I, p. 16, 35, 50, 98, 157, 159, 163, 221, 276. II, p. 112, 135, 271, 306, 321, 392, 397.

Gazette des Beaux-Arts, revue, I, p. 17, 21, 42, 43, 47, 50, 51, 62, 71, 78, 81, 82, 91, 93, 95, 101, 102, 151, 192, 193, 194, 195, 196, 197, 198, 199, 200, 201, 202, 203, 204, 205, 207, 210, 212, 213, 215, 216, 217, 218, 220, 221, 225, 229, 230, 242, 243, 253, 276, 288, 289, 291, 293, 294, 296, 297, 300, 378, 385, 386, 389, 409, 415, 428, 432. II, p. 21, 25, 26, 29, 32, 34, 38, 40, 44, 45, 48, 53, 61, 65, 68, 75, 79, 80, 85, 86, 87, 89, 90, 92, 93, 98, 100, 101, 102, 106, 123, 126, 129, 133, 137, 145, 150, 153, 159, 160, 163, 164, 166, 174, 176, 180, 181, 182, 188, 191, 199, 204, 218, 219, 222, 224, 225, 226, 231, 236, 240, 243, 247, 249, 253, 257, 258, 260, 262, 268, 271, 272, 273, 276, 277, 278, 281, 283, 284, 285, 297, 300, 307, 312, 323, 325, 327, 328, 329, 332, 335, 337, 338, 340, 342, 346, 350, 352, 359, 366, 367, 368, 369, 374, 378, 382, 383, 386, 387, 388, 391, 392, 401, 408, 412, 427, 432, 438, 439, 440, 448, 451, 452, 454, 459, 462, 472, 473, 481, 486, 488, 491, 493, 496, 500, 506, 508, 509, 510, 512, 515, 527, 529, 533, 540.

Gazette des Beaux-Arts (Estampes et livres édités par la), I, p. 47.

GAZIER (Augustin), I, p. 238, 297. II, p. 55, 124.

GAZIER (Georges), I, p. 280. II, p. 57.

GEFFROY (Gustave), I, p. 45, 210, 382, 410. II, p. 37, 67, 73, 93, 94, 111, 115, 125, 130, 132, 152, 183, 204, 205, 215, 216, 220, 305, 366, 367, 375, 379, 436, 437, 438, 444, 467, 497, 511, 512, 514, 533, 544.

GEHUZAC (Noël). *Voir :* Gauchez (Léon).

GEILLE DE SAINT-LÉGER, I, p. 344.

GELÉE, II, p. 377.

GELÉE (François-Antoine), gr., II, p. 240.

GÉLIS-DIDOT (P.), II, p. 218.

GELLÉE (Claude), dit *le Lorrain*, p. et gr., I, p. 218. II, p. 240-242.

GEMITO (V.), sc., II, p. 463.

Gemmes (Les) et Joyaux de la Couronne, gr. par J. Jacquemart, II, p. 285.

GÉNÉRAT (Th.), II, p. 18.

GÉNÉRAUX DE LA RÉPUBLIQUE (Les), I, p. 253.

GENEVAY (A.), II, p. 276, 529.

Genève (De Londres à), album gr. par P.-A. Bouroux, II, p. 61.

GENEVOIX (Maurice), II, p. 177.

GENRE (La gravure de) au XVIII siècle, I, p. 54.

GEOFFROY (A.), I, p. 45, 93, 163, 185, 242, 252, 270, 387, 403, 405, 407, 417. II, p. 25, 45, 47, 234, 340, 359, 365, 381, 390, 422.

GEOFFROY (Charles), II, p. 242.

GEOFFROY (Mathieu-François), I, p. 344.

GEORGIN (François), II, p. 242.

GÉRARD (Baron), p., II, p. 250.

GÉRARD (Marguerite), p. et gr., II, p. 243.

GÉRICAULT (Théodore), p. et lith., I, p. 31. II, p. 243-244, 409, 528.

GERMAIN (Alphonse), I, p. 380, 428. II, p. 223, 262.

GERMAIN (Léon), II, p. 10, 71, 87.

GERMAIN (Louis), I, p. 176.

GERMAIN DE MAIDY (Les), I, p. 306, 336, 343. II, p. 71, 548.

Germinal, roman de Zola, ill. par P.-E. Colin, I, p. 294. II, p. 126.

GÉROME, p. et sc., II, p. 440.

GERSAINT (E.-F.), II, p. 30, 82, 299, 319, 418, 434, 539.

GÉRY-BICHARD (Alphonse), gr., II, p. 244.

GÉVAUDAN (La Gravure en), I, p. 427.

GEYMÜLLER (Bon Henry de), II, p. 9.

GHENDT (E. de), gr., I, p. 332.

GHÉON (Henri), II, p. 215.

GHUY (Antoine de MARCENAY de). *Voir :* Marcenay de Ghuy.

GIACOMELLI (H.), II, p. 439.

GIBASSIER, éventailliste, I, p. 128. II, p. 278.

GIBELIN (Esprit-Antoine), p. et gr., II, p. 244.

GIBIEUF (Pierre), I, p. 344.

GIBSON (Frank), II, p. 207.

GIFFARD, gr., I, p. 116.

GIFFARD (A.), I, p. 165.

GIGOUX (Jean), p., gr. et lith., I, p. 44, 265. II, p. 178, 244, 292.

Gil Blas, journal, I, p. 382. II, p. 69, 100, 215, 216, 246, 256, 311, 399, 472.

GILBERT (Achille), gr., II, p. 245.

GILBERT (E.-J.), II, p. 271.

GILL (André), caricaturiste, II, p. 245-246.

GILLABOZ (Pierre-Ernest-Charles-Louis de), I, p. 344.

GILLE (Philippe), I, p. 94. II, p. 162.

GILLET (Louis), I, p. 280.

GILLET (Lucien), I, p. 258, 259.

GILLOT (Claude), p. et gr., II, p. 246-247.

GILLOT (Louis), p. et gr., II, p. 248.

GINOUX (Charles), I, p. 431. II, p. 274, 313, 455.

GINTRAC (Jean-Louis), p. et lith., II, p. 248.

GIOVANE (G.), gr., II, p. 248.

GIRARD, gr., I, p. 189.

GIRARD (Alexis-François), gr., II, p. 248.

GIRARDET (Les), II, p. 248.

GIRARDET (Charles), gr., I, p. 88, 89. II, p. 248.

GIRARDET (Jean), I, p. 429.

GIRARDET (Karl), p., II, p. 365.

GIRARDET (Paul). II, p. 249.

GIRARDIN (Marquis de), I, p. 290.

GIRARDOT (B^on de), II, p. 277, 461, 507.

GIRAUD (Abbé Magloire), II, p. 510.

GIRAUDET (Dr E.), I, p. 432.

GIROD DE L'AIN (Édouard), II, p. 475.

GIRODET-TRIOSON (Anne-Louis), p. et gr., II, p. 249, 443.

GIRODIE (André), II, p. 5, 75, 191, 220, 388.

GIRONCOURT (H.-A. de), I, p. 344.

GIRONCOURT (REGNARD DE). *Voir :* Regnard de Gironcourt.

GIROU (Étienne), II, p. 311.

GISSEY (Henri), p. et gr., II, p. 249, 309.

GLASER (Curt), I, p. 53.

GLATIGNY (Albert), I, p. 84.

GLEIZE (E.), I, p. 172. II, p. 516.

GLOMY (Jean-Baptiste), encadreur, I, p. 344.

GLÜCK (Gustav), I, p. 96. II, p. 204.

GLUCQ, I, p. 270.

GLUPHOGÈNE (Le), mordant, I, p. 61.

GOBEL (J.-B.-J.), évêque constitutionnel, I, p. 345.

Gobô (Georges), p., gr. et lith., II, p. 249.

Godard (Les), gr. sur bois, II, p. 249.

Godard d'Alençon, gr. sur bois, I, p. 283. II, p. 250, 365.

Godard-Faultrier (Victor), I, p. 43, 165, 239.

Godart (Justin), II, p. 473.

Goddé (Collection Jules), I, p. 20. II, p. 166, 398.

Godefroy (Adrien), gr., II, p. 250.

Godefroy (François), gr., I, p. 252. II, p. 250.

Godefroy (Jean), gr., II, p. 250-251.

Godefroy (Louis), p. et gr., II, p. 38, 251.

Godelain (Jean), compagnon orfèvre, I, p. 111.

Göldlin (Billot de), I, p. 338.

Gœneutte (Norbert), p.-gr., II, p. 251.

Gœtghebuer (P.-J.), II, p. 12.

Gœthe. — Illustré par Delacroix, II, p. 163, 164.

Gœtz de Berlichingen, suite lith. par Delacroix, II, p. 164.

Gois (Étienne-Pierre-Adrien), sc. et gr., II, p. 252.

Gomez de la Cerna (Ramon), I, p. 80.

Goncourt (Edmond et Jules), I, p. 41, 190, 385, 423. II, p. 54, 65, 96, 102, 123, 158, 159, 199, 218, 235, 236, 238, 258, 259, 312, 316, 385, 428, 432, 436, 474, 475, 476, 540, 543.

Goncourt (Edmond de), I, p. 45, 142, 233. II, p. 237, 252, 265, 266, 433, 540.

Goncourt (Jules de), écrivain et gr., II, p. 252-253.

Gonnard (Henry), I, p. 180.

Gonon de Saint-Fresne, I, p. 345, 375.

Gonse (Louis), I, p. 45, 193, 202, 379. II, p. 163, 225, 226, 285, 369.

Gosschalk (J. Cohen), II, p. 447.

Gosse (Maillart-). *Voir :* Maillart-Gosse.

Gosseaume, II, p. 123.

Gosselin (Edmond), I, p. 67.

Gosselin (Florent), I, p. 406.

Gosset (Dr Pol), I, p. 336.

Gosset de Guines (Louis). *Voir:* Gill (André).

Gossez (A.-M.), II, p. 33, 102.

Gougenot (Abbé), I, p. 34.

Goujet (C.-P.), II, p. 358.

Goujon (Jean), sc. et gr., II, p. 254.

Goujon (Pierre), I, p. 218.

Gould (John), I, p. 26.

Goulinat (J.-G.), II, p. 147.

Gounod (F.-L.), I, p. 387.

Gourdelle (P.), gr., II, p. 254.

Gourmont (Jean de), gr., II, p. 254.

Goutière (Tony), gr., II, p. 254.

Gower (Lord Ronald), I, p. 243.

Goya (Francisco), p. et gr., I, p. 31, 254. II, p. 39.

Goya (Hommage à), par Odilon Redon, II, p. 444.

Gozlan (Léon), I, p. 384. II, p. 83, 85.

Graefe (J. Meier-). *Voir :* Meier-Graefe.

Gräff (Walter), I, p. 97.

Graff (Antoine), p., II, 403.

Grahame (George), II, p. 241.

Grand-Carteret (John), I, p. 18, 103, 143, 185, 204, 206, 235, 247, 251, 253, 272, 386, 387, 388, 392, 401, 402, 403, 406, 412, 417. II, p. 253, 440.

Grand Prix de gravure, I, p. 83.

Grande Revue (La), II, p. 399.

Grandes pièces, I, p. 408.

Grandes Scènes historiques du XVIᵉ *siècle (Les)*, reproduction du rec. de Perrissin et Tortorel, II, p. 416.

Grandidier (Abbé), I, p. 345.

Grandin (Georges), II, p. 189.

Grandmaison (Charles de), II, p. 225.

Grandmaison (Louis de), I, p. 355, 422.

Grandmaison (Millin de). *Voir :* Millin de Grandmaison.

Grandpré (Joyeuse-). *Voir :* Joyeuse-Grandpré.

Grandsaignes (Tarabiès de). *Voir :* Tarabiès de Grandsaignes.

Grandville (Isidore-Adolphe-Gérard, *dit*), caricaturiste, I, p. 385. II, p. 254-255.

Granet (Musée), à Aix, I, p. 164.

Grange (François), II, p. 287.

Grangeblanche (Prost de). *Voir :* Prost de Grangeblanche.

Granger, I, p. 73.

Granges de Surgères (Marquis de), I, p. 234, 236, 240, 242, 247, 422. II, p. 46, 49, 50, 51, 202, 381, 474.

Grangier de Lamotte (Famille), I, p. 345.

GRANTHOMME (Jacques), gr., II, p. 255-256,

Graphica, société de gravure roumaine, I, p. 226.

Graphischen Künste (Die), revue autrichienne, I, p. 17, 72, 96, 194. II, p. 67, 93, 125, 133, 147, 164, 175, 180, 183, 191, 204, 214, 215, 257, 266, 275, 291, 315, 324, 327, 329, 335, 349, 366, 424, 437, 447, 452, 457, 495, 496, 512, 545.

GRAPPE (G.), II, p. 219.

GRAR (Edouard), II, p. 199.

GRASSAL (Georges), II, p. 468.

GRASSET (A.), I, p. 81.

GRASSET (Eugène), p. et décorateur, I, p. 379, 382. II, p. 256-257.

GRASSI, p., II, p. 403.

GRASSIN (Pierre). — Son portrait gr. par B. Lépicié, d'ap. Largillière, II, p. 339.

GRAT (J.-G.), II, p. 219.

GRATELOUP (Jean-Baptiste de), gr., II, p. 257-258, 462.

Grattelard, image populaire, I, p. 409.

GRATTIER (De), II, p. 6.

GRATTOIR (Lithographie au), I, p. 88.

GRAUL (Richard), I, p. 65, 95.

GRAVE (Robert), I, p. 38.

Gravelines (Vues de), gr. par P.-A. Bouroux, II, p. 62.

GRAVELOT (Hubert), dess. et gr., I, p. 36, 41. II, p. 258.

GRAVES (Henry), II, p. 32.

GRAVES (Robert Edmund), I, p. 30.

GRAVELINES (Nord), I, p. 288.

GRAVURE sur *acier*, I, p. 67. — à l'*aquatinte*, I, p. 57, 275. II, p. 102, 161, 464. — sur *bois*, I, p. 28, 30, 31, 34, 38, 57, 58, 59, 74, 75, 76, 77, 78, 79, 80, 81, 82, 83, 155, 157, 192, 193, 194, 195, 206, 207, 208, 209, 210, 212, 214, 222, 225, 226, 261, 263, 265, 267, 268, 272, 275, 283, 288, 294, 295, 394, 428, 431, 432. II, p. 25, 32, 33, 39, 44, 70, 74, 118, 125, 126, 136, 177, 178, 210, 213, 250, 263, 287, 289, 305, 312, 314, 317, 318, 337, 343, 366, 377, 392, 408, 409, 424, 458, 482, 491, 522, 526, 531, 532, 542. — au *burin*, I, p. 42, 58, 63, 64, 67, 193, 194, 195, 199, 201, 202, 204, 206, 208, 209, 221, 285. II, p. 213, 323. — en *camaïeu* ou *clair-obscur*, I, p. 57, 82. II, p. 336. — en *couleur*, I, p. 28, 57, 59, 61, 68, 69, 70, 71, 72, 73,

130, 155, 208, 213, 214, 215, 216, 217, 220, 223, 224. II, p. 51, 166, 232-233, 316-317, 352. — en *criblé*, I, p. 30, 43. — *diaphane*, I, p. 100. — à *l'eau-forte*, I, p. 52, 57, 58, 59, 61, 62, 63, 64, 65, 66, 67, 129, 193, 194, 195, 199, 206, 207, 208, 216, 217, 222, 223, 285. II, p. 78, 325, 327, 336, 338, 345. — à *l'eau-forte en relief*, I, p. 84. — *électro-magnétique*, I, p. 100. — *d'épargne sur métal*, I, p. 80. — en *manière de crayon*, I, p. 61, 68. II, p. 121, 168-170, 221. — en *manière de lavis*, I, p. 29, 61, 68. II, p. 121, 339, 340. — en *manière noire*, I, p. 57, 59, 60, 67, 68. II, p. 422, 509. — en *manière de pastel*, I, p. 68. II, p. 51. — au *marteau*, I, p. 101. — à la *pointe-sèche*, I, p. 58, 59, 64, 207, 209. II, p. 98, 223, 265, 345, 436, 462, 463. — au *pointillé*, I, p. 72. — au *vernis mou*, I, p. 64, 68. II, p. 161.

GRAVURE de genre, I, p. 54. — de mœurs, I, p. 54. — de paysage, I, p. 55. — de portrait, I, p. 55, 213, 229.

GRAVURE d'interprétation, I, p. 46, 218. — de reproduction, I, p. 50, 51, 52, 66, 82.

GRAVURE de la Musique, I, p. 59.

Gravure (La) et la Lithographie françaises, revue, I, p. 17, 80, 99, 158, 219, 220, 221, 222, 223, 224. II, p. 7, 47, 73, 75, 92, 112, 116, 131, 185, 224, 244, 263, 289, 315, 324, 327, 336, 337, 350, 393, 437, 477, 478.

GRAVURES CONDAMNÉES, I, p. 106, 107. — indécentes, I, p. 123, 127, 132.

Gravures du siècle (Exposition des), 1887, I, p. 197.

Gravuriana, édité par M. Rousseau, I, p. 83. II, p. 134, 346, 419.

GRAY (Francis Calley), I, p. 183.

GRAZIANI (P.), II, p. 491.

GRÉARD (O.), II, p. 368.

Grèce antique (Sites de la), par Th. Aligny, II, p. 7.

GRÉDER (Léon), II, p. 117.

GREEN (J. H.), II, p. 82.

GRÉGOIRE fils (L.), II, p. 192, 199.

GRENIER (Jean-Baptiste), avocat, I, p. 345.

GRENIER DE SAINT-MARTIN, (François), gr., p. 258.

GRENOBLE (Isère). — Artistes, I, p. 426, 427. — Bibliothèque, I, p. 235. — Cartes à jouer, I, p. 397. — Ecole royale d'artillerie, I, p. 311.

GRÉSY (Eugène), II, p. 308.

GREUTER (Mathieu), gr., II, p. 259.

GREUX, gr., II, p. 218.

GREUZE (Jean-Baptiste), p., I, p. 41, 42, 54. II, p. 212, 213, 230, 259, 343, 384.

GREUZE (Musée), à Tournus, I, p. 181.

GREVEDON (Pierre-Louis-Henri), p. et lith., II, p. 260.

GRICOURT (THÉRY DE). *Voir :* Théry de Gricourt.

GRIFFE, inventeur d'un procédé de gravure, I, p. 100.

GRIGNAN (Cte de), I, p. 345.

GRILLON (Roger), p. et gr., I, p. 80. II, p. 260.

GRIMALDI (Mgr de), II, p. 176.

GRIMALDI (CAMPOU-). *Voir :* Campou-Grimaldi.

GRIMALDI RÉGUSSE, I, p. 329.

GRIMAUD (Émile), II, p. 462.

GRIMOARD (Cte de LONGPÉRIER-). *Voir :* Longpérier-Grimoard.

GRIMOD DE LA REYNIÈRE, I, p. 345.

GRIMSDITCH (Herbert B.), I, p. 282.

GRINGONNEUR (Jacquemin), I, p. 396.

GROBON (Jean-Michel), p. et gr., II, p. 261.

GROEN (Georges), gr., II, p. 261.

GROHMAN (William A. BAILLIE-), I, p. 416.

GRONKOWSKI (Camille), II, p. 403, 529.

GROS (Vente J.-A.), II, p. 478.

GROS (B^{on}), p., II, p. 171.

GROS DE BOZE (Claude), I, p. 69. II, p. 34, 232.

GROSLEY, de Troyes, I, p. 251.

GROUCHY (Vte de), II, p. 14, 491.

GROUET (Ch.), II, p. 109.

GROULT (André), II, p. 298.

GROUX (Henri de), p., sc. et lith., II, p. 261, 469.

GRUEL (G. de), seigneur de Morville, I, p. 345.

GRUEL (Léon), I, p. 304. — Sa coll. d'ex-libris, I, p. 306.

GRUYER (Gustave), II, p. 86.

GSELL (Paul), II, p. 216, 430.

GUASPRE (Le). *Voir :* Dughet (Gaspard).

GUAY (Jacques), gr. sur pierres fines, II, p. 428.

GUDIN (Général), II, p. 443.

GUDIN (Théodore), p. et lith., II, p. 261.

GUELLIOT (Dr O.), I, p. 242, 308, 318, 319, 320, 322, 324, 326, 341.

Guéranger (Dom), abbé de Solesmes, portr. gr. par Gaillard, II, p. 225.

GUÉRARD (Eugène), p. et lith., II, p. 261.

GUÉRARD (Henri), p. et gr., II, p. 261-262, 353.

GUÉRIN (Charles), p. et lith., II, p. 262.

GUÉRIN (Jean-Urbain), p. et dess., II, p. 110.

GUÉRIN (Marcel), I, p. 101. II, p. 162, 215.

GUÉRIN (Mary T.). — Son portrait par L. Flameng, II, p. 211.

GUÉRIN (Nicolas), I, p. 145.

GUÉRIN (Paulin), p., I, p. 84. II, p. 201.

GUÉRIN-NICOLOT, I, p. 92.

GUÉRIN DE VALMALE (D^r), I, p. 346.

GUERLIN (Robert), I, p. 329, 342, 365.

GUERRART (Ch.), II, p. 86.

GUERRE (Estampes relatives à la), I, p. 253-254.

GUERRE de Trente Ans, I, p. 252. — de 1870-71, I, p. 387, 391. — — de 1914-18, I, p. 253, 307, 391.

GUERRES de religion, I, p. 390.

GUERRIER DE DUMAST (Prosper), II, p. 85.

GUÉRY (Abbé C.), II, p. 404.

GUESDON (Alfred), arch. et lith., II, p, 262.

GUIBERT (Joseph), conservateur-adjoint du Cabinet des Estampes, I, p. 73, 153, 155, 295. II, p. 134, 547.

GUEULLETTE (Charles), I, p. 300. II, p. 325.

GUICHARD, II, p. 209.

GUIFFREY (Jean), conservateur au Musée du Louvre, I, p. 159, 281. II, p. 73, 102, 103, 434, 486.

GUIFFREY (Jules), I, p. 134, 141, 148, 149, 186, 234, 257, 387, 421. II, p. 14, 18, 28, 36, 64, 79, 94, 114, 122, 178, 194, 200, 208, 210, 273, 280, 283, 307, 319, 360, 364, 386, 395, 465, 481.

GUIGARD, I, p. 322.

GUIGNEBAULT (Paul), gr., II, p. 68.

GUIGUE (Georges), II, p. 416.

GUILBERT (Yvette), II, p. 437.

GUILLAUMAT (Général), II, p. 212.

GUILLAUME III, roi d'Angleterre. — Son portrait gravé par J.-C. Le Blond, II, p. 317.

GUILLAUME (Eugène), II, p. 23, 162, 503.

GUILLAUMOT (Auguste-Alexandre), arch. et gr., II, p. 262.

GUILLEMET, p., II, p. 111.

GUILLEMIN (Victor), II, p. 227, 531.

GUILLEMOT (Maurice), I, p. 274, 275. II, p. 69, 205, 290, 437, 495, 528.

GUILLET DE SAINT-GEORGES, II, p. 413.

GUILLIBERT (Baron), II, p. 244.

GUILLOT (Gaëtan), p. 180.

GUILLOTIN (Dr). — Ses portraits, I, p. 242, II, p. 387.

GUILLOUD DE COURBEVILLE (J.-P.-M.), I, p. 345.

GUILMARD (Désiré), I, p. 415.

GUINAUDEAU (B.), II, p. 445.

GUINDRAND (Antoine), p. et lith., II, p. 262.

GUINOT (Eugène), II, p. 143.

GUIST'HAU, II, p. 337.

GUMERY (Adolphe), p. et lith., II, p. 263.

GURLITT (C.), I, p. 50, 52.

GUSMAN (Adolphe), gr. sur bois, I, p. 82. II, p. 263.

GUSMAN (Pierre), gr. et écrivain, I, p. 16, 17, 48, 53, 67, 68, 70, 80, 81, 82, 84, 101, 149, 161, 162, 225, 276, 278, 280, 286, 291, 293, 416. II, p. 179, 234, 270, 293, 337, 375, 397, 409, 412, 424, 428, 456. — Articles écrits sur lui, II, p. 263.

GUTENBERG, inventeur de l'imprimerie, I, p. 75.

GUTMANN (René-A.), I, p. 289.

GUY (Louis), p. et gr., II, p. 263.

GUYENCOURT (Robert de), I, p. 297.

GUYENNE (Les Cartes à jouer en), I, p. 400.

GUYET (Marguerite), femme de Claude II LE DOULX DE MELLEVILLE. Voir : Le Doulx de Melleville (Claude II).

GUYNARD (René de), I, p. 346.

GUYON (Nicolas), II, p. 264.

GUYOT, I, p. 37.

GUYOT DE FÈRE, I, p. 13. II, p. 36, 122.

GUYS (Constantin), dess., II, p. 513.

GYGÈS, I, p. 285.

GYPSOGRAPHIE (La), I, p. 72.

H... (CABINET DE M.), de Reims, II, p. 396.

HACHETTE, éd., I, p. 295.

HADEN (Seymour), gr., I, p. 63. II, p. 67.

HADINGUE (Félix), I, p. 62.

HAENISCH (Erich), I, p. 52.

HAFFNER (C.), p., II, p. 111.

HAGUENOT (Les), I, p. 346.

HAILLANT (N.), I, p. 261.

HAILLET DE COURONNE, II, p. 123, 316.

HALANZIER, II, p. 503.

HALDAT (De), II, p. 83.

HALDAT DU LYS (N.-F. Alexandre de), I, p. 343, 346.

HALÉVY (Fromental), II, p. 56.

HALÉVY (Léon), I, p. 384.

HALLAYS (André), I, p. 218, 220, 238.

HALLÉ (Noël), p. et gr., II, p. 264.

HALLO (Charles), gr., II, p. 264.

HAMART DE LA CHAPELLE, I, p. 346.

HAMEL (BUTET-). *Voir :* Butet-Hamel.

HAMEL (Henry), I, p. 94.

HAMEL (Maurice), I, p. 197. II, p. 546.

HAMERTON (P.-J.), II, p. 9, 131, 286.

HAMILTON (Walter), I, p. 301, 302.

HAMMANN (J. M. Herman), I, p. 56.

HAMOISE (Henri), I, p. 46, 64. II, p. 29.

HAMONT (J.-M.), I, p. 180.

HAMY (Le P. Alfred), I, p. 233.

HAMY (E.-T.), II, p. 310.

HANCKE (Erich), II, p. 353.

HANOTAUX (Gabriel), II, p. 53, 337.

HANRIOT (J.), gr., II, p. 60.

HANUS DE SAINT-EUSÈBE (Famille), I, p. 346.

HANZELET *Voir :* Appier (Jean).

HARCOURT (Cte Louis d'), II, p. 475.

HARDIE (Martin), II, p. 206.

HARDOUIN-MANSART (J.), arch., II, p. 422.

HARIEL (Claude), I, p. 278.

HARPIN. *Voir :* Hœrpin.

HARREPETER (J. K.), I, p. 68.

HARRISSE (Henry), II, p. 45.

HARTLAUB (G. F.), II, p. 183.

HARUNOBU, p. japonais, II, p. 512.

Hastenbeck (Bataille de), par Le Quain, I, p. 126.

Haultin (J.-B.), I, p. 289.

Haurard (Michel), I, p. 346.

Hauréau, II, p. 369.

Haussy de Robécourt, I, p. 346.

Hautecœur (Louis), conservateur au Musée du Louvre, I, p. 81, 162. II, p. 75, 362, 544.

Haüy (Hédé-). *Voir :* Hédé-Haüy.

Havard (Henry), I, p. 272, 411. II, p. 211.

Haven (D* Marc), I, p. 305.

Havermans (Xavier), I, p. 308.

Haviland (Paul Burty), II, p. 327.

Havre (Le) (Seine-Inférieure). — Musée, I, p. 172-173. II, p. 306. — Société des Amis des Arts, I, p. 219. — Voyage du graveur Gaucher, II, p. 230.

Hayard (George Some), II, p. 348.

Hayashi (Tamadata), II, p. 451.

Hayot de Longpré II, p. 315.

Hazard (N.-A.), II, p. 153.

Hébert, I, p. 36.

Hecquet, avocat, I, p. 133.

Hecquet (Robert), éd. et gr., II, p. 265, 315, 316, 369, 426.

Hédé-Haüy (A.), I, p. 290.

Hédiard (Germain), I, p. 93, 101, 143, 200, 201, 202, 203, 379. II, p. 49, 74, 106, 160, 163, 179, 195, 203, 204, 205, 271, 277, 282, 349, 469, 530.

Hédou (Jules), I, p. 92, 178. II, p. 331, 332, 340, 344, 390, 480.

Hédouin (Edmond), p. et gr., II, p. 40, 265.

Heince (Zacharie), p. et gr., II, p. 265.

Heinecken (B*n de), amateur, I, p. 23, 140. II, p. 230.

Heintzelmann (Arthur), gr., II, p. 265.

Hélène Adelsfreit, lith. par A. de Lemud, II, p. 332.

Heller (Joseph), I, p. 25, 26, 27.

Helleu (Paul), p. et gr., I, p. 424. II, p. 265-267, 550.

Hellis, I, p. 240.

Hellman (George S.), I, p. 50. II, p. 89.

Helman (Isidore-Stanislas), gr., II, p. 267.

Helot (D* René), I, p. 410.

Hély (George d'), I, p. 191.

Hémard (Joseph), illustrateur, I, p. 285. II, p. 267.

HÉMART (L.-F.-X., *dit* Dom Ignace), I, p. 347.

HÉMERY (Clément), I, p. 347.

Hémicycle (L'), revue, II, p. 457.

Hémicycle (L') de l'Ecole des Beaux-Arts, gr. par Henriquel-Dupont, d'ap. Delaroche, I, p. 42. II, p. 268.

HÉNARD (Robert), I, p. 215.

HÉNAULT (Maurice), II, p. 196.

HÉNIN (Pierre), I, p. 195, 196, 200. II, p. 182.

HÉNIN DE CUVILLIERS (Général Baron d'), I, p. 347.

HENKEL (D.), II, p. 447.

HENLEY (W. E.), II, p. 378.

HENNEQUIN (Émile), II, p. 444.

HENNEQUIN (Philippe-Auguste), p. et gr., II, p. 267.

HENNEQUIN (René), II, p. 434.

HENNER (Jean-Jacques), p., I, p. 379.

HENNEZEL D'ORMOIS (Cte de), I, p. 311, 312, 328, 335, 336, 359, 361, 369, 370, 372.

HENNIN (Michel), coll., I, p. 154, 250.

HENNIN (Pierre-Michel), diplomate, II, p. 27.

HENRI II, roi de France, II, p. 482.

HENRI IV, roi de France, I, p. 109, 421. — Ses portraits, I, p. 242.

HENRIET (Claude), II, p. 489.

HENRIET (Frédéric), I, p. 171. II, p. 145, 345, 443, 524, 525, 543.

HENRIET (Israël), gr. et éd., II, p. 267, 489.

HENRIOT (Gabriel), II, p. 449.

HENRIOT (Paul-J.), I, p. 329, 336, 368.

HENRIOT-BOURGONGNE (M.), I, p. 327.

HENRIQUEL-DUPONT (Louis-Pierre), gr., I, p. 42, 137. II, p. 268-270, 528.

HENRIQUEZ (Benoît-Louis), gr., I, p. 147.

HEQUET (Charles), II, p. 241.

HÉRAIN (François de), p., sc. et gr., II, p. 270.

HÉRAL (LEGENDRE-). *Voir :* Legendre (J.-F.), *dit* Legendre-Héral.

HÉRALDIQUE (Gravure religieuse), I, p. 306.

HÉRALDIQUES (Ex-libris), I, p. 305.

HERBET (Félix), I, p. 426. II, p. 21, 341, 506.

Hercule (Le Double modèle d'), eau-forte de Meissonier, II, p. 368.

HÉRISSET, marchand mercier-papetier, I, p. 128.

HERISSET (Antoine), gr., I, p. 353.

HÉRIVAUX, II, p. 231.

HERKOMER, p., I, p. 100.

HERLUISON (H.), I, p. 97, 345, 430, 431. II, p. 365, 488. — Son ex-libris, I, p. 320.

HERMANN-PAUL, dess. et gr., I, p. 289, 293, 424. II, p. 270.

HERSCHER (Ernest), arch. et gr., II, p. 270.

HERSENT (Louis), p. et lith., II, p. 270.

HERVIANT (Mme), I, p. 153.

HERVIER (Adolphe), p. et gr., II, p. 271.

HERVIER (Aubin), p. et gr., II, p. 272.

HERVIEU (Louise), p. et dess., II, p. 351.

HERZEN (MONOD-). *Voir :* Monod-Herzen.

HÉSIODE. — *Les Travaux et les jours* ill. par P.-E. Colin, II, p. 126.

HESME (A.), II, p. 136.

HESSE (Frédéric), I, p. 96.

HESSE (Raymond), II, p. 17.

HEUBERT (Jean), II, p. 7, 73, 75, 116, 224, 263, 289, 315, 337, 350, 437.

HEURÉ (Paul), II, p. 123.

Heures (Livres d'), I, p. 263, 273, 296-298. II, p. 324, 537.

HEURTEL (Armand), II, p. 70.

HEURTIER I, p. 84. II, p. 201.

HEVESI-WIEN (Ludwig), I, p. 400.

HEYMAN (Charles), gr., I, p. 217. II, p. 271.

HEYWOOD (Rev. J. J.), II, p. 372.

HIATT (Charles), I, p. 79, 379.

HILLEMACHER (Frédéric), II, p. 328, 402.

HIND (Arthur M.), I, p. 47, 50. II, p. 55, 88, 424, 541.

HINZELIN, (Émile), II, p. 87.

HIPPIATRIQUE, I, p. 253.

HISTOIRE, I, p. 232, 250-254. II, p. 415, 416.

Histoire artistique de la porcelaine, aquarelles de J. Jacquemart, II, p. 286.

Histoire générale des cérémonies... religieuses de tous les peuples du monde, ouvrage, I, p. 122. II, p. 186.

Histoire naturelle des Oiseaux dorés... par J.-B. Audebert, II, p. 13.

HISTOIRES de la gravure, I, p. 39, 40, 43, 44, 47, 48.

HISTOIRES de la lithographie, I, p. 96.

HITCHCOCK, II, p. 75.

HOCHSCHILD (Baron de), II, p. 315.

HŒRPIN ou HARPIN, gr., II, p. 272.

HOFFMANN père et fils, inventeurs de l'imprimerie polytype, I, p. 134. II, p. 272-273.

HOFMANN (E.), II, p. 41.

HOGGE (J.), II, p. 169.

HOIN (Claude), p. et gr., II, p. 273.

HOKOUSAÏ, p. japonais, II, p. 216.

HOLL (Maurice), II, p. 429.

HOLLÄNDER (Eugen), I, p. 388.

Hollar, revue, I, p. 55.

HOLME (Charles), I, p. 66, 79, 259. II, p. 130, 153, 379.

HOLROYD (Charles), II, p. 327.

HOMAIS (Robert), I, p. 49, 221.

HOMBRON (H.), I, p. 168.

Hommage à Goya, par Odilon Redon, II, p. 444.

HONFLEUR (Calvados). — Musée, I, p. 173.

HONGRE (Pierre), impr. II, p. 273.

HONORÉ (Léopold), I, p. 222, 223.

HOOD (G. P. Jacomb), II, p. 265, 266.

HOOGENDIJK (C.), coll., II, p. 496.

Horaces (Les), gr. par Morel, d'ap. DAVID, II, p. 389.

HORLOGES SOLAIRES (Table d'), II, p. 10.

HORR (Norton T.), I, p. 393.

HORTHEMELS (Les), II, p. 274.

HORTHEMELS (Frédéric), gr., II, p. 274.

HORTHEMELS (Madeleine), femme COCHIN. *Voir :* Cochin (Madeleine).

HOSCHEDÉ (Ernest), II, p. 174.

HOSTEIN (Edouard-Jean-Marie), p. et lith., II, p. 274.

HOTIN (Auguste), gr., II, p. 274.

HOUAT (André et François), gr., II, p. 274.

HOUBLOUP, I, p. 85.

HOUDARD (Charles), gr., II, p. 274.

HOUDARD-CASALTA (L.), I, p. 180.

HOUEL, II, p. 129.

HOUEL (Jean-Pierre-Laurent-Louis), p. et gr., I, p. 147. II, p. 274-275.

HOURTICQ (Louis), membre de l'Institut, II, p. 353.

HOUSSAYE (Arsène), II, p. 60, 83, 85, 183, 265, 392, 503.

Houssaye (Henry), I, p. 288. II, p. 181, 292.

Houzeau, I, p. 90.

Hovervogt (Jacques), gr. et marchand d'est., I, p. 111. II, p. 275.

Hoyau, fabricant d'encre, I, p. 119.

Hozier (D'), I, p. 347.

Huard (Charles), p. et gr., II, p. 275.

Huber, I, p. 24.

Hubert, I, p. 133.

Hubert, p., I, p. 188.

Hubert de Saint-Didier (Balthazar-Augustin), gr., II, p. 275.

Hubin (*Le Père*), portr. gr. par Gaillard, II, p. 225.

Hucher (Eugène), II, p. 396.

Huet (Les), p. et gr., II, p. 276.

Huet (E.), I, p. 320, 347.

Huet (Jean-Baptiste), p., I, p. 71. II, p. 276.

Huet (Paul), p. et gr., I, p. 31, 50, 218. II, p. 276-277.

Huet (René-Paul), II, p. 277.

Huet d'Ambrun (Antoine-Pierre), I, p. 347.

Huet de Froberville, I, p. 347.

Huette (Dr (Charles), p. sc. et gr., II, p. 277.

Hugo (Victor), I, p. 50, 202, 263, 264. II, p. 394. — Ses dessins, I, p. 52. II, p. 46, 113, 277, 278. — Ses portraits, I, p. 242.

Huish (Marcus B.), II, p. 372.

Hullmandel (C.), I, p. 85.

Hulst (Henri), II, p. 455.

Humanité (*L'*), journal, I, p. 52. II, p. 155.

Humbert (Major), I, p. 34, 35.

Humbert (Édouard), II, p. 346.

Humbles (*Les*), revue, II, p. 33.

Humoristes (Quelques), I, p. 424.

Humphreys (Henry Noël), I, p. 268.

Huot (Adolphe), gr., II, p. 278.

Huquier (Jacques-Gabriel), gr., I, p. 50, 128, 187, 334, 368. II, p. 278, 541.

Hurel, p. et gr., II, p. 279.

Huret (Grégoire), gr., II, p. 279.

Husson (Le P.), II, p. 82.

Hustin (Arthur), II, p. 182, 330, 338.

Husz (Martin), impr., II, p. 279.

Hutin (Charles), l'aîné, p. et gr., II, p. 280.

HUTIN (François), p. et gr., II, p. 280.

HUVEY (Louis), I, p. 97, 276.

HUYGHE (René), II, p. 388.

HUYOT, I, p. 145.

HUYOT-BERTON (Ch.), I, p. 152.

HUYSMANS (Joris-Karl), II, p. 61, 114, 115, 191, 214, 436, 437, 444, 465, 466, 468.

HUZARD (BOUCHARD-). *Voir :* Bouchard-Huzard.

HYGIN-FURCY (G.), I, p. 56.

HYMANS (Henri), I, p. 91, 415.

Hypnérotomachie (Le Songe de Poliphile ou), I, p. 288.

IBELS (Henri-Gabriel), dess., I, p. 382. II, p. 280.

Iconographe (L'), revue, I, p. 17.

ICONOLOGIE (Dictionnaire et Traité d'), I, p. 28, 34, 36.

IGNON (E.), I, p. 174.

Igny (La Trappe d'), ouvrage ill. par P.-A. Bouroux, II, p. 61.

Illustrateurs (Les Maîtres), ouvrage, I, p. 274, 275.

Illustration (L'), revue, I, p. 81, 289. II, p. 73, 362, 486.

ILLUSTRATION du Livre. *Voir :* Livre illustré.

Illustres Français (Les), portraits gravés par N. Ponce, d'ap. Marillier, II, p. 429.

ILLY (J.-P.), II, p. 19.

Image (L'), revue, I, p. 17, 77, 208. II, p. 66, 116, 271, 454, 533.

Image (L') de Saint Christophe, imprimerie, I, p. 280.

IMAGERIE populaire, I, p. 397, 408-411. — religieuse, I, p. 412. — scolaire, I, p. 411-412.

IMAGES D'ÉPINAL, I, p. 409, 410, 411. II, p. 423.

IMPRESSION des estampes, I, p. 25, 59, 60, 62, 66, 74. (*Voir aussi :* Imprimeurs en taille douce.) — des lithographies, I, p. 25, 88, 89, 90, 92, 93.

IMPRESSION sur étoffes, I, p. 191.

IMPRESSIONNISME, II, p. 391.

Impressions d'Italie, gr. par E. Chahine, II, 98.

Impressions de Turquie, par A. Lunois, II, p. 350.

IMPRIMERIE POLYTYPE de Hoffmann, I, p. 134.

IMPRIMEURS, I, p. 109, 110, 114, 118, 120. — de Paris, I, p. 262.

IMPRIMEURS EN TAILLE-DOUCE, I, p. 112, 114, 115, 116, 117, 120, 124, 125, 126, 127, 129, 130, 131, 132, 134.

Impruneta (*Foire de l'*), p. par J. Callot, II, p. 86. — gr. par le même, II, p. 90.

INCUNABLES, I, p. 266, 274, 276, 278, 279, 280, 296, 297.

INCUNABLES XYLOGRAPHIQUES du Cabinet des Estampes, I, p. 155, 157.

INDÉCENTES (Gravures), I, p. 123, 127, 132.

INDULGENCES, I, p. 155.

INGOLD (Le P.), I, p. 301, 345.

INGOUF (François-Robert), gr., II, p. 280.

INGRAM (John), gr., I, p. 315.

Ingres (*Mme Delphine*), gr. par J. Corabœuf, II, p. 129.

INGRES (Dominique), p., I, p. 31, 220. II, p. 80, 81, 280-281, 409, 482, 498.

INSTITUT de France, I, p. 147.

INTENDANTS PROVINCIAUX (Portraits d'), I, p. 234.

INTERPRÉTATION (Gravure d'), I, p. 51, 218.

INVENTAIRES d'artistes, I, p. 421.

INVITATIONS, I, p. 413, 414.

ISAAC, I, p. 79.

ISABEY (Eugène), p. et lith., II, p. 281-282.

ISABEY (Jean-Baptiste), p. en min. et lith., II, p. 282.

ISTEL (Paul), I, p. 285.

Italie (*Impressions d'*), gr. par E. Chahine, II, p. 98.

Italie (*Souvenirs d'*), par P.-E. Colin, II, p. 126.

ITIER (P.-J.), I, p. 174.

JACOB (Le Bibliophile). *Voir :* Lacroix (Paul).

JACOB (Max). — *Jean Matorel,* ill. par Picasso, II, p. 420.

JACOMB-HOOD (G. P.), II, p. 265, 266.

JACOPS (Louis-Paulin de), marquis d'AIGREMONT, I, p. 317.

JACOTIN DE ROSIÈRES (Charles), I, p. 400.

JACQUAND (Claudius), II, p. 283.

JACQUARD (Antoine), gr., II, p. 283.

JACQUART (Claude), gr., I, p. 429.

JACQUE (Charles), p. et gr., I, p. 62, 218, 385. II, p. 283, 378.

JACQUE (Philippe), II, p. 378.

JACQUEMART (Jules), gr., II, p. 285-286.

JACQUEMIN (Louis), II, p. 18.

JACQUEMOT (Charles), gr. sur bois, I, p. 81.

JACQUES (André), p. et gr., II, p. 287.

JACQUES (G.-M.), II, p. 457.

JACQUET (Achille), gr., I, p. 67. II, p. 269, 287.

JACQUET (Jules), gr., II, p. 287.

JACQUIN (Arthur), gr. sur bois, II, p. 126, 287.

JACQUOT (Albert), I, p. 427. II, p. 173, 200, 548.

JACQUOT (C.-J.-B.). *Voir :* Mirecourt (Eugène de).

JADART (A.), I, p. 309.

JADART (Henri), I, p. 238, 316. II, p. 524.

JAHANDIER (Étienne). *Voir :* Desrochers (Étienne Jahandier, *dit*).

JAILLOT, p., II, p. 53.

JAIME (E.), I, p. 384.

JAL (Auguste), I, p. 28. II, p. 381, 528.

JALABERT, I, p. 169.

JALABERT (Denise), I, p. 163.

JAMAULT (Louis), éd. d'estampes, II, p. 288.

JAMOT (Paul), I, p. 215. II, p. 34, 92, 108, 156, 380.

JANET (Jean-Honoré), impr. en taille-douce, II, p. 288.

JANIN (CLÉMENT-). *Voir :* Clément-Janin.

JANIN (Jules), I, p. 384. II, p. 103, 104, 141, 235, 291, 292.

JANINET (François), gr., I, p. 49, 71. II, p. 288-289.

JANNEAU (Guillaume), I, p. 382. II, p. 156, 400, 406, 449.

JANSEN, I, p. 38.

JANVIER (A.), II, p. 60.

Japon (Saints martyrs du), gr. attribuée à J. Callot, II, p. 85.

JARDÈRE (H.), I, p. 302.

JARRAUD (Léonard), gr. sur bois, II, p. 289.

JARRY (André), II, p. 176.

JARRY (Paul), I, p. 348. II, p. 479.

JAUBERT (Ernest), II, p. 323.

JAUME (François-Thomas), I, p. 348.

JAVOTTE, colporteuse d'almanachs, I, p. 123.

JAZET (Eugène), gr., II, p. 289.

JAZET (Jean-Pierre-Marie), gr., II, p. 289.

JAZINSKI, gr., II, p. 218.

JEAN, marchand d'est., I, p. 136. II, p. 290.

JEAN (Veuve Auguste), marchande d'est., II, p. 290.

JEAN (AMAN-). *Voir :* Aman-Jean.

JEAN (MORIN-). *Voir :* Morin-Jean.

JEAN (René), I, p. 50, 81, 220. II, p. 29, 399.

JEAN-BAPTISTE DE LA SALLE (Saint), I, p. 351.

Jean Matorel, par Max Jacob, II, p. 420.

JEANÈS, II, p. 325.

JEANJEAN (Chanoine), I, p. 348.

JEANNIOT (Georges), p. et gr., I, p. 274-275. II, p. 290-291.

JEANRON, I, p. 265.

JEHANNOT (Étienne), impr., II, p. 291.

JENNINGS (Herbert H.), II, p. 10.

JEQUIER (Jules), p., II, p. 291.

JERROLD (Blanchard), II, p. 183.

Jérusalem délivrée (La), poème par T. Tasso, I, p. 287, 293.

JESSEN (Dᵣ P.), I, p. 415. II, p. 360.

Jésuites (L'Almanach des) [1654], I, p. 405.

JÉSUITES (Expulsion des), II, p. 95. — (Iconographie des), I, p. 233.

JETPHORT (CHOLET de). *Voir :* Cholet de Jetphort.

JEU de l'Oie, I, p. 412. — de la Comète, I, p. 399. II, p. 409. — de la Vie, I, p. 394.

JEUNESSE (Exposition de la), I, p. 188.

Jeux (Les) et Plaisirs de l'enfance, gr. par Cl. Bouzonnet-Stella, d'ap. J. Stella, II, p. 64.

JOBARD, I, p. 90.

Joconde (La), p. par Léonard de Vinci, I, p. 52. II, p. 46, 80, 81.

Joconde (Graveurs de *la*), I, p. 49.

JOEL (Marc), II, p. 63.

JOHANNOT (Alfred et Tony), p. et gr., I, p. 50, 291, 292. II, p. 291-293.

John Brown, dessin de V. Hugo, gr. par P. Chenay, II, p. 278.

JOHNSON (D. C.), I, p. 144.

JOLIVET (Louis), I, p. 429.

JOLLAIN (François-Gérard), gr. et marchand, II, p. 293.

JOLLAIN (Gérard), libr., II, p. 293.

JOLLAIN (Abbé Jacques), II, p. 293.

JOLLIVET (Gaston), I, p. 289. II, p. 200, 305.

JOLLY-BAVOILLOT (C.), II, p. 393.

JOLY (Adrien-Jacques), fils, conservateur du Cabinet des Estampes, II, p. 208, 257, 395.

JOLY (Hugues-Adrien), garde du Cabinet des Estampes, II, p. 293.

JOLY DE BAMMEVILLE, I, p. 348.

JOMARD (Edme-François), I, p. 86, 99. II, p. 171, 310, 505.

JOMBERT (Charles-Antoine), marchand d'est., II, p. 30, 121, 293, 319.

JONES (H. LONGUEVILLE), II, p. 489.

JONGKIND (J. BARTHOLD), p. et gr., I, p. 31. II, p. 277.

JONQUIÈRES (Henry), éd., I, p. 285. II, p. 294.

JOSSAN (DAUDÉ DE). *Voir:* Daudé de Jossan.

JOSSE (Jean-François), I, p. 348.

JOSSOT, dess. d'aff., I, p. 380, 382.

JOSZ (Virgile), II, p. 219, 540.

JOU (Louis), gr. et ill., I, p. 282, 285. II, p. 294.

JOUAS (Charles), II, p. 294.

JOUBERT (Les), I, p. 348.

JOUBERT, I, p. 136.

JOUBERT, gr. et marchand d'est., II, p. 294.

JOUBERT fils, marchand d'est., II, p. 20, 294.

JOUBERT (J.-E), I, p. 25.

JOUBERT (Louis-Martin-Roch), gr., II, p. 295.

JOUBIN (André), I, p. 293. II, p. 520.

JOUFFREY (MORAND DE). *Voir :* Morand de Jouffrey.

JOUIN (Henry), I, p. 147, 165, 234, 422. II, p. 58, 100, 123, 157, 179, 183, 225, 237, 245, 384, 483, 490, 503, 528.

JOULLAIN (François), éd. et gr., II, p. 295.

JOULLAIN fils aîné (Charles-François), I, p. 23, 36, 140. II, p. 14, 120, 279, 316.

JOURDAIN (Frantz), arch., II, p. 37, 153, 204, 446, 495, 511.

JOURDAN (Maréchal), I, p. 348.

JOURDANNE (Gaston), I, p. 309, 351.

Journal (Le), II, p. 24, 111, 180, 215, 220, 246, 314, 366, 436, 451, 467, 494, 511, 533, 546.

Journal de l'Empire, I, p. 289.

Journal de l'Expédition des Portes de fer, par Ch. Nodier, I, p. 291. II, p. 441.

Journal des Artistes (Le), I, p. 61, 303. II, p. 41, 73, 446.

Journal des Arts (Le), I, p. 17, 37, 44, 57, 58, 65, 77, 92, 93, 95, 96, 97, 102, 158, 159, 163, 164, 178, 179, 195, 196, 197, 198, 199, 200, 201, 202, 203, 204, 205, 206, 208, 209, 210, 212, 213, 214, 215, 216, 217, 219, 220, 221, 222, 223, 225, 379, 381, 386, 406. II, p. 6, 33, 45, 66, 67, 71, 74, 75, 78, 100, 103, 111, 112, 115, 135, 166, 168, 174, 178, 182, 197, 204, 206, 216, 219, 220, 226, 237, 238, 253, 268, 273, 292, 304, 314, 324, 326, 331, 344, 345, 383, 397, 420, 439, 440, 441, 458, 465, 466, 467, 492, 512, 531, 533, 534.

Journal des Débats, I, p. 175, 276, 294, 295. II, p. 33, 126, 204, 218, 238, 287, 306, 341, 400, 420.

Journal des Gens du monde (Le), ill. par Gavarni, II, p. 237.

Journal encyclopédique, I, p. 74.

JOURNOT (Louis), gr., I, p. 46, 58, 157, 158, 163.

JOURSANVAULT (Baron de), II, p. 543.

JOUVE (Louis), II, p. 71, 72, 222, 548, 549.

JOUVE (P.-J.), I, p. 80.

JOUVE (Paul), p. et gr., I, p. 289. II, p. 295, 486.

JOUVENCEL, I, p. 348.

JOUVENCEL (Pierre de). — Son ex-libris, I, p. 348.

JOUVET (Dominique), dess. et gr., II, p. 295.

JOUVET (Louis), acteur. — Son portrait gr. par J. Lieure, II, p. 345.

JOUY (BARBET DE). *Voir :* Barbet de Jouy.

JOVAR (René), I, p. 202, 203, 206.

JOYANT (Maurice), II, p. 513, 514.

JOYAU (Amédée), gr. sur bois, II, p. 296.

JOYEUSE - GRANDPRÉ (Iconographie des), I, p. 242.

JOZE (Victor), II, p. 511.

JUBINAL (Achille), I, p. 167, 181. II, p. 502.

Juif-Errant (Le), image populaire, I, p. 409.

JUILLY (de), I, p. 349.

JULIAND (Abbé Jean), I, p. 349.

JULIEN (Simon), p. et gr. II, p. 296.

JULLIEN (Adolphe), I, p. 272. II, p. 206, 450.

JULLIEN (Jean), I, p. 379.

JULLIEN DE LA BOULLAYE (E.), II, p. 197.

JULLIENNE (Jean de), amateur, I, p. 423. II, p. 296, 539, 541.

JULLIOT (C.-F.), II, p. 296.

JULLIOT (Gustave), I, p. 76, 269, 431.

JULLY (DE LA LIVE DE). *Voir :* La Live de Jully.

Justicia relegata flecti nescia, est., I, p. 124.

KAEMPFEN, II, p. 503.

KAHN (Gustave), I, p. 81, 82, 389. II, p. 55, 99, 116, 153, 207, 219, 324, 336, 337, 408, 437, 438, 468.

KARR (Alphonse), II, p. 393.

KEEPSAKES, I, p. 271, 272.

KELLERMANN, vainqueur de Valmy, I, p. 251.

KEMP (Robert), II, p. 43.

KEPPEL (David), I, p. 218. II, p. 373, 397.

KEPPEL (Frederick), I, p. 215, 216, 218. II, p. 9, 67, 75, 78, 131, 326, 327, 372, 373, 374, 378, 379.

KER-FRANK-HOUX, I, p. 80.

KERDYK (René), I, p. 283.

KÉRONAN (C.-G.), I, p. 58.

KERROUX (L.-G.-F.), I, p. 71.

KERVER (Thielman), libr., II, p. 297.

KEYSER (Frances), II, p. 93.

KIEFFER (René), éd., II, p. 388.

KINKEL (Gottfried), II, p. 86.

KING VAN RENSSELAER (M^rs), I, p. 398.

KIPLING (Rudyard). — *Le Livre de la Jungle*, ill. par Jouve, I, p. 289. II, p. 486.

KLEIN (Le Conseiller), de Mannheim, II, p. 222.

KLEIN (Rudolf), II, p. 469.

KLOSS (K.), II, p. 89.

KLOSSOWSKI (Erich), II, p. 154.

KLUMPKE (Anna), II, p. 48.

KNECHT (Ed.), I, p. 90, 91, 405.

KNECHT-SENEFELDER. *Voir :* Knecht (Ed.).

KŒCHLIN (Raymond), II, p. 388.

KŒHLER (S. R.), I, p. 63.

KŒRTTGÉ (Albert), gr., II, p. 297.

KRAFFT, arch. et gr., p. 297.

KRAFFT (Per), p., II, p. 403.

KREISS, I, p. 279.

KRISTELLER (Paul), I, p. 47.

KUCHARSKI (Alexandre), p., II, p. 403.

Kunst (*Die*), revue allemande, I, p. 46. II, p. 99, 457.

Kunst für Alle (*Die*), revue allemande, I, p. 198.

Kunstchronik, revue allemande, I, p. 288.

KUNSTLER (Charles), II, p. 91, 297, 470, 515.

KURTH (Willy), II, p. 479.

KURTS (Rudolf), II, p. 468.

L°°° (J.), I, p. 170.

L. D., gr., I, p. 426.

LABADIE (Ernest), I, p. 256.

LABANOFF (Prince Alexandre), I, p. 244.

LABAT (Gustave), II, p. 228.

LA BATIE (PUY DE). *Voir* : Puy de La Batie.

LA BELLE (Étienne de). *Voir* : Bella (Stefano della).

LABESSADE (Léon-Félix de), I, p. 211. II, p. 397.

LA BERGE (VILLIERS DE). *Voir* : Villiers de La Berge.

LABORDE (A. de), I, p. 298.

LABORDE (Chas.), p. et gr., II, p. 297.

LABORDE (Ernest), p. et gr., II, p. 297.

LABORDE (Léon de), I, p. 67, 75.

LA BORDE (Jean-Benjamin de). — Ses *Chansons*, ill. par Eisen, I, p. 289. II, p. 199.

LABOUCHÈRE (Norna), I, p. 302.

LA BOULLAYE (JULLIEN DE). *Voir:* Jullien de La Boullaye.

LABOUREUR (Jacques-Émile), gr., I, p. 67, 80, 285. II, p. 298, 313.

LA BRETHONNIÈRE (De), II, p. 309.

LA BRETONNE (RESTIF DE). *Voir* : Restif de La Bretonne.

LA BROSSE (Guy de), II, p. 310.

LABROSSE (Henri), I, p. 277.

LA BROSSE (MILLIN DE). *Voir* : Millin de La Brosse.

LABROUCHE (Pierre), p. et gr., II, p. 298.

LABROUSSE, II, p. 380.

LA BRUYÈRE (BARBEAU DE). *Voir:* Barbeau de La Bruyère.

LA CARRE DE SAUMERY (De), I, p. 349.

LACASSIN (Ch.), I, p. 98.

LACHAMBEAUDIE (Pierre), II, p. 516.

LA CHAMBRE (CUREAU DE). *Voir:* Cureau de la Chambre.

LA CHAPELLE (HAMART DE). *Voir:* Hamart de La Chapelle.

La Chapelle (Pierre-Geoffroy de), i, p. 349.

La Chavignerie (Bellier de). *Voir :* Bellier de La Chavignerie.

Lachénée (Decauville-). *Voir :* Decauville-Lachênée.

Lacombe, i, p. 22.

La Combe (Colonel de), ii, p. 104.

Lacombe (Paul), i, p. 296, 297, ii, p. 418.

Lacombe de Prezel, i, p. 34.

Lacoste père, i, p. 76.

La Coudrée (Capitaine de), i, p. 249.

La Cour (Mathon de). *Voir :* Mathon de La Cour.

Lacour (Pierre de) ou Delacour (Pierre), p. et gr., ii, p. 298-299.

Lacroix (Paul) [Bibliophile Jacob], i, p. 13, 15, 19, 39, 146, 151, 187, 244, 250, 257, 267, 289, 290, 292, 294, 295, 395, 396, 397. ii, p. 52, 53, 84, 121, 137, 187, 200, 251, 282, 343, 510.

La Croix (Tremblot de). *Voir :* Tremblot de La Croix.

La Cropte (Jean-François de), *dit* l'abbé de Bourzac, i, p. 349.

La Cropte de Chantérac (Charles de), i, p. 349.

Ladet (U.), ii, p. 201.

Ladoué (Pierre), ii, p. 62.

Laënnec (Ex-libris), i, p. 314.

La Fage (Nicolas de), ii, p. 299-300.

Lafargue (M.), ii, p. 132.

La Fayolle (André-Christophe Chomel, seigneur de). *Voir :* Chomel.

La Fenestre ou La Fenêtre (De), i, p. 349.

Lafenestre (Georges), ii, p. 174, 219, 277, 386.

Laferté (René de), i, p. 142.

Laffecteur (Boyveau-). *Voir :* Boyveau-Laffecteur.

Laffont (Marc), ii, p. 69.

Lafitte (Louis), p., gr. et lith., ii, p. 300.

La Fizelière (Albert de), i, p. 193. ii, p. 58, 171, 357, 427.

La Fleur (Nicolas-Guillaume de), p. et gr., ii, p. 300.

Lafond (Paul), i, p. 159. ii, p. 161, 284.

La Font de Saint-Yenne, i, p. 34.

La Fontaine (Jean de), fabuliste, i, p. 289, 290. ii, p. 110, 200, 287, 476.

La Force (Piganiol de). *Voir:* Piganiol de La Force.

Lafrensen (Nicolas), *dit* Lavreince, p., I, p. 29, 53, 71. II, p. 260, 300.

Lafrère ou Lafrery (Antoine), gr. et éd., II, p. 301.

La Galissonnière (Barrin de). *Voir :* Barrin de La Galissonnière.

Lage (Du Puy de). *Voir:* Du Puy de Lage.

La Giclais (Magon de). *Voir :* Magon de La Giclais.

Lagnel (Pierre-Sébastien), gr., II, p. 301.

La Gourdaine (Norblin de). *Voir :* Norblin de La Gourdaine.

Lagrange (Léon), I, p. 191. II, p. 22, 185, 510, 529, 530.

La Greffe (Samuel de Trinquere de). *Voir:* Trinquere de La Greffe.

Lagrenée (Jean-Jacques), p. et gr., II, p. 301.

La Guertière (François de), p. et gr., II, p. 301.

Laguillermie (Frédéric), gr., II, p. 302.

La Hire (Laurent de), p. et gr., II, p. 302.

Lahm (Carl), II, p. 99.

La Hunière (Jean de), I, p. 223.

Laidet de Sigoyer (Pierre de), I, p. 350.

Lalaing (Edouard de), II, p. 528.

La Lance (Mennessier de). *Voir:* Mennessier de La Lance.

Lalande (Joseph-Jérôme de), I, p. 35.

Lalanne (Maxime), gr., I, p. 62, 63, 218. II, p. 302-303.

Lalauze (Adolphe), gr., I, p. 242, 291. II, p. 182, 218, 303.

Laligant (Toussaint), II, p. 304.

La Live de Jully (Laurent de), amateur, I, p. 423. II, p. 304.

Lalleman (Georges), p. et gr., II, p. 304.

Lallemant (J.-Ch.-Al.), évêque de Séez, I, p. 350.

Lallemant de Betz (Collection), I, p. 155.

Lalo (Pierre), I, p. 207, 208, 209.

La Madelène (Henry de), II, p. 162.

Lamare (Antoine de), seigneur de Chesne-Varin, I, p. 350.

La Mare-Richart (F.-J. de), p. et gr., II, p. 304.

LAMARTINE. — Ses portraits, II, p. 242.

LAMBEAU (Lucien), I, p. 258.

LAMBERT (Eugène), gr., II, p. 305.

LAMBERT (Dr Gustave), II, p. 312.

LAMBERT (Jean), impr., II, p. 305.

LAMBERT (L.), I, p. 91.

LAMBERT (Maurice de), gr. sur bois, II, p. 305.

LA MEILLERAIE (Armand de), duc de MAZARIN. *Voir :* Mazarin.

LA MENAYE (DANGUY DE). *Voir :* Danguy de La Menaye.

LA MÉSANGÈRE (Pierre-Antoine de), éd., II, p. 231, 305.

LA MESNARDIÈRE, II, p. 358.

LAMETZ, I, p. 71.

LAMI (Eugène), p. et lith., I, p. 291. II, p. 303, 305-306.

LA MICHODIÈRE (P.-M. de), I, p. 350.

LA MORINERIE (Baron de), II, p. 28, 309, 347.

LAMOTHE (L.), II, p. 299.

LAMOTTE (Alphonse), gr., II, p. 306, 344, 459, 538.

LAMOTTE (GRANGIER DE). *Voir :* Grangier de Lamotte.

LAMY, libr., I, p. 152.

LANCESSEUR, avocat, I, p. 120.

LANÇON (Auguste), p., gr. et lith., II, p. 306-307.

LANCRENON (Ferdinand), p. et gr., II, p. 431.

LANCRET (Nicolas), p., I, p. 29. II, p. 247, 307.

LANDON (Charles-Paul), p. et gr., I, p. 37, 38. II, p. 176.

LANDRE (Jeanne), II, p. 239.

LANE (John W.), II, p. 328.

LANGEAC (Marquise de), I, p. 350.

LANGLOIS, II, p. 232.

LANGLOIS (E.-H.), I, p. 295, 296.

LANGLOIS (Eustache-Hyacinthe), dess. et gr., II, p. 308.

LANGLOIS (François), *dit* Ciartres, gr. et éd., II, p. 126, 308, 369.

LANGLOIS (Jean), dess. et gr., II, p. 308.

LANGLOIS DE CRIQUEBEUF (Les), I, p. 350.

LANGOT François), gr., II, p. 308.

LANGRES (Haute-Marne). — Musée, I, p. 173.

LANGUEDOC. — Bibliophiles, I, p. 311. — Ex-libris, I, p. 367.

LANTARA (Simon-Mathurin), p. et gr., II, p. 308.

Laon et Pays laonnois. — Ex-libris, I, p. 311-312, 328, 336, 369.

Lapaire (Hugues), II, p. 473.

La Palette (Jean), II, p. 465.

La Pause (De Plantavit de). *Voir* : Plantavit (Les De).

Lapauze (Henri), I, p. 148. II, p. 135, 154, 281.

Laperlier, II, p. 122.

La Perrière (Les De), I, p. 350.

La Perrière (Henri de), I, p. 320, 326, 328, 330, 337, 339, 341, 344, 351, 352, 354, 361, 362, 370, 373, 375. II, p. 52, 482.

Lapidation de S. Étienne, gr. par Tassaert, d'ap. Rubens, II, p. 501.

Lapierre (E.), I, p. 245.

La Pinelais, gr. d'ex-libris, I, p. 334. II, p. 309.

La Porte (Arnaud-Ferdinand de), évêque de Carcassonne, I, p. 351.

La Porte (Abbé J. de), I, p. 34.

Lapparent (P. de), II, p. 515.

La Quérière (De), I, p. 260. II, p. 17.

Laran (Jean), bibliothécaire au Cabinet des Estampes, I, p. 48, 55, 155, 156, 251. II, p. 108, 141, 146, 353, 388, 414, 458.

Larcher (Le Président), I, p. 54. II, p. 398.

La Reynie (N.-G. de), lieutenant de police, I, p. 351.

La Reynière (Grimod de). *Voir:* Grimod de La Reynière.

Largillière (Nicolas de), p., II, p. 339.

La Richardière (Bourgeois de). *Voir:* Bourgeois de La Richardière.

Larmagnac, membre du Conseil des Anciens, I, p. 135.

Larmessin (Nicolas de), gr., II, p. 309.

La Roche d'Albon (De), I, p. 351.

La Rochefoucauld (Anne de Polignac, comtesse de), I, p. 351.

Larochefoucauld (F. de), abbé de Tournus, I, p. 351.

La Rochefoucauld (François VII, duc de). — Ses portraits, I, p. 242.

La Roussière (Vve de Tremeuge de), I, p. 347.

Larroumet (Gustave), II, p. 162, 287, 368.

Laruelle (René), II, p. 48, 196, 321.

La Salle (Famille de), I, p. 351.

La Salle (Collinet de). *Voir :* Collinet de La Salle.

La Sauvagère (Le Royer de). *Voir :* Le Royer de La Sauvagère.

La Sicotière (Léon de), II, p. 250.

La Sizeranne (Robert de), I, p. 216, 391.

Lasne (Jean-Étienne), gr., II, p. 309.

Lasne (Michel), gr., II, p. 309-310.

Lassus (Augé de). *Voir :* Augé de Lassus.

Lasteyrie (Ferdinand de), II, p. 283.

Lasteyrie (Cte Charles-Philibert de), II, p. 310-311.

Latenay (Gaston de), p. et gr., II, p. 311.

Laterrade (Collection), I, p. 232, 251.

Latly (Dr H.), coll., I, p. 251.

La Touche (Chevalier de), II, p. 246.

La Touche (Gaston), p. et gr., II, p. 311-312.

Latour (A.), I, p. 81.

Latour (Alexandre de), II, p. 284.

Latour (Alfred), gr. sur bois, I, p. 81. II, p. 312.

La Tour (Du Chemin de). *Voir :* Du Chemin de La Tour.

Latour (Fantin-). *Voir :* Fantin-Latour.

La Tour (Henri de), II, p. 226.

La Tour (Maurice-Quentin de), p., I, p. 41. II, p. 312.

La Tour-Blanche (Jean Bertaud de). *Voir :* Bertaud de La Tour-Blanche.

La Tour-du-Pin Chambly (De), I, p. 312.

La Tourette (Claret de). *Voir :* Claret de La Tourette.

La Troche (Guillaume de), I, p. 352.

Lattré, I, p. 128.

Lattré (Jean), gr., II, p. 312.

Latude. — Ses portraits, I, p. 242.

L'Aubespine (De), I, p. 352.

Laugier (Jean-Nicolas), gr., II, p. 312-313.

Laugier (Mme Vve), ii, p. 3i3.

Launay (Nicolas de), gr., ii, p. 88, 3i3.

Launey (Mis de), gouverneur de la Bastille, i, p. 352.

Laurence (Louis-Marie), p. et gr., ii, p. 3i3.

Laurencin (Marie), p. et gr., ii, p. 3i3.

Laurens (A.), ii, p. 52.

Laurens (Jean), i, p. 352.

Laurens (Jean-Paul), p., ii, p. 40.

Laurens (Jules), lith., ii, p. 3i3.

Laurens (P.), ii, p. 52.

Laurent, i, p. 3o2.

Laurent (Ch.), ii, p. 15o.

Laurent (Pierre), gr., ii, p. 3i4.

Laurentie (François), i, p. 243.

Lausanne (Suisse), ii, p. 497.

Lautrec (Maréchal de), i, p. 352.

Lautrec (Toulouse-). *Voir :* Toulouse-Lautrec.

Lauzet (Auguste), p. et gr., ii, p. 3i4.

La Valette (Thomas de), i, p. 352.

Lavallée (Joseph), ii, p. 56.

La Vallée (Melchior de), i, p. 352. ii, p. 3i, 32.

Lavallée (P.), ii, p. 247.

La Vallière (Duc de), i, p. 394.

La Varenne (Maton de). *Voir :* Maton de La Varenne.

Lavedan (Henri), i, p. 8o. ii, p. 115, 118, 183, 337, 39o.

Lavigne (Avezac-). *Voir:* Avezac-Lavigne.

Lavigne (Hubert), i, p. 421. ii, p. 11, 12, 29, 39, 44, 61, 68, 125.

La Vigne (René de), i, p. 346.

La Villerabel (Du bois de). *Voir:* Du Bois de La Villerabel.

Laviron (Gabriel), i, p. 62.

Lavis (Gravure en manière de), i, p. 29, 61, 68. ii, p. 121, 339, 34o.

Lavis lithographique, i, p. 89, 94.

Lavisse (Ernest), i, p. 51.

Lavoignat (Hippolyte), gr. sur bois, ii, p. 3i4.

Lavreince (Nicolas). *Voir :* Lafrensen.

Law (Système de), i, p. 4o5. ii, p. 419.

Lawrence (H. W.), i, p. 49.

Layus (Lucien), i, p. 38i.

Leader (B. W.), p., ii, p. 111.

Léandre (Charles), p., dess. et lith., i, p. 382, 388, 424. ii, p. 314-315.

Léaud (Th.), i, p. 176.

Leaves de Conches, ii, p. 291.

Lebard (Dr Ledoux-). *Voir :* Ledoux-Lebard.

Le Bas (Georges), ii, p. 353.

Le Bas (Jacques-Philippe), gr., i, p. 256. ii, p. 315-316.

Le Blanc (Charles), ii, p. 543.

Lebedeff (Jean), gr. sur bois, i, p. 80.

Lebel (Gustave), ii, p. 247, 479.

Leber (Constant), i, p. 40, 43, 295, 394, 395.

Lebesgue (Philéas), ii, p. 102.

Lebeuffe (T.), i, p. 94, 293, 503.

Leblanc (Ch.), impr., i, p. 74.

Le Blanc (Charles), i, p. 27, 39.

Leblanc (Collection Henri), i, p. 253.

Leblanc (J.), gr., i, p. 224.

Le Blond (Jacques-Christophe), gr., i, p. 69, 70, 71. ii, p. 233, 316-317.

Leblond (Marius-Ary), ii, p. 437, 444.

Le Bourg (Famille), i, p. 352.

Le Bourguignon de Blamont, i, p. 353.

Le Bouyer (Famille), i, p. 353.

Le Breton (Constant), gr. sur bois, ii, p. 317-318.

Le Breton (Joachim), i, p. 38.

Le Brun (Galerie), i, p. 141.

Lebrun (Alfred), ii, p. 378.

Le Brun (André), gr. et p., i, p. 126. ii, p. 318.

Le Brun (Charles), p., ii, p. 53, 318, 490.

Lebrun (J.-P.-B.), p. et expert, i, p. 35, 37, 188. ii, p. 339.

Lebrun (Mme Vigée-). *Voir :* Vigée-Lebrun (Mme).

Lecarpentier (Ch.), ii, p. 37, 250, 274, 362, 543.

Le Cat (Claude-Nicolas), i, p. 353.

Le Cauchois-Féraud, i, p. 92, 353.

Lechevallier-Chevignard, i, p. 21, 242. ii, p. 431.

Leclerc (Émile), i, p. 279.

Leclerc (Jean), p. et gr., ii, p. 318-319.

Le Clerc (Sébastien), dess. et gr., I, p. 60, 269, 344. II, p. 121, 319-321.

Leclère (Paul), I, p. 284. II, p. 526.

Leclère (Tristan), I, p. 80. II, p. 98, 272, 448.

Leclercq (Paul), II, p. 513.

Lecocq (Ad.), II, p. 474.

Le Cointe, I, p. 353.

Lecomte (Aubry-). *Voir:* Aubry-Lecomte.

Le Comte (Florent), I, p. 34, 187.

Lecomte (Georges), I, p. 284. II, p. 38, 326, 424, 436, 452.

Lecomte (Mme H.), née Vernet, II, p. 387.

Lecomte (Jules), II, p. 268.

Lecomte (Marguerite), gr., II, p. 321.

Le Conte de Bièvre (J.-J.-F.), I, p. 353.

Lecoq de Boisbaudran, p., II, p. 117.

Lecourbe (Paul), I, p. 273.

Le Court (Henry), I, p. 320, 353.

Lecouteux (Lionel), gr., II, p. 321.

Lécrivain (Pierre-Joseph), p. et marchand d'est., II, p. 321.

Le Daulceur (Louise de Montigny, dame), gr., II, p. 321.

Ledieu (Alcius), I, p. 163.

Le Doulx, I, p. 353.

Le Doulx (Claude), seigneur de Melleville, I, p. 353.

Le Doulx de Melleville (Claude II), I, p. 353.

Le Doux, I, p. 336.

Le Doux (Picart). *Voir:* Picart Le Doux.

Ledoux-Lebard (D^r), I, p. 73, 276.

Ledreux, marchand d'est., II, p. 381.

Ledru (Hilaire), p. et dess. — *Les Pénibles Adieux,* gr. par Boucher-Desnoyers, II, p. 56.

Le Duc (Francain), II, p. 16.

Le Febure ou Le Febvre (Claude), p. et gr., II, p. 322.

Lefebvre (Casimir), I, p. 74.

Lefebvre (Jules), p., II, p. 42, 162, 193.

Lefèvre (Désiré-Achille), gr., II, p. 322.

Lefèvre (Valentin), p. et gr., II, p. 322.

Lefèvre-Deumier, II, p. 178.

Lefort (Henri), I, p. 16, 49, 53, 72, 98, 208. II, p. 462.

Lefort (Paul), ii, p. 101, 149, 454.

Lefranc (Jean), ii, p. 216, 496.

Lefuel (Hector), i, p. 343.

Le Fustec (J.), ii, p. 75.

Le Garrec (Maurice), éd. et marchand d'est., i, p. 13, 227. ii, p. 30, 40, 132, 146, 244, 272, 329, 380, 388, 527.

Légende dorée (La), ill. par A. Lunois, ii, p. 349.

Legendre (J.-F.), *dit* Legendre-Héral, sc. et gr., ii, p. 322.

Léger (Charles), ii, p. 307.

Léger (Fernand), dess., i, p. 383. ii, p. 322.

Légier (Jean-Baptiste et Joseph), i, p. 354.

Législation de l'estampe, i, p. 106-137. ii, p. 355, 381, 394, 426, 473, 545.

L'Église (Cte de), i, p. 306, 318. ii, p. 546.

Le Gouaz (Marie-Jeanne Ozanne, femme). *Voir:* Ozanne (Marie-Jeanne).

Legouaz (Yves-Marie), gr., ii, p. 323.

Le Gouche. *Voir :* Le Gouge.

Le Gouge (André-Corneille), i, p. 354.

Le Goupy (Adolphe), éd., ii, p. 323.

Legrand (Augustin), gr., ii, p. 323.

Legrand (Louis), p. et gr., i, p. 274, 275, 424. ii, p. 323-325, 437, 465.

Legrip (Frédéric), gr. et lith., i, p. 235. ii, p. 339.

Legros (Alphonse), p. et gr., i, p. 172. ii, p. 325-328.

Legros (Sauveur), gr., ii, p. 328.

Le Hay (Élisabeth-Sophie Chéron, femme). *Voir:* Chéron.

Leheutre (Gustave), p. et gr., i, p. 31, 227. ii, p. 328-329.

Lehmann (Auguste), gr., ii, p. 329.

Lehrs (Max), i, p. 32, 45, 78. ii, p. 215, 467.

Leiningen-Westerburg (Cte de), i, p. 313, 314. ii, p. 409.

Leipnik (F. L.), i, p. 54.

Leisching (Julius), i, p. 68.

Leisnier (Nicolas-Auguste), gr., ii, p. 329.

Le Jay, i, p. 354.

Lejeune, ii, p. 330.

Lejeune (Louis-François, général-baron), p., ii, p. 330.

Lejeune (Nicolas), ii, p. 330.

Le Juge (G.), gr., ii, p. 330.

Le Juge Chalo-Saint-Mard, i, p. 354.

Le Kain. — Son portrait gr. par Littret de Montigny, ii, p. 346.

Lelarge-Desar (P.), ii, p. 39.

Le Leu (Théodore), agent du roi de Pologne, i, p. 124. ii, p. 17.

Leloir (Louis), p. et gr., ii, p. 330.

Lelong (E.), i, p. 165.

Lelong (Le P. Jacques), i, p. 231.

Lélu (Pierre), p. et gr., ii, p. 330.

Lélut ou Lélu, i, p. 354.

Lemaire, ii, p. 137.

Le Maire fils, gr., i, p. 336, 343.

Le Maire (Pierre), p. et gr., ii, p. 331.

Lemaître, gr., i, p. 136.

Lemaître (Henri), i, p. 108.

Lemariée (Paul), i, p. 174.

Le Meilleur (Georges), gr., ii, p. 331.

Lemercier (Alfred), i, p. 95.

Lemercier (Antoine), p. et gr., ii, p. 331.

Lemercier (Jacques), arch. et gr., ii, p. 331.

Lemercier (Joseph), impr. lith., ii, p. 331.

Lemercier (Musée), à Saintes, i, p. 180.

Lemercier (Procédé) de lavis sur pierre, i, p. 89.

Lemercier d'Erm (Camille), ii, p. 102.

Lemercier de Neuville, ii, p. 180.

Lemeunier (H.), i, p. 283.

Lemierre (G.), i, p. 279.

Le Mire (Louis), gr., ii, p. 331.

Le Mire (Noël), gr., ii, p. 199, 332.

Lemoine (Jean-Gabriel), ii, p. 91.

Lemoisne (Paul-André), conservateur du Cabinet des Estampes, i, p. 83, 149, 155, 156, 157, 226, 227, 228, 290. ii, p. 161, 239, 251, 305, 306, 375, 477.

Lemonnier (Camille), i, p. 379. ii, p. 256, 466, 469.

Lemonnier (H.), ii, p. 385.

Lemonnier (Henry), membre de l'Institut, i, p. 51.

Lemordant (Jean-Julien), p. et gr., ii, p. 332.

Lempereur (Louis-Simon), gr., ii, p. 213, 232.

Lemud (François-Joseph-Aimé de), p., gr. et lith., ii, p. 332-333.

Lenfant (Jean), gr., ii, p. 333.

Lenglé de Schœbeque, i, p. 354.

Leningrad (Russie). — Estampes du Palais de l'Ermitage, i, p. 184. — Exposition d'affiches illustrées (1897), i, p. 380. — Exposition centennale de l'art français (1912), i, p. 380.

Lenoir (Alexandre), i, p. 257.

Le Nordez (Mᵍʳ), évêque de Dijon, i, p. 320, 354.

Lenormant (Charles), ii, p. 282, 292.

Le Normant (Jean), évêque d'Évreux, i, p. 354.

Le Nôtre (André), arch.-dess. de jardins. — Ses portraits, i, p. 243.

Léoffroy de Saint-Yves (Charles), amateur, ii, p. 333-334.

Léon XIII, pape, portr. gr. par Gaillard, ii, p. 225, 227.

Léon (Michel de), i, p. 355.

Léon-Martin (Louis), ii, p. 297.

Léonard (Jules), lith., ii, p. 334.

Léony (Gustave), ii, p. 298.

Lepage (Henri), ii, p. 10, 31, 84, 85.

Lépagnez (François), p. et lith., ii, p. 334.

Le Paon (Jean-Baptiste), p. et gr., ii, p. 334.

Lepappe de Trévern (Mᵍʳ), i, p. 355.

Lepautre (Jean), sc., arch. et gr., ii, p. 334.

Lepautre (Pierre), gr., ii, p. 335.

Le Peletier de Saint-Fargeau, p. par J.-L. David, ii, p. 500.

Lepelletier (E.), ii, p. 511, 545.

Lepère (Auguste), gr., i, p. 17, 53, 80, 212, 274, 275, 424. ii, p. 39, 335-338, 389.

Le Petit (Jules), i, p. 270, 290.

Lepic (Ludovic - Napoléon, comte), gr., i, p. 63. ii, p. 338.

Lépicié (Bernard), gr., i, p. 148. ii, p. 109, 144, 338-339.

Le Pileux, i, p. 74.

Leppel (Cᵗᵉ de), ii, p. 240.

Leprieur (Paul), i, p. 95, 197, 202, 205. ii, p. 284, 380.

Le Prince (Les), i, p. 355.

Leprince (Jean-Baptiste), p. et gr., i, p. 49, 68. ii, p. 169, 339.

Leprince (Nicolas-Théodore), i, p. 36, 150.

Lequatre (Georges), i, p. 96.

Lequeux (Émile), gr., ii, p. 340.

Le Rat (Mᵐᵉ Léonie), ii, p. 231.

Le Rat (Paul), gr., ii, p. 386.

Le Riche (H.), I, p. 74.

Leriche (Dr Rabier-). *Voir :* Rabier-Leriche.

Leroi (Paul), I, p. 44, 93, 172, 193, 194, 195, 196, 199, 200, 201, 214. II, p. 79, 286, 305, 345, 401, 421, 438, 456.

Le Rouge (Les), gr. et impr., II, p. 340.

Leroux, I, p. 181.

Leroux (Auguste), ill., II, p. 341.

Le Roux (Eugène), lith., II, p. 341.

Leroux (Louis), p. et gr., II, p. 341.

Leroy (Alphonse), gr., II, p. 341.

Le Roy (François-Joseph), p. et gr., II, p. 342.

Le Roy (Guillaume), libr., II, p. 341.

Leroy (Louis), II, p. 149, 151.

Leroy (Louis), gr., II, p. 342.

Leroy (Paul), II, p. 488.

Le Royer (Jean), impr, et gr., II, p. 342.

Le Royer de La Sauvagère (Félix), I, p. 355.

Le Senne (Charles), I, p. 107.

Leseur (Vincent de), p., II, p. 430.

Le Sidaner (Henry), p. et lith., I, p. 424. II, p. 342.

Lesort (André), II, p. 274.

Lessert (J.-P.-B. de), I, p. 355.

L'Estang (Murat de). *Voir :* Murat de L'Estang.

Lestrade (Abbé), I, p. 261.

Lesueur (Les), gr. sur bois, II, p. 343.

Le Sueur (Eustache), p. et gr., II, p. 342.

Le Tellier (François-César), marquis de Courtanvaux. *Voir :* Courtanvaux.

Leterrier (P.-E.), gr., I, p. 224.

Lethière, p., II, p. 129.

Lettre aux R. P. Jésuites, daté le... 1752, I, p. 124.

Lettres de cachet, I, p. 108.

Lettres inédites d'artistes du XIXe siècle, I, p. 422.

Lettres de noblesse accordées aux artistes, I, p. 421, 422.

*Lettres à Madame**,* sur le Salon de 1763, I, p. 187.

Lettres (Les) et les Arts, revue, I, p. 17, 287, 408. II, p. 35, 48, 101, 220, 305, 356.

Lettres ornées, I, p. 270.

Leturcq (J.-F.), ii, p. 428.

Leu (Thomas de), gr., i, p. 298. ii, p. 343.

Leuridan (Th.), i, p. 178.

Le Vaillant (Antoine-Alexandre), seigneur de Damery, i, p. 336.

Levanto (Exposition de), i, p. 79.

Levasseur (Jean-Charles), gr., ii, p. 343.

Le Veau (Jean-Jacques), gr., ii, p. 344.

Leveau de Chauvière, p., i, p. 127.

Leveillé (A.), gr. sur bois, ii, p. 159.

Lever de lune, lith. par A. Morlot, ii, p. 391.

Levertin (Oscar), ii, p. 300.

Lévesque, i, p. 24. ii, p. 250.

Levet (Pierre), impr., ii, p. 344.

Levieil (Pierre), maître-vitrier, ii, p. 51.

Levieux (Renaud), p. et gr., ii, p. 344.

Levis (Howard C.) i, p. 21.

Lévy (Benoit-). *Voir :* Benoît-Lévy.

Lévy (Gustave), gr., ii, p. 344-345.

Lewine (J.), i, p. 266.

Lex (L.), ii, p. 414.

Leymarie (Camille), i, p. 272.

Leymarie (L. de), ii, p. 169.

Leymarie (Laurent-Hyppolyte), p., gr. et lith., ii, p. 345.

Leys (Henri), p. et gr. belge, i, p. 31.

Lezay-Marnésia (Cl.-G. et Cl.-F.-Ad.), i, p. 355.

Lhérie, gr., i, p. 189.

Lhermitte (Léon), p. et gr., ii, p. 345.

Lhomme (F.), ii, p. 105, 440, 530.

Lhomme (Jacques), p. et gr., ii, p. 345.

Lhote (Amédée), i, p. 239. ii, p. 109.

Lhuillier (Th.), i, p. 273. ii, p. 132, 229, 358.

Liberté (La), journal, ii, p. 371.

Libertins (Graveurs) du xviiie siècle, i, p. 50.

Libraires, i, p. 109, 110, 114, 120, 125, 262.

Librairie (Chambre syndicale de la), i, p. 109, 110, 111.

Liége (Belgique), ii, p. 155, 169, 519, 520.

LIÉNARD (Félix), I, p. 397.

LIESVILLE (A.-R. de), I, p. 193, 194, 408, 429, 430.

LIEURE (Jacques), écrivain d'art et gr., I, p. 162. II, p. 89, 90, 121, 345, 398.

LIEURON (H.-J. de), I, p. 355.

LIEUTAUD (Soliman), I, p., 231, 232, 235, 237, 247.

LIGERON (René), I, p. 74.

LIGNON (Étienne-Frédéric), gr., II, p. 346.

LIGUE (La), I, p. 386.

Ligue (Procession de la), est., I, p. 251.

LILLE (Nord). — Ex-libris, I, p. 337. — Expositions de l'Académie des Arts, I, p. 186. — Graveurs et amateurs, I, p. 427. II, p. 184, 363. — Impression lilloise, I, p. 275.

LIMAY (RATOUIS DE). *Voir :* Ratouis de Limay.

LIMOSIN (Léonard), p. et gr., II, p. 346.

LIMOUSIN. — Ex-libris, I, p. 312, 343, 373. — Portraits, I, p. 237.

LINCEL (DE CROZE-). *Voir:* Croze-Lincel (De).

LINNIG (B^{on}), I, p. 315.

LINZELER (André), I, p. 228.

LIONNE (Laurent de), I, p. 356.

LIOTARD (Jean-Étienne), p. et gr., I, p. 69. II, p. 346.

LIPPMANN (Friedrich), I, p. 183.

Liseuse, lith. par H. Dillon, II, p. 180.

L'ISLE (Joseph de), I, p. 356.

Lithographe (Le), revue (1838-1848), I, p. 17, 76, 87, 88, 89, 90, 102, 106, 141, 189, 190. II, p. 201, 408.

Lithographe (Le), revue (1897-1900), I, p. 17.

LITHOGRAPHIE, I, p. 42, 51, 56, 57, 58, 74, 77, 84-99, 106, 108, 141, 189, 190, 192, 193, 194, 195, 196, 197, 198, 199, 200, 202, 203, 204, 206, 207, 208, 209, 210, 211, 212, 213, 214, 217, 218, 221, 223, 224, 225, 226, 273, 274, 276, 286, 293, 425, 430. II, p. 23, 24, 32, 35, 36, 43, 45, 48, 49, 72, 106, 111, 120, 131, 157, 160, 161, 163, 164, 178, 179, 180, 191, 203, 214, 243, 245, 261, 262, 277, 281, 282, 306, 310, 311, 314, 315, 323, 325, 327, 330, 332, 333, 349, 366, 409, 469, 472, 495, 506, 507, 514, 518, 519, 528, 529, 530, 531, 536, 544, 545.

LITHOGRAPHIE (Centenaire de la), I, p. 205, 206.

LITHOGRAPHIE (Exposition générale de la) [1891], I, p. 201.

LITHO-TYPOGRAPHIE, I, p. 88.

LITTRET DE MONTIGNY (Claude-Antoine), gr., II, p. 346.

LIVET (Ch.-L.), I, p. 291.

Livre de la Jungle (Le), par R. Kipling, ill. par Jouve, I, p. 289. II, p. 486.

LIVRE ILLUSTRÉ, I, p. 83, 202, 204, 216, 226, 229, 262-298. II, p. 22, 32, 33, 34, 40, 54, 61, 62, 63, 65, 72, 76, 110, 119, 126, 145, 152, 180-183, 200, 237, 245, 250, 258, 292, 293, 306, 320, 324, 341, 367, 388, 390, 391, 400, 406, 409, 412, 420, 442, 450, 464, 473, 486, 508, 526, 533, 534, 535, 537, 545.

Livre (Le), bibliographie rétrospective, I, p. 17, 71, 240, 270, 290, 291, 387. II, p. 54, 76, 110, 182, 237, 245, 293, 428.

Livre d'Or du Bibliophile (Le), revue, I, p. 285.

Livre (Le) et l'Estampe, revue, I, p. 17, 53. II, p. 186, 331, 348.

Livre (Le) et l'Image, revue, I, p. 18. II, p. 545.

Livre moderne (Le), revue, I, p. 14, 18, 71, 239, 241, 242, 271, 301, 379. II, p. 65, 101, 103, 115, 128, 402, 516.

LIVRES D'HEURES, I, p. 263, 273, 296-298. II, p. 324.

LIVRES XYLOGRAPHIQUES, I, p. 30.

LIVRES (Ventes de), I, p. 138, 139, 140, 143.

LIVRES D'ADRESSES, I, p. 402.

LOBET (J.), II, p. 137.

LOCHELONGUE (V.), gr., II, p. 347.

LOCHON (Pierre), gr., II, p. 347.

LOCHON (René), gr., II, p. 347.

LOCQUIN (Jean), II, p. 339, 406.

LODÈVE (Hérault), II, p. 464.

LODS (Armand), II, p. 246, 545.

LOGEMENTS D'ARTISTES (Brevets de), I, p. 128, 430.

LOINVILLE (Loys de), I, p. 356.

LOIR (Nicolas), p. et gr., II, p. 347.

LOIRE (Léon), lith., II, p. 347.

LOIRE (Ex-libris de la HAUTE-), I, p. 312, 316.

LOISELEUR (Jules), II, p. 176.

LOISY (Les DE), orf. et gr., II, p. 347-348.

LOISY (Pierre de), dit *le jeune*, gr., II, p. 348.

LOMBARD (Jean), gr. sur bois, II, p. 348.

LOMBART (Pierre), gr., II, p. 348.

LONGCHAMP (DEROCHE DE), *Voir:* Deroche de Longchamp.

LONDRES (Angleterre), I, p. 184, 202, 208, 213, 224, 379, 397. II, p. 29, 241, 328, 373.

Londres (Cris de), I, p. 407.

Londres (De) à Genève, album gr. par P.-A. Bouroux, II, p. 61.

LONGEPIERRE (Jean-Philippe D'ANTHÈS, baron de), I, p. 319, 356.

LONGPÉRIER-GRIMOARD (Cte de), I, p. 300, 310.

LONGPRÉ (HAYOT DE). *Voir :* Hayot de Longpré.

LONGUEIL (Joseph de), gr., II, p. 348.

LORANGÈRE (QUENTIN DE). *Voir:* Quentin de Lorangère.

LORILLEUX (Ch.), I, p. 93.

LORIOT (Florentin), II, p. 182.

LORIQUET (Charles), II, p. 396.

LORMIER (C.), II, p. 308.

LORRAIN (Claude). *Voir :* Gellée (Claude).

LORRAIN (Jean), II, p. 24, 314, 446.

LORRAINE (Charles III, duc de), II, p. 82.

LORRAINE (Prince Nicolas-François de), I, p. 417. II, p. 10.

LORRAINE. — Cartes à jouer, I, p. 397. — Ex-libris, I, p. 300, 304, 312, 335, 342, 346. — Graveurs, I, p. 427, 428, 429. II, p. 125, 127, 173, 221, 223, 318, 548. — Portraits, I, p. 237.

Lorraine (Le Nobiliaire de), attribué à J. Callot, I, p. 295. II, p. 84.

LOS RIOS (R. de), I, p. 95, 205, 206, 207, 208, 209, 210.

LOSTALOT (Alfred de), I, p. 43, 45, 57, 194, 195, 198, 199. II, p. 65, 231, 269, 338, 509.

LOTERIE de la Statue d'argent, I, p. 190.

LOTERIES, I, p. 412.

LOTH (Arthur), II, p. 225.

LOTI (Pierre), I, p. 281, 290. II, p. 22.

LOTTIN DE SAINT-GERMAIN, I, p. 262.

LOTZ-BRISSONNEAU (A.), II, p. 298, 336.

LOUIS XII, roi de France, I, p. 396.

LOUIS XIII, dit *le Juste*, roi de France, I, p. 421. II, p. 519.

Louis XIII donnant le collier du Saint-Esprit au duc de Longueville, gr. par M. Delzers, d'ap. P. de Champaigne, II, p. 168.

Louis XIII (*Le Vœu de*), gr. par Calamatta, d'ap. Ingres, II, p. 80, 81.

Louis XIII (*Le Sacre de*), ouvrage, I, p. 252.

Louis-le-Juste (*Les Triomphes de*), ouvrage, II, p. 519.

LOUIS XIV, roi de France, I, p. 51, 112, 151, 388, 421. II, p. 347.

LOUIS XIV (Caricatures relatives à), I, p. 388, 390.

Louis XIV (*Le Sacre de*), ouvrage, I, p. 252.

Louis XIV (*Le Siècle de*), exposition organisée à la Bibliothèque nationale en 1927, I, p. 157.

LOUIS XV, roi de France, I, p. 421. — Son portrait gr. par Cochin, II, p. 122.

Louis XV (*Le Sacre de*), ouvrage, I, p. 296.

LOUIS XVI, roi de France, I, p. 252, 253, 289.

LOUIS XVII. — Ses portraits, I, p. 243.

LOUIS (Le P. R.), II, p. 191.

Louis Bertrand (*Portrait de Saint*), est., I, p. 243.

LOUIS-PHILIPPE, roi des Français, I, p. 271, 391.

LOUISY (P.), I, p. 270.

LOUPOT, dess. d'affiches, II, p. 349.

LOURY (Loiret), II, p. 365.

LOUTHERBOURG (Philippe-Jacques de), p. et gr., II, 349.

LOUVIERS (Eure). — Musée, I, p. 173.

LOUVOIS, ministre, II, p. 491.

Louvre (*L'Ancien*), gr. par Ch. Meryon, d'ap. Zeeman, II, p. 375.

LOUZOUER, II, p. 13.

LOVENJOUL (Vte Charles de), I, p. 291.

LOVET (François), II, p. 225.

LOZÈRE (Imagerie de la), I, p. 427.

LUBIÈRES (BENAULT DE). *Voir :* Benault de Lubières.

LUCAS (Pierre), gr., II, p. 349.

LUGT (Frits), I, p. 140.

LUMIÈRE (Effet de la) dans les ombres, II, p. 121.

Lune (*Lever de*), lith. par A. Morlot, II, p. 391.

LUNOIS (Alexandre), p., gr. et lith., II, p. 349.

LURION (Roger de), I, p. 310, 311.

LUSSAN (François d'ESPARBÈS de), marquis d'AUBETERRE. *Voir :* Aubeterre.

Lustucru, image populaire, I, p. 409.

LUTHEREAU (J.-A.), I, p. 76, 91, 100. II, p. 278, 499.

LUX (Carle), I, p. 195.

LUZANÇAY (CARRE DE). *Voir :* Carre de Luzançay.

LUZE (Édouard de), I, p. 180.

LYNCH (D.), I, p. 356.

LYNCH (J.-B.), I, p. 356.

LYON (Rhône). — Bibliophiles, I, p. 313. — Bibliothèque du Palais des Arts, I, p. 173, 174. — Cartes à jouer, I, p. 399. — Cercle lyonnais du Livre, I, p. 284. — Église Notre-Dame-Saint-Louis, I, p. 313. — Ex-libris, I, p. 313. — Graveurs, I, p. 32, 48, 77, 78, 428, II, p. 52, 118, 142, 194, 367, 473, 480, 482, 494, 508. — Iconographie, I, p. 256-257. — Imprimerie, I, p. 19, 63, 266, 273. — Société des amis de la gravure, I, p. 224. — *Vue* gr. par J. d'Ogerolles, II, p. 405.

LYON-CAEN, I, p. 107.

LYONNAIS. *Voir :* Lyon.

Lyonnais (*Revue du*). Voir : *Revue du Lyonnais*.

MABILLON (Jean), I, p. 243.

MAC ORLAN (Pierre), II, p. 143, 297.

MAC-READ (T.), I, p. 306, 351.

MACABRES (Artistes), II, p. 261, 447.

Macabres (*Danses*), I, p. 268, 295, 395.

MACABRES (Ex-libris), I, p. 303.

MACFARLANE (John), II, p. 526.

MACHECO DE PRÉMEAUX, I, p. 356.

MACHINE A GRAVER, I, p. 99.

MACHINES LITHOGRAPHIQUES, I, p. 89, 94.

MAÇONNIQUE (Ex-libris), I, p. 305.

MACQUERON (Henri), I, p. 238, 259, 260. II, p. 212, 222, 260, 333, 350, 425.

MACRET (Charles-François-Adrien), gr., II, p. 350.

MACRET (Jean-César), gr., II, p. 350.

MADIÈRES (Annet-François et Étienne de), I, p. 356-357.

MAETERLINCK (Maurice), I, p. 379.

Magasin pittoresque (Le), revue, I, p. 62, 151. II, p. 365, 396, 535.

MAGNUS (P.), I, p. 278, 281. II, p. 311.

MAGNY (Constantin de), I, p. 333.

MAGON (Les), I, p. 357.

MAGON (Louis BLANCHET-). *Voir:* Blanchet-Magon.

MAGON DE LA GICLAIS (Général), I, p. 357.

MAGRE (Maurice), II, p. 52.

MAHÉRAULT (M.-J.-F.), II, p. 236, 386.

MAHIEU (Robert), marchand cartier, II, p. 350.

MAHLER (G.), p., sc. et gr., II, p. 351.

MAHUET (Famille de), I, p. 357.

MAHUET (Cte Antoine de), I, p. 304, 313, 350, 365, 369. II, p. 128.

MAIDY (GERMAIN DE). *Voir:* Germain de Maidy.

MAIGNIEN (Edmond), I, p. 398, 427.

MAILLARD (E.), I, p. 429.

MAILLARD (Georges), I, p. 108.

MAILLARD (Léon), I, p. 248, 406, 414. II, p. 62, 135, 136, 256, 467.

MAILLART-GOSSE (Dr H.), I, p. 240.

MAILLEBOIS (Maréchal de), I, p. 337, 357.

MAILLET (Jacques), impr., II, p. 351.

MAILLIEZ (Yvonne), p. et gr. sur bois, II, p. 351.

MAILLOL (Gaspard), gr., I, p. 81, 428. II, p. 351.

MAILLOU (RIOUX-). *Voir:* Rioux-Maillou.

MAILLY (Antoine de), marquis de CHATEAURENAUD. *Voir:* Châteaurenaud (Antoine de Mailly, marquis de).

MAINDRON (Ernest), I, p. 378, 379, 380, 405, 412, 413, 416. II, p. 116.

MAIR (Françis), I, p. 208, 209, 414. II, p. 306.

MAIRE (A.), I, p. 310, 311.

MAIRET (F.), I, p. 84, 85, 104.

MAIRET (Jean-Jacques de), I, p. 357.

MAISON DU ROI, de la reine et des princes du sang (Artistes de la), I, p. 421.

MAISONNEUVE (Alexandre), gr., I, p. 258.

Maisons royales (Gravure des), par P. Aveline, II, p. 17.

MAÏSTRE (Henri), II, p. 476.

Maîtres artistes (Les), revue, I, p. 18. II, p. 463.

Maîtres (Les) de l'Affiche, revue, I, p. 380.

Maîtres illustrateurs (Les), ouvrage, I, p. 274, 275.

MAIZEROY (René), II, p. 325.

MALARDOT (Charles-André), gr., II, p. 351.

MALARDOT (Gonzalve), gr., II, p. 351.

MALASSIS (POULET-). *Voir :* Poulet-Malassis.

MALAUSE (Louis Auguste de BOURBON-). *Voir :* Bourbon-Malause.

MALBESTE (Georges), gr., II, p. 351.

MALBOURÉ (Claude), gr., I, p. 117. II, p. 517.

MALDANT (Charles), gr., II, p. 352.

Malédiction paternelle (La), gr. par Moreau le Jeune, d'ap. Greuze, II, p. 384.

MALEPEYRE (F.), I, p. 57.

MALESHERBES (De), I, p. 126.

MALLET (Pierre), gr., II, p. 352.

MALHERBE (Charles), I, p. 388.

MALHERBE (Michel), II, p. 179.

MALITOURNE (Pierre), I, p. 190.

MALLARD (Ralph), I, p. 214.

MALO (Henri), I, p. 298. II, p. 343.

MALO RENAULT, I, p. 55, 101, 228, 284, 285, 286. II, p. 354, 398, 458, 488, 515.

MALO RENAULT, p. et gr., II, p. 352.

MALPÉ, I, p. 24.

MALTE (Portraits des Grands Maîtres de l'ordre de), I, p. 234.

MAME, éd., I, p. 294. II, p. 181.

MANCEL (G.), I, p. 168, 169.

MANCINO (Léon), II, p. 110, 277.

MANDACH (Conrad de), I, p. 48, 50.

MANDATS, I, p. 405.

MANDEL (Édouard), gr., II, p. 352.

MANDONNET DU PALLUET (Joseph), gr. d'ex-libris, I, p. 307. II, p. 352.

MANESSE (Henri), II, p. 544.

MANET (Édouard), p., gr. et lith., II, p. 352-354.

MANGLARD (Adrien), p. et gr., II, p. 354.

MANHEIMER (Victor), II, p. 89.

MANIÈRE NOIRE (Gravure en), I, p. 57, 59, 60, 67, 68. II, p. 422, 509.

MANIÈRE NOIRE (Lithographie à la), I, p. 86.

MANNI (Domenico Maria), I, p. 33, 61.

MANOFF (Nicolas), II, p. 41, 42.

Manon Lescaut, roman de l'abbé Prévost, ill. par T. Johannot, I, p. 292. II, p. 292.

MANS (LE) (Sarthe). — Ex-libris manceaux, I, p. 313. — Graveurs, I, p. 224, 428. — Portraits, I, p. 237.

Mansarade (*La*), satire, I, p. 112.

MANSART (François), arch., I, p. 112.

MANSART (HARDOUIN-). *Voir :* Hardouin-Mansart.

MANTZ (Paul), I, p. 145, 198, 296, 386. II, p. 49, 54, 55, 160, 163, 226, 265, 282, 341, 378, 439, 540.

Manuel des toilettes (*Le*), I, p. 413.

MANZI (François-Marie), I, p. 357.

MAR (Adrienne), I, p. 46.

MAR (Léopold), I, p. 46, 204, 258, 301, 314, 321, 322, 366, 367, 431. II, p. 20, 159, 248, 477, 500, 524.

MARAT (Jean-Paul). — Ses portraits, I, p. 243.

MARBEUF (Yves-Alexandre de), I, p. 357.

MARBOT (A.), I, p. 405.

MARC-ANTOINE. *Voir :* Raimondi (Marco-Antonio).

MARCEAU (Émira), femme CHAMPION DE CERNEL. *Voir :* Champion de Cernel.

MARCEL (Henry), I, p. 48, 152, 212. II, p. 108, 153, 154, 205, 277, 379.

MARCEL (Pierre), II, p. 247, 387.

MARCEL (P. ROLAND-). *Voir :* Roland-Marcel.

MARCENAY DE GHUY (Antoine de), p. et gr., I, p. 35. II, p. 354-355.

MARCHAL (Charles) [Ch. de Bussy], I, p. 28.

MARCHAL (Paul), I, p. 152.

MARCHANDS (Prospectus de), I, p. 416.

MARCHANDS D'ESTAMPES, I, p. 120, 121, 125, 131, 142, 143.

MARCHANDS-PAPETIERS, I, p. 103.

Marchant (Guyot), impr., II, p. 355.

Marche. — Ex-libris, I, p. 312. Portraits, I, p. 237.

Marché d'etoffes à Douarnenez, gr. par H. Cheffer, II, p. 112.

Marcille (Camille), II, p. 433.

Marcille (Eudoxe), II, p. 433.

Mare (De), gr., II, p. 218.

Mareschal de Bièvre (Les), I, p. 357.

Mareschal de Bièvre (Cᵗᵉ), I, p. 357.

Mareschal de Monteclain (Les), I, p. 357.

Maret (Hugues), I, p. 35.

Maretz, II, p. 83.

Mareuil (Gustave), II, p. 359.

Margon (Plantavit de). *Voir :* Plantavit (Les De).

Marguery (Henry), I, p. 157, 227, 418. II, p. 99, 307, 388, 497.

Marguillier (Auguste), I, p. 21, 78. II p. 29, 107, 129, 175, 191, 473, 496.

Mariage (Billets de), I, p. 405.

Maricourt (R. de), I, p. 181.

Marie (Aristide), II, p. 58, 292, 393, 394.

Marie-Antoinette, reine de France, II, p. 177. — Ses portraits, I, p. 243, 244.

Marie de Médicis, reine de France, II, p. 356.

Marie Stuart, reine de France. — Ses portraits, I, p. 244.

Mariette (Charles), éd. d'est., II, p. 356.

Mariette (Pierre), gr. et éd., II, p. 356.

Mariette (Pierre-Jean), gr. et coll., I, p. 27, 47, 154, 423. II, p. 25, 30, 64, 82, 108, 109, 167, 172, 184, 198, 299, 302, 310, 317, 319, 334, 348, 356-358, 364, 369, 395, 413, 414, 419, 425, 426, 449, 459, 470, 472, 488, 497, 507, 519, 521, 523, 539.

Marigny (Marquis de), I, p. 148. II, p. 18, 121, 122, 221, 338.

Mariller (Ph.), I, p. 166.

Marillier (Pierre-Clément), p. et gr., I, p. 287. II, p. 358, 429.

Marine (Estampes relatives à la), I, p. 254.

Marines, lith. par T. Gudin, II, p. 261. — eau-forte par le Cᵗᵉ Lepic, II, p. 338.

MARIONNEAU (Charles), I, p. 246. II, p. 68, 248, 262, 303, 309, 461.

MARITAIN (Jacques), II, p. 470.

MARITZ (Samuel), I, p. 357.

MARIVETZ (B^{on} de), I, p. 358.

MARLY (L.-I. de) [Louis Journot], I, p. 46, 58.

MARMOL (F. del), I, p. 103.

MARMOTTAN (Paul), II, p. 45.

MARNEF (Jérôme de), libr., I, p. 268, 292. II, p. 136.

MARNÉSIA (LEZAY-). *Voir :* Lezay-Marnésia.

MAROLLES (Michel de), abbé de Villeloin, coll., I, p. 33, 423. II, p. 358-359.

MAROT (Daniel), arch. et gr., II, p. 359-360.

MAROT (Jean), arch. et gr., II, p. 360.

MARQUES d'artistes et d'amateurs, I, p. 24, 25, 26, 27, 28, 30, 31, 140. — de collectionneurs, I, p. 140. — d'imprimeurs et de libraires, I, p. 270, 284.

MARQUET DE VASSELOT, I, p. 229.

MARQUET DE VASSELOT (J.-J.), conservateur au Musée du Louvre, I, p. 161, 163. II, p. 537.

MARQUETTY (Valentin), II, p. 33.

MARQUISET (François-Camille), p. et lith., II, p. 360.

MARSAL (E.), gr., II, p. 60.

MARSEILLE (Bibliophiles de), I, p. 313.

MARSH (W. Lockwood), I, p. 402.

MARTEAU (Louis), p., II, p. 403.

MARTEAU (Gravure au), I, p. 101.

MARTEL (Toussaint), I, p. 224.

MARTELLANGE (Le P.), I, p. 256.

MARTELLI (MEFFRAY-). *Voir :* Meffray-Martelli.

MARTENASIE (Pierre-François), gr., II, p. 94, 360.

MARTHOLD (Jules de), I, p. 46, 95, 96, 207, 209, 274, 275. II, p. 63, 76, 87, 97, 106, 145, 174, 251, 262, 313, 338, 366, 492, 493, 527, 532, 534.

MARTIAL. *Voir :* Potémont (Martial-).

MARTIGNAN (BOURGAREL DE). *Voir :* Bourgarel de Martignan.

MARTIN, libraire, I, p. 150.

MARTIN père, marchand d'est., II, p. 360.

MARTIN (Mme), II, p. 199.

MARTIN (Alexis), I, p. 358. II, p. 389.

MARTIN (André), II, p. 526.

MARTIN (Le P. B.), II, p. 52, 309.

MARTIN (C^t Emm.), I, p. 370.

MARTIN (Henry), administrateur honoraire de la Bibliothèque de l'Arsenal, I, p. 51, 280.

MARTIN (Jean), I, p. 181, 260, 288.

MARTIN (Jules), I, p. 424.

MARTIN (Louis Léon-). *Voir :* Léon-Martin.

MARTIN (M.) fils, p. et gr., II, p. 361.

MARTIN (Paul), II, p. 172, 414.

MARTIN (Pierre), arch. et gr., II, p. 361.

MARTINET (Achile-Louis), gr., II, p. 361.

MARTINET (Alphonse-Charles), gr., II, p. 361-362.

MARTINET (François-Nicolas), dess. et gr., II, p. 362.

MARTY (André), I, p. 58, 277.

MARTY (Félix), I, p. 283.

Martyrs du Japon (Saints), gr. attribuée à J. Callot, II, p. 85.

MARVILLE (DE VIGNEUL-). *Voir :* Vigneul-Marville (De).

MARVY (Louis), gr., II, p. 362.

MARX (Claude-Roger), I, p. 54, 55, 226, 228, 283, 285. II, p. 49, 155, 162, 228, 298, 337, 367, 424, 448, 449, 472.

MARX (Roger), I, p. 17, 46, 64, 190, 196, 201, 202, 203, 380, 411, 412, 415. II, p. 21, 29, 32, 37, 76, 98, 108, 115, 116, 126, 205, 225, 227, 252, 253, 262, 271, 297, 323, 325, 326, 327, 328, 335, 352, 362, 391, 412, 436, 437, 454, 462, 495, 496, 497, 512, 527, 533. — Sa vente, I, p. 51.

MASCHA (Ottokar), II, p. 469.

MASCRANY (GAYOT DE). *Voir :* Gayot de Mascrany.

MASEREEL (Frans), gr. sur bois, I, p. 80.

MASQUELIER, gr., I, p. 133.

MASQUELIER (Louis-Claude), fils, gr., II, p. 362.

MASQUELIER (Louis-Joseph), père, gr., II, p. 362.

MASQUELIER (Nicolas-François-Joseph), dit *le Jeune*, gr., II, p. 363.

MASSARD (Jean-Baptiste, gr.), II, p. 363.

MASSARD (L.), II, p. 363.

MASSÉ, II, p. 52.

MASSÉ (Charles), dess. et gr., II, p. 363.

MASSÉ (Jean-Baptiste), p. et gr., II, p. 363-364.

MASSILIAN (Les), I, p. 358.

MASSO (DE). *Voir :* Demasso.

MASSON (André), I, p. 227.

MASSON (Antoine), gr., I, p. 248. II, p. 364-365.

MASSON (Alphonse), gr., II, p. 364.

MASSON (Charles), II, p. 260.

MASSON (Frédéric), II, p. 48, 57, 101, 440.

MASSON (Henri), I, p. 356.

MASSON (J.), I, p. 78, 212.

MASSON (Michel), I, p. 384.

Maternités, gr. par M. Asselin, II, p. 12.

MATHÉMATICIENS (Portraits de), I, p. 222, 236.

MATHER Jr. (Frank Jewett), II, p. 155.

MATHEY (Paul), p. et gr., II, p. 365.

MATHIAS (François), I, p. 410.

MATHIEU, gr., II, p. 93.

MATHIEU (Abigaïl), baronne de TRAVES, I, p. 358.

MATHIEU (Dominique), I, p. 358.

MATHIEU-MEUSNIER, I, p. 64.

MATHON DE LA COUR, I, p. 187.

MATHURIN (Le père), marchand d'est. de l'Institut, I, p. 141, 144. II, p. 365, 550.

MATON DE LA VARENNE, I, p. 358.

MATOUGUES (BENOIST DE). *Voir :* Benoist de Matougues.

MATTHEY-CLAUDET (W.), II, p. 532.

MATTON (Auguste), I, p. 102.

MAUBLANC (Louis de), I, p. 367. II, p. 460.

MAUCERI (Enrico), II, p. 275.

MAUCLAIR (Camille), I, p. 274, 275,. II, p. 35, 38, 116, 117, 205, 219, 223, 260, 266, 312, 324, 342, 437, 446, 458, 468, 495, 496, 547.

MAUDUIT (Henry), II, p. 76.

MAUFRA (Maxime), p. et gr., II, p. 365-366.

MAUGUE (Benoît), I, p. 358.

MAUMENÉ (Ch.), I, p. 23o, 4o4. II, p. 49, 517.

MAUPAS (RAST DE). *Voir :* Rast de Maupas.

MAUPERCHÉ (Henri), p. et gr., II, p. 366.

MAURICE (Étienne), II, p. 68.

MAURISSET (Louis-Théodore), gr., II, p. 366.

MAUROU (Paul), lith., I, p. 97, 98. II, p. 366.

MAUS (Octave), II, p. 437.

MAVELOT, gr., I, p. 117.

MAY (Édouard), I, p. 265.

MAYARD (G.), I, p. 213.

MAYEUR (Arthur-J.), gr., II, p. 366.

MAYEUX, I, p. 244.

MAYEUX, de Besançon, I, p. 359.

Mayeux (Les), I, p. 390.

MAYOR (J.), II, p. 257.

MAZARIN (Armand de La Meilleraie, duc de). — Son portrait, I, p. 244.

MAZET (Albert), I, p. 256.

MAZIÈRES (Lucien de), I, p. 340.

MAZON (Paul), II, p. 126.

MÉAULLE (Fortuné-Louis), gr. sur bois, II, p. 366.

MEAUME (Édouard), I, p. 76, 269. II, p. 84, 86, 173, 241, 255, 267, 318, 319, 320, 489.

MÉDECINE. — Caricatures et estampes, I, p. 413. — Ex-libris de médecins, I, p. 3o5, 3o6, 3o7, 3o8, 315, 341, 367, 371. — Illustration des ouvrages médicaux, I, p. 276. — Portraits de médecins, I, p. 232, 236. — Société des médecins bibliophiles, I, p. 28o.

MEERMAN (Gervais), I, p. 47. II, p. 357.

MEFFRAY-MARTELLI, I, p. 359.

MÉHEUT (Mathurin), p. et gr., I, p. 281. II, p. 367.

MEHL (Charles), I, p. 264.

MEIER-GRAEFE (J.), I, p. 14. II, p. 511, 522.

MEILHAC, I, p. 74, 87.

MEISSONIER (Jean-Louis-Ernest), p. et gr., I, p. 287, 288. II, p. 367-369.

MEIXMORON DE DOMBASLE (Ch. de), II, p. 242, 255, 261, 333.

MELANDRI (Achille), I, p. 179, 206. II, p. 492.

MELLAN (Claude) gr., I, p. 34, 184. II, p. 369-370.

MELLAN (Philippe), gr., II, p. 370.

MELLERIO (André), I, p. 16, 46, 72, 96, 185, 207, 209, 272. II, p. 437, 445, 447, 448, 449, 463.

MELLEVILLE (LE DOULX DE). *Voir* : Le Doulx de Melleville.

MELLIER (Émile), II, p. 520.

MELLINET (Général), I, p. 359.

MELUN (Cte de), I, p. 294.

MÉLY (F. de), I, p. 287.

Mémorial de Sainte-Hélène (Le), ill. par Charlet, II, p. 104.

MÉNAGE DE PRESSIGNY, II, p. 88.

MÉNARD (René), I, p. 192.

MENDE (Lozère). — Musée, I, p. 174.

MENDÈS (Mme Jane Catulle-), II, p. 473.

Mendiants, gr. par Blanc Paul, II, p. 41.

MENEGOZ (G.), I, p. 168.

MÉNESTRIER (Le P.), I, p. 393.

MENNESSIER DE LA LANCE (G^al), I, p. 406.

MENU (Henri), I, p. 243. II, p. 419.

MENUS, I, p. 413, 414.

MENZIES (W.-G.), II, p. 365, 397.

MERARD DE SAINT-JUST, I, p. 359.

MERCADIER (J.), gr., I, p. 329. II, p. 370.

MERCIER (Gustave), gr., II p. 370.

MERCIER (J.-B.), I, p. 306, 307, 311, 325, 341, 348, 352, 353, 354, 358, 360, 361, 367, 368, 369, 383.

MERCIER (L.-S.), membre du Conseil des Cinq-Cents, I, p. 135.

MERCIER DE SAINT-LÉGER, II, p. 363.

Mercure de France, journal, I, p. 18, 33, 35, 68, 69, 70, 85. II, p. 121, 209, 212, 233, 234, 316, 317, 319, 334, 354, 357, 381, 385, 409.

MERGET, I, p. 84.

MERIAN (Mathieu), gr., I, p. 260.

MÉRIEM (Jean), II, p. 106.

MÉRIMÉE (Prosper), I, p. 202, 263, 264. — Son ex-libris, I, p. 359.

MERLIN (A.), I, p. 191.

MERLIN (R.), I, p. 396, 397.

MERLOT (Pierre), gr., II, p. 371.

MERMILLOUD (Mgr), I, p. 359.

MERODE (APREMONT-), I, p. 319.

MERSON (Luc-Olivier), p., I, p. 274, 275.

MERSON (Olivier), II, p. 281.

MERYON (Charles), gr., I, p. 31, 52, 53. II, p. 39, 371-375, 461.

MESLIN (Charles), p.-gr., II, p. 375.

MESMES (Les De), I, p. 359.

MESPLÈS, lith., II, p. 376.

MESSIN (Pays). *Voir* : Metz.

MÉTALLOGRAPHIE, I, p. 89.

Métamorphoses du jour (Les), par Grandville, II, p. 255.

MÉTAY (A.), II, p. 462.

METCALFE (Louis R.), II, p. 286, 359, 370, 390, 397, 544.

MÉTIERS, I, p. 407, 414.

MÉTIERS (Petits), II, p. 507.

MÉTIVET (Lucien), I, p. 382. II, p. 376.

METZ. — Collège royal de Saint-Louis, I, p. 313. II, p. 409. — Estampe xylographique, I, p. 76. — Ex-libris, I, p. 316. — Graveurs, II, p. 351, 519. — Portraits, I, p. 237.

MEUNIÉ (Félix), I, p. 390, 404.

MEUNIER (C.), I, p. 307.

MEUNIER (Constantin), sc., II, p. 463, 468.

MEUNIER (Georges), p. et gr., II, p. 376.

MEUNIER (Louis), gr., II, p. 376.

MEURGEY (Jacques), I, p. 307, 316, 348, 363. II, p. 14.

MEUSE (Iconographie de la), I, p. 237.

MEUSNIER (Mathieu), I, p. 64.

MEZZOTINTO. *Voir* : Manière noire (Gravure en).

MICHA (Alfred), II, p. 169, 520.

MICHEL (André), I, p. 48, 80, 165. II, p. 41, 55, 225, 305, 441.

MICHEL (Edmond), II, p. 13, 333.

MICHEL (Émile), II, p. 219, 333.

MICHEL (Jean), gr., I, p. 335.

MICHEL (Nicolas), colporteur, I, p. 120.

MICHELET (Victor-Émile), II, p. 366.

MICHIELS (Alfred), I, p. 76.

MIDOUX (Etienne), I, p. 102, 256.

MIEL, I, p. 257. II, p. 251, 346.

MIGEON (Gaston), II, p. 533.

MIGER (Simon-Charles), gr., II, p. 376.

MIGNARD (Nicolas), p. et gr., II, p. 377.

MIGNARD Pierre), p., I, p. 245. II, p. 14, 53, 377.

MIGNERET (Adrien), gr., II, p. 377.

MIGONNEY (Jules), p. et gr. sur bois, I, p. 81. II, p. 377.

MIKINOSUKE (Ishida), I, p. 52.

MILCENDEAU, II, p. 338.

MILÈS (ROGER-). *Voir* : Roger-Milès.

MILITAIRE (Imagerie), I, p. 253.

MILITAIRES (Eaux-fortes), par A. Lançon, II, p. 307.

MILITAIRES (Ex-libris), I, p. 306.

MILITAIRES (Vignettes de papiers), I, p. 419.

MILIZIA, I, p. 37.

MILLET (François), dit *Francisque*, p. et gr., II, p. 377.

MILLET (Jean-François), p. et gr., I, p. 31, 218. II, p. 378-380.

MILLEVILLE (B{on} de), I, p. 359.

MILLIAIS (J.-E.), p., II, p. 111.

MILLIET (Jean-Paul), II, p. 370.

MILLIN DE GRANDMAISON, II, p. 184.

MILLIN DE LA BROSSE, II, p. 386.

MILLOT (Charles), II, p. 10.

MINARTZ (Tony), p. et gr., II, p. 380.

Minerva, II, p. 77.

MIOMANDRE (Francis de), II, p. 261.

MIRABEAU. — Ses portraits, I, p. 244.

MIRAN (J.), II, p. 111.

MIRAULT (C.-F.), II, p. 429.

MIRBEAU (Octave), II, p. 435, 436, 438, 467, 468.

MIRECOURT (Eugène de), II, p. 235, 382, 502, 529.

MIREUR (Dr H.), I, p. 139.

MIROMESNIL (De), II, p. 176.

Mise au tombeau, gr. sur bois par A. Gusman, d'ap. T. Vecellio, I, p. 82. II, p. 263.

MISSION (Tableaux de) bretons, I, p. 412.

MISTRAL. — *Le Poème du Rhône*, ill. par P.-L. Moreau, II, p. 388.

MITHOUARD, II, p. 52.

MITTON (Fernand), II, p. 138.

MIXELLE (Jean-Marie), gr., II, p. 380.

Mobilier et Décoration, revue, II, p. 449.

MODE (Exposition de la) en 1896, I, p. 206. — en 1911, I, p. 220.

MODEL (J.), I, p. 73.

MODES (Almanachs de), I, p. 404.

Modes (Figures de), par A. Watteau, II, p. 542.

Modes et coiffures françaises, est., I, p. 133.

Mœurs (La Gravure de) au XVIIIᵉ siècle, I, p. 54.

Moine (Antonin), lith., sc. et p., II, p. 380.

Mois (Fantaisies sur les), lith. par Rœdel, II, p. 463.

Moitte (Pierre-Étienne), gr., II, p. 381.

Molière. — Éditions illustrées, I, p. 291. II, p. 54. — Portraits, I, p. 244-246.

Molinier (Émile), I, p. 152. II, p. 227.

Molinistes (Caricature contre les), I, p. 387.

Mollevant (Etienne), I, p. 360.

Mollien (De Thosse-). *Voir :* Thosse-Mollien (De).

Momméja (Jules), I, p. 97.

Monarchie de Juillet (La), I, p. 391.

Monasticon gallicanum, ouvrage, I, p. 255.

Monceaux (Henri), II, p. 137, 138, 340.

Monclar (Mˢ de), II, p. 360.

Moncornet (Balthazar), gr.-éd., II, p. 381.

Monde catholique illustré (Le), revue, I, p. 213.

Monde illustré (Le), revue, I, p. 80. II, p. 183, 337, 389, 390.

Monde moderne (Le), revue, I, p. 18, 65, 152, 159, 215, 379, 417. II, p. 183, 203, 209, 376, 441, 457, 495, 511, 545, 546.

Monde musical (Le), revue, II, p. 204.

Monde nouveau (Le), revue, II, p. 437.

Mondon, marchand d'est., II, p. 381.

Money (Louis), I, p. 256.

Mongez (Angélique), p. et gr., II, p. 381.

Mongez (Abbé J.-A.), I, p. 360.

Mongin, II, p. 492.

Mongin (A.), II, p. 45, 111, 321.

Mongin (Augustin), gr., II, p. 381.

Monier (P.), I, p. 34.

Moniteur (Le), journal, I, p. 38. II, p. 124, 314, 346, 385, 389, 407, 408, 530.

Moniteur des Arts (Le), revue, II, p. 66, 106.

Monkhouse (Cosmo), I, p. 202.

Monnet (Camille), I, p. 79. II, p. 408.

Monnet (Charles), p. et dess., I, p. 289. II, p. 508.

Monnier (B^on de), I, p. 360.

Monnier (Gabriel), gr., I, p. 307.

Monnier (Henry), dess., I, p. 385. II, p. 381-383.

Monnier (Louis-Gabriel), gr., II, p. 383.

Monnin, I, p. 39.

Monnoyer (Jean-Baptiste), p. et gr., II, p. 383.

Monnoyes de France (Figures des), par J.-B. Haultin, I, p. 289.

Monod (Lucien), I, p. 140.

Monod (Samuel). *Voir :* Vox (Maximilien).

Monod-Herzen (Édouard), I, p. 101.

Monogrammes (Dictionnaires de), I, p. 21, 24, 26, 27, 28, 29, 30.

Monot (Pierre), lith., I, p. 321.

Monotype (Le), I, p. 101. II, p. 161, 162.

Monrelais (Loire-Inf^re), II, p. 69.

Monrocq (J.), I, p. 92.

Monselet (Charles). — Son ex-libris, I, p. 360.

Monspey (P.-P.-A. de), I, p. 360.

Mont-Blanc (Le), II, p. 129.

Mont-d'Or (Louis-Benoît de), I, p. 361.

Montagne (Michel et Nicolas). *Voir :* Plattemontagne.

Montaiglon (Anatole de), I, p. 14, 27, 42, 112, 145, 146, 147, 148, 186, 187, 292. II, p. 28, 47, 52, 54, 64, 110, 136, 190, 231, 309, 363, 369, 371, 381, 519, 521, 543. — Son ex-libris, I, p. 360.

Montaigne. — Ses portraits, I, p. 246.

Montalembert (Mis de Tryon-). *Voir :* Tryon-Montalembert.

Montaran (J.-F. Ranchin de). *Voir :* Ranchin de Montaran.

Montargis (Loiret), I, p. 174. II, p. 277, 443.

Montault (Barbier de). *Voir :* Barbier de Montault.

Montbard (Georges), gr., II, p. 383.

Montbel (Dugas-). *Voir :* Dugas-Montbel.

Montbel (Bon de Tomassin de). *Voir :* Tomassin de Montbel.

Montboissier de Canillac, I, p. 361.

Montdorge (Gautier de). *Voir :* Gautier de Montdorge.

Monte-Cristo (Le), journal, II, p. 178.

MONTECLAIN (MARESCHAL DE). *Voir* : Mareschal de Monteclain.

MONTEFIORE, II, p. 106, 531.

MONTÉGUT (Émile), I, p. 288. II, p. 180.

MONTENAT (J.), gr., II, p. 384.

MONTENEGRO (Eaux-fortes sur le), par T. Valério, II, p. 520.

MONTENOY (PALISSOT DE). *Voir :* Palissot de Montenoy.

MONTESQUIEU. — Son portrait gr. par Alix, I, p. 246. II, p. 7.

MONTESQUIOU (Cte Robert de), II, p. 69, 205, 436.

MONTESQUIOU-FEZENSAC(Cte Robert de), II, p. 266.

MONTESSON (Marquise de). — Son portrait gr. par A. de Saint-Aubin, II, p. 476.

MONFORT (Eugène), II, p. 35, 495.

MONTGAILHARD (DESAZARS DE). *Voir* : Desazars de Montgailhard.

MONTIFAUD (Marc de), I, p. 14. II, p. 86.

MONTIGNY (LITTRET DE). *Voir :* Littret de Montigny.

MONTMAJOUR (Ex-libris de l'abbaye de), I, p. 314.

MONTPELLIER (Hérault), I, p. 192. II, p. 60, 518. — Bibliothèque de la Faculté de Médecine et Musée, I, p. 174. — Cartes à jouer, I, p. 398. — Ex-libris, I, p. 314, 317, 325, 327, 332, 338, 341, 345, 346, 348, 366, 373, 375. — Société des Beaux-Arts, I, p. 188.

MONTREPOS (Chevalier de PALYS-). *Voir* : Palys-Montrepos (Chevalier de).

MONTROL, II, p. 305.

MONTROSIER (Eugène), I, p. 63. II, p. 150, 188.

MONTULAY (François), gr., I, p. 130. II, p. 208, 384.

MONTULLÉ (De), I, p. 35. II, p. 296.

Monument du Costume (Le), rec. d'est., II, p. 386, 387.

MONVAL, I, p. 245.

MONVAL (Georges), I, p. 358.

MONVAL (Jean), I, p. 47, 252. II, p. 123.

MONVEL (BOUTET DE). *Voir* : Boutet de Monvel.

MONVOISIN (Pierre-Raymond-Jacques), p. et lith., II, p. 384.

MONZIÈS, gr., II, p. 218.

MORANCÉ (Albert), éd., I, p. 17.

MORANCÉ (Gaston-A.), I, p. 82, 226, 285. II, p. 102, 294.

MORAND (Louis), I, p. 153.

MORAND DE JOUFFREY (Famille), I, p. 361.

Morceau de Schumann (Un), par Fantin-Latour, II, p. 206.

MORCEAUX DE RÉCEPTION des anciens académiciens, I, p. 55, 146, 149, 235.

MORDANTS pour la gravure, I, p. 61.

MOREAU (Adolphe), II, p. 160, 163.

MOREAU (Edme), gr., II, p. 384.

MOREAU (Georges), I, p. 19, 276.

MOREAU le jeune (Jean-Michel), dess. et gr., I, p. 29, 39, 41, 293, 342. II, p. 230, 384-388, 422.

MOREAU (Louis), gr. sur bois, I, p. 80.

MOREAU l'aîné (Louis-Gabriel), p. et gr., II, p. 388.

MOREAU (Pierre-Louis), p. et gr., I, p. 227. II, p. 388.

MOREAU-NÉLATON (Étienne), coll., p. et gr., I, p. 382. II, p. 131, 132, 146, 164, 353, 354, 380, 388.

MOREFONTAINE, I, p. 222.

MOREL (Les), I, p. 361.

MOREL (Antoine-Alexandre), gr., II, p. 389.

MOREL (François), gr., II, p. 389.

MOREL (Pierre), gr., II, p. 389.

MOREL D'ARLEUX (Louis-Marie-Joseph), p. et gr., II, p. 389.

MOREL DE THOISY, I, p. 361.

MOREL DE VINDÉ, II, p. 407.

MORERI, II, p. 395.

MOREY (P.), I, p. 427.

MORGHEN (Raphaël), gr., II, p. 36.

MORICE (Charles), II, p. 93, 205, 444, 445, 446.

MORIN (Edmond), p. et gr., I, p. 279. II, p. 389-390.

MORIN (Gustave), p., gr. et lith., II, p. 390.

MORIN (Jean), gr., II, p. 390.

MORIN (Louis), p. et gr., II, p. 390, 533.

MORIN (Louis), écrivain d'art, I, p. 272, 273, 274, 375, 388, 390, 424. II, p. 116, 323, 335, 456.

MORIN (Louis), de Troyes, I, p. 77, 398, 407, 432. II, p. 485.

MORIN-JEAN, I, p. 80, 83.

MORISOT (Berthe), p. et gr., II, p. 391.

MORLAIX (Finistère). — Musée, I, p. 174.

MORLAND (Jacques), II, p. 448.

MORLAT (DE PIVERON DE). *Voir:* Piveron de Morlat.

MORLET (Christophe de), évêque de Saint-Omer, I, p. 361.

MORLOT (Alphonse), p. et lith., II, p. 391.

MORNAY (Georges), éd., II, p. 391.

Mort (La) chevauchant un bœuf, gr., I, p. 298.

MORTET (Charles), I, p. 280.

MORTREUIL (Théodore), conservateur honoraire à la Bibliothèque Nationale, I, p. 156, 226.

Morts (Danses des), I, p. 395.

MORTS (Office des), I, p. 298.

MORVILLE (G. de GRUEL, seigneur de). *Voir:* Gruel (G. de).

MOSSÉ, avocat, I, p. 137.

MOTTE (Charles), I, p. 86.

MOTTEROZ, I, p. 71, 77, 269.

MOUCHOT (Ludovic), p. et gr., II, p. 391.

MOUFLE (Auguste), II, p. 103, 104.

MOUILLON (Amédée), I, p. 408.

MOUILLOT (Albert), I, p. 96.

MOULIN, II, p. 167.

MOUREAU (Adrien), I, p. 46. II, p. 387, 475, 477.

MOUREY (Gabriel), I, p. 15, 66, 72, 413, 417, 424. II, p. 37, 91, 98, 257, 266, 311, 325, 335, 436, 437, 451, 452, 457, 495.

MOURIER (Paul), I, p. 308, 399.

MOUTAILLIER (Georges), I, p. 98, 103, 242.

MOUTARD (N.-L.), I, p. 20.

MOYEN-AGE (Exposition du) à la Bibliothèque Nationale (1926), I, p. 156, 157, 227.

MOYNIER DE VILLEPOIX, I, p. 163.

MOYREAU (Jean), gr., II, p. 391-392.

MUCHA (Alphonse-Marie), dess. et gr., I, p. 382.

MULHOUSE (Haut-Rhin), I, p. 175. II, p. 201.

MULLER (Eugène), II, p. 392.

MULLER (Frederik), marchand d'est., I, p. 233, 234, 236, 253, 254.

MULLER (Henry-Charles), gr., II, p. 392.

MÜLLER (Hermann Alexander), I, p. 31.

Muller (Jean-Mathias), gr. sur bois, ii, p. 392.

Munich (Bavière), i, p. 91.

Munier (Amédée), i, p. 96.

Müntz (Eugène), i, p. 158, 273, 287. ii, p. 357.

Murat de l'Estang (Famille), i, p. 362.

Murr (Théophile de), i, p. 20.

Musée (Le), revue, i, p. 73.

Musées de province, i, p. 163-183.

Musiciens (Portraits de), i, p. 232, 233, 234.

Musique. — Almanachs sur la Musique, i, p. 404. — Exposition de la Musique à Bagatelle en 1912, i, p. 221. — Gravure de la Musique, i, p. 59, 100. — La Musique dans l'œuvre de Rops, ii, p. 466. — Titres de Musique, i, p. 417-418. ii, p. 376, 495.

Musseau (J.-C.-L.), i, p. 25.

Musset (Famille de), i, p. 362.

Musset (Alfred de). — Éditions illustrées, i, p. 291. ii, p. 293, 303. — Portraits, i, p. 246.

Muth (Karl), ii, p. 191.

Nadar, dess., lith. et photographe, ii, p. 392, 417.

Nadaud, i, p. 279.

Nagler (G. K.), i, p. 26, 27, 29.

Naïbis, i, p. 397.

Naigeon, p., ii, p. 543.

Naissance (Billets de), i, p. 405.

Najac (Émile de), ii, p. 386.

Nancy (Meurthe-et-Moselle). — Almanachs, i, p. 403. — Bibliothèques des couvents, i, p. 314. — Graveurs nancéiens, i, p. 428, 429. ii, p. 89, 127, 272, 520. — Musée, i, p. 175. ii, p. 89.

Nantes (Loire-Inf^{re}). — Artistes nantais, i, p. 429. ii, p. 356. — Exposition d'affiches illustrées, i, p. 378. — Ex-libris nantais, i, p. 314, 321, 329, 359, 360, 372. — Imagerie populaire, i, p. 410. — Musées, i, p. 175.

Nanteuil (Célestin), p., gr. et lith., i, p. 50, 263, 265. ii, p. 392-394. — Sa collection au Musée de Dijon, i, p. 172.

Nanteuil (Robert), p. et gr., i, p. 34, 113. ii, p. 90, 394-398.

Nanton (Sabourin de). *Voir :* Sabourin de Nanton.

Napoléon Ier. — Portraits, i, p. 246, 247. ii, p. 158. — Caricatures, i, p. 389.

Napoléon (Les Etapes de), gr. par E. Varin, d'ap. F. Flameng, II, p. 525.

NAPOLÉON (Le Prince), I, p. 191.

NAPOLÉON (Princesse Charlotte). *Voir* : Bonaparte (Princesse Charlotte Napoléon).

NAQUET (Félix), II, p. 218.

NASSE (Hermann), II, p. 87, 89.

NATANSON (Thadée), II, p. 446, 511.

NATOIRE (Charles-François), p. et gr., II, p. 54, 399, 478.

NATURALISTES (Portraits de), I, p. 232, 236.

Nature (La), revue, I, p. 303, 323.

NAUDIN (Bernard), p. et gr., II, p. 399-400.

NAUMANN (Dr Robert), II, p. 365, 430.

NAUROY (Charles), I, p. 265. II, p. 65, 80, 268, 271, 291.

NEBOUT (Pierre), p. et sc., II, p. 138.

NÉE (François-Denis), gr., I, p. 133.

Nef des Folles (La), ouvrage, I, p. 287.

NÉLATON (MOREAU-). *Voir* : Moreau-Nélaton.

NÉOULES (D'ALLARD DE). *Voir* : Allard de Néoules.

Neuf Preux (Les), est., I, p. 408, 409.

NEUMONT (Maurice), p. et lith., II, p. 400.

NEUVILLE (LEMERCIER DE). *Voir* : Lemercier de Neuville.

NEVEUX (Pol), inspecteur général des Bibliothèques, membre de l'Académie Goncourt, I, p. 156, 227.

NEVILL (Ralph), I, p. 48, 54. II, p. 159.

NEW-YORK (États-Unis). — Galeries F. Keppel, II, p. 67, 78, 146, 285, 327, 397. — Knœdler, II, p. 442. — Albert Roullier, I, p. 225, 226, 227. II, p. 337. — Grolier Club, I, p. 95, 205, 206, 211, 214, 215, 404. II, p. 326, 373. — Public Library, I, p. 66.

NEWBOLT (Frank), I, p. 66.

NEWTON, I, p. 70. II, p. 233.

NICAISE (Abbé), II, p. 22.

NICARD (Pol), II, p. 280.

NICE (Alpes-Maritimes). — Ex-libris niçois, I, p. 314. — Maison de J. Chéret, II, p. 116.

NICOLAÏ (Alexandre), I, p. 399, 400.

NICOLAS (Abbé C.), I, p. 251.

NICOLAS (Émile), II, p. 432.

Nicolas (L.), i, p. 98.

Nicole (Pierre-Antoine-Ignace), i, p. 3o5.

Nicolle (Claude-François), père et fils, gr., i, p. 428. ii, p. 401.

Nicolle (E.), i, p. 64.

Nicolle (J.-Victor), p. et gr., ii, p. 401.

Nicolle (Marcel), i, p. 46, 175. ii, p. 78.

Nicolot (Guérin-). *Voir :* Guérin-Nicolot.

Niel (Mlle Gabrielle), gr., ii, p. 401.

Niesport (Girard de), impr. en taille-douce, ii, p. 401.

Nieuwerkerke (De), ii, p. 43.

Nijenhuis (J. T. Bodel-). *Voir :* Bodel-Nijenhuis.

Nîmes (Gard). — Bibliothèque de l'évêché, i, p. 297. — Cartes à jouer, i, p. 399. — Musée, i, p. 175.

Niort (Deux-Sèvres). — Musée, i, p. 175-176.

Nisard (Charles), ii, p. 96.

Nittis (Giuseppe de), p. et gr., ii, p. 401.

Nivernais (Artistes du), i, p. 429.

Noaillles (Ctesse Mathieu de), ii, p. 38.

Noailles (Portraits de la Maison de), i, p. 247.

Nobiliaire de Lorraine (Le), attribué à J. Callot, i, p. 295. ii, p. 84.

Noblesse (Lettres de) accordées aux artistes, i, p. 421, 422.

Nocret (Jean), p. et gr., ii, p. 402.

Nodier (Charles), i, p. 264, 291, 384. ii, p. 441.

Noekler (F.), i, p. 98.

Noël (Alexis-Nicolas), p. et lith., ii, p. 402.

Noël (G.), ii, p. 269.

Noël (H.-Louis), ii, p. 245.

Noël (Léon), lith., i, p. 189. ii, p. 402.

Nogressou (Henry), i, p. 143.

Noir de Cambon (Urbain, comte de), i, p. 362.

Noirot (E.), ii, p. 52.

Noislin (Hector), i, p. 196.

Nolhac (Pierre de), de l'Académie française, i, p. 157, 228, 252, 288, 292. ii, p. 55, 62, 219, 387, 428.

Nollet (Jules), ii, p. 255.

Nonot (Les), gr., ii, p. 402.

Nonot (Charlotte), gr., ii, p. 402.

Nonot (François), gr., II, p. 402.

Norblin de La Gourdaine (Jean-Pierre), p. et gr., II, p. 402-403.

Normand fils aîné, II, p. 403.

Normand (Dr), I, p. 362.

Normand (Charles), II, p. 159, 260, 387.

Normand (Charles-Pierre-Joseph), arch., dess. et gr., II, p. 403-404.

Normand (Louis-Marie), gr., II, p. 404.

Normandie. — Artistes normands, I, p. 193, 194, 429-430. II, p. 76, 138. — Cartes à jouer, I, p. 398. — Ex-libris, I, p. 338, 350, 371. — Imagerie populaire, I, p. 410. — Millénaire normand, I, p. 221. — La Renaissance en Normandie, I, p. 51, 276.

Normandy (Georges), I, p. 307, 408.

Norry (Charles), II, p. 385.

Norval (Jacques), I, p. 222, 223.

Notre-Dame de la Treille (Nord). — Vues, I, p. 257.

Notre-Dame de Liesse (Aisne). — Vues, I, p. 257.

Nougaret (Pierre-Jean-Baptiste), I, p. 36.

Noury (Gaston), p. et gr., II, p. 404.

« Nouvel Essor » (Graveurs sur bois du), I, p. 80, 81, 82, 226.

Nouvelle Héloïse (La), roman de J.-J. Rousseau, I, p. 280, 293.

Nouvelle Revue (La), I, p. 158, 197, 387. II, p. 372, 448, 482, 496, 512.

Nouvelles Chansons (Les), de P. Delmet ill. par Willette, II, p. 545.

Noyel (Jean-Baptiste), I, p. 362.

Nudités (Estampes représentant des), I, p. 134.

Nuremberg (Allemagne). — Musée germanique, II, p. 87.

Nyer (X.), II, p. 63, 461.

Occhini (Pier Ludovico), II, p. 99.

Occident (L'), revue, I, p. 224. II, p. 298.

Ochard, I, p. 173.

Odieuvre (Michel), p. et marchand d'est., II, p. 404.

Œttinger (E. M.), I, p. 393.

Œuvre (L'), journal, I, p. 160.

Œuvre des enfants d'artistes, II, p. 288, 541.

Œuvre (L') et l'Image, revue, I, p. 18, 46, 212, 273, 274, 275, 388. II, p. 116, 290, 324, 443, 460, 473, 495, 532, 538.

Office de la Vierge Marie, ill. par Th. de Leu, II, p. 343.

OFFICIERS bibliophiles, I, p. 304.

OFFICIERS SUISSES au service de la France, I, p. 323, 345, 342.

OFFOEL (J. d'), II, p. 204.

OGEROLLES (Jean d'), gr., I, p. 256. II, p. 405.

OGIER (Pierre-Mathieu), dess., gr. et marchand, II, p. 405.

OIE (Jeu de l'), I, p. 412.

O'KELLY DE GALWAY, I, p. 356.

OKEY (Thomas), II, p. 327.

OLIVARI (Henri-Honoré d'), I, p. 362.

OLIVIER, I, p. 362.

OLIVIER (Aubin), gr. en médailles et sur bois, II, p. 405.

OLIVIER (Dr Eugène), I, p. 81, 306, 307, 311, 315, 331, 339, 348, 349, 368, 369, 371. II, p. 177.

OLIVIER (Dr Paul), I, p. 312, 316, 320, 366.

OLLANS (Ferdinand d'ANDELOT, seigneur d'), I, p. 319.

OLLIVIER (Louis), I, p. 179.

OLLIVIER (Michel-Barthélemy), p. et gr., II, p. 405.

OLSCHKI (L. S.), I, p. 284.

Olympia, p. par E. Manet, II, p. 353.

OMBRES CHINOISES, II, p. 235.

Opinion (L'), II, p. 400.

OPPENORDT (G.-M.), arch. et décorateur, I, p. 50.

OPRESCU (Gheorghe), I, p. 226. II, p. 59.

OPTIQUE (VUES D'), I, p. 420.

ORATORIENS (Ex-libris), I, p. 301.

ORCHAMPS (CHIFFLET D'). *Voir :* Chifflet d'Orchamps.

ORCHARDSON (W. G.), p., II, p. 111.

ORDRE DE L'ESPÉRANCE (Chevaliers de), I, p. 251.

ORDRE DE SAINT-MICHEL (Artistes chevaliers de l'), I, p. 421, 422.

ORDRE DU SAINT ESPRIT, I, p. 154.

ORDRES (Estampes relatives aux TROIS), I, p. 252.

ORFEUILLE (Mis d'), I, p. 362.

Original und Reproduktion, revue allemande, I, p. 18.

Origines (Les), par Odilon Redon, II, p. 444.

ORLÉANS (Marguerite-Louise, *dite* Mademoiselle d'), I, p. 247. II, p. 450.

ORLÉANS (Philippe, duc d'), régent. — Son ex-libris, I, p. 363. II, p. 14.

ORLÉANS (Loiret). — Artistes orléanais, I, p. 23, 430. II, p. 176, 365, 521. — Imagerie populaire, I, p. 410. — Lithographie, I, p. 97. — Musée, I, p. 176.

ORLY (BOURGOIN D'). *Voir :* Bourgoin d'Orly.

ORMOIS (Cte DE HENNEZEL D'). *Voir :* Hennezel d'Ormois (Cte de).

ORNANO (Les CHANSIERGUES-). *Voir :* Chansiergues-Ornano.

ORNEMENT (Estampes d'), I, p. 414-415. II, p. 141.

ORSEL (V.), p., II, p. 532.

ORTUIN (Gaspard), impr., II, p. 405.

ORVASY (D'), gr. d'ex-libris, I, p. 350.

ORY (Eugène), II, p. 10.

Ossian, gr. par J. Godefroy, d'ap. Gérard, II, p. 250.

OSTERVALD, éd., I, p. 136.

OTTAVI (J.), II, p. 103.

OTTLEY (Henry), I, p. 28.

OUDRY (J.-B.), p. et gr., I, p. 290. II, p. 279, 405-406.

Ouessant (Vieille femme d'), gr. par Ch. Cottet, II, p. 133.

OUROUSOF (Prince Alexandre), I, p. 239.

OURRY, I, p. 384.

OUTREMER (Rareté de l'), II, p. 64.

OUVRÉ (Achille), dess. et gr., II, p. 406.

OVIDE. — Éditions illustrées, I, p. 291-292.

OZANNE (Les), gr., II, p. 406.

OZANNE (Jeanne-Françoise), gr., II, p. 406.

OZANNE (Marie-Jeanne), femme Le Gouaz, gr., II, p. 456.

OZANNE (Nicolas-Marie), gr., II, p. 407.

OZANNE (Pierre), gr., II, p. 407.

Pablo de Ségovie, ouvrage de F. de Quevedo, II, p. 533.

PACIAUDI (Le P.), II, p. 96.

PADER (Hilaire), p. et gr., II, p. 407.

PAGEL DE VANTOUX (Cl.-Fr.), I, p. 343, 363.

PAIGNON-DIJONVAL, coll., II, p. 407-408.

Paillard (Henri), p. et gr., II, p. 408.

Paillard (Jean), II, p. 230.

Paillard (Léon), gr., I, p. 274.

Paillard (Louis), II, p. 546.

Paillet, p., II, p. 53.

Paillet (Charles), II, p. 210.

Paillet (Eugène), II, p. 34, 128.

Paillet Des Brunières, avocat, I, p. 124.

Pajou (Augustin), sc., II, p. 119.

Palais-Royal (La Galerie du), rec. publié par J. Couché, II, p. 133.

Palisot (Les), I, p. 363.

Palissot (Ch.), I, p. 35.

Palissot de Montenoy, II, p. 18.

Palliot (Pierre), I, p. 348.

Palmer (Samuel), p. et gr., II, p. 509.

Palmézeaux (Cubières-). *Voir:* Cubières-Palmézeaux.

Palys-Montrepos (Chevalier de), I, p. 363.

Panckoucke, éd., II, p. 230, 385, 476.

Pandore (La), journal, I, p. 85. II, p. 261.

Panhard (F.), II, p. 348.

Panichi (Rodolfo), II, p. 31, 88.

Pannier (Georges), II, p. 55.

Pansier (P.), I, p. 279.

Pantagruel (Songes drolatiques de), I, p. 385.

Paon (Le), lith. par A. Gumery, II, p. 263.

Papetiers, I, p. 274.

Papier, I, p. 58, 102, 103, 118, 121, 155, 204, 279, 394, 398, 408.

Papier de Chine pour le tirage lithographique, I, p. 88, 90.

Papier-monnaie, I, p. 58, 405.

Papier peint, I, p. 129, 131, 195, 415-416. II, p. 115, 409.

Papier timbré, I, p. 405, 416.

Papiers administratifs et militaires (Vignettes de), I, p. 415, 419.

Papillon (Émile), gr., II, p. 408.

Papillon (Les), gr. sur bois, II, p. 408.

Papillon (Jean-Michel), graveur sur bois, I, p. 74, 75, 112, 313, 416. II, p. 110, 140, 408-409.

Papyrus, revue, I, p. 279.

Paquot (Ris-). *Voir:* Ris-Paquot.

Papyrographie, I, p. 89.

Parent (Famille), I, p. 363.

Parfait (Noël), ii, p. 91, 487.

Parguez (J.-F.), coll., i, p. 363. ii, p. 409.

Parigny (Bourlier de). *Voir :* Bourlier de Parigny.

Pâris (Gaston), ii, p. 40.

Pâris (Mgr Nicolas-Joseph de), i, p. 363.

Pâris (Paulin), i, p. 151, 264, 384. ii, p. 187.

Pâris (Pierre-Adrien), arch. et gr., ii, p. 409-410.

Paris. — Almanachs parisiens, i, p. 404. — Archives nationales, i, p. 274. — Artistes parisiens, i, p. 430-431. — *Aspects de Paris (Les)*, lith. par H. Rivière, ii, p. 457. — Association des artistes de Paris et du Département de la Seine, i, p. 224. — Bastille, i, p. 108, 116, 252, 258. — Bibliothèque nationale, i, p. 111, 113, 114, 118, 215, 306. ii, p. 476. Cabinet des Estampes, i, p. 48, 78, 149-157, 255. ii, p. 57, 187, 193, 208, 388. Département des Manuscrits, i, p. 274. Galerie Mazarine, ii, p. 398. Expositions, i, p. 226-228. — Bibliothèque de l'Arsenal, i, p. 162. — Bibliothèque Sainte-Geneviève, i, p. 278. — Bibliothèque de l'Institut, i, p. 113. — Bibliothèque de la Faculté de médecine, i, p. 315. — Cabaret du « Chat Noir », ii, p. 457. — Cabinet des Estampes. *Voir :* Bibliothèque nationale. — Cercle de la Librairie, i, p. 201, 204, 281. ii, p. 182. — Cercle international des Arts, i, p. 218. — Chalcographie du Louvre. *Voir :* Musée du Louvre. — Collège des Écossais, i, p. 315. — Collège des Quatre-Nations, ii, p. 550. — Confréries parisiennes, i, p. 407. — Congrégation des Pères de la Mission, i, p. 315. — *Cris de Paris*, i, p. 407. — *Eaux-fortes sur Paris*, par Ch. Meryon, ii, p. 373, 375. — École des Beaux-Arts, i, p. 78, 93, 97, 146, 147, 198, 201, 206, 212, 222, 386. ii, p. 22, 31, 93, 152, 163, 206, 219, 226, 251, 281, 353, 378, 433, 454. — École des Ponts et Chaussées, i, p. 85. — École polytechnique, ii, p. 104, 106. — Ex-libris parisiens, i, p. 314-315. — Galeries Allard, i, p. 217, 219, 220. ii, p. 349. — Barbazanges, i, p. 226. ii, p. 73. — Bernheim jeune, ii, p. 215. — de la Bodinière, ii, p. 280, 451, 494. — Brunner, i, p. 222, 225. ii, p. 288, 541. — Chaine et Simonson, ii, p. 294. — J. Charpentier, ii, p. 394, 475. — Devambez, i, p. 216, 217, 218, 219, 220, 222, 223. — Durand-Ruel, i, p. 199, 200, 202, 203,

217, 219. II, 106, 148, 446, 512.
— M. Guiot, II, p. 73, 208. —
Henaut, II, p. 212. — Hessèle,
I, p. 217. — La Boëtie, I, p. 221,
222, 224. II, p. 497. — Le
Barc-de-Bouteville, II, p. 191. —
M. Le Garrec, I, p. 227. II, p.
30, 40, 132, 146, 244, 272,
329, 380, 388, 527. — Manzi-
Joyant, II, p. 161. — G. Petit,
I, p. 72, 73, 197, 202, 213, 215,
217, 219, 220, 222, 223. II, p.
324, 368, 439. — Rosenberg,
II, p. 153. — Sedelmeyer, II, p.
509. — Simonson, I, p. 228. II,
p. 29. — Tempelaere, II, p.
205. — du Théâtre d'applica-
tion, II, p. 115, 261, 451. — Vis-
conti, II, p. 473. — Vivienne,
II, p. 246. — Vollard, I, p. 206.
Graveurs de Paris, II, p. 230,
294, 522, 525. — Hôtel Drouot,
I, p. 143. — Hôtel des Modes,
II, p. 67. — Iconographie parisienne, I, p. 257, 259. — L'Imprimerie à Paris aux XVe et XVIe
siècles, I, p. 273. — Imprimerie
royale, I, p. 278. — Imprimerie nationale, II, p. 123. — Jeu
de cartes parisien, I, p. 396. —
La Lithographie à Paris en
1802, I, p. 90. — Maison de
Victor Hugo, II, p. 156, 239. —
Moulin-Rouge, II, p. 238. —
Musée du Louvre, I, p. 157-158,
430. II, p. 388, 389. — Musée
du Louvre (Chalcographie du),
I, p. 153, 158-162, 433. II, p.
43, 90, 145, 146, 228, 234, 321,
375, 456. — Musée du Luxem-
bourg, I, p. 162. II, p. 66, 77,
204, 227, 327. — Musée des
Arts décoratifs, I, p. 222, 223,
225, 226, 278, 279, 307. II, p.
38, 159, 215, 449, 452, 512,
534. — Observatoire, I, p. 259.
— Opéra, II, p. 451. — Palais-
Royal, I, p. 486. — Place de
l'Institut, II, p. 550. — Place
royale, I, p. 258. — Portraits
parisiens, I, p. 238. — Prieuré de
Saint-Lazare, I, p. 315. — Quai
de Gèvres, I, p. 123. — Rue
Saint-Jacques, I, p. 431. —
Société des peintres et graveurs de « Paris », I, p. 48, 217,
219, 221, 222, 223. — Tour
Saint-Jacques, I, p. 257. —
Vues de Paris, par Béjot, II, p.
29. — par Meryon, II, p. 373,
375. — *Le Vieux Paris*, eaux-
fortes par L.-M. Laurence, II,
p. 313.

PARISET, gr., I, p. 123.

PARISET ou PARIZET (D.-P.), gr.,
II, p. 410.

PARISET ou PARIZET (Robert), gr.,
II, p. 410.

*Parisiennes (Quelques-unes, quinze
croquis de)*, par Malo Renault,
II, p. 352.

PAROY (Marquis de), p. et gr., I,
p. 176. II, p. 410.

PARROCEL (Les), II, p. 410.

PARROCEL (Charles), p. et gr., II, p. 410.

PARROCEL (Étienne), II, p. 123, 410.

PARROCEL (Joseph), p. et gr., II, p. 411.

PARROCEL (Pierre), p. et gr., II, p. 411.

Parti national (*Le*), II, p. 246.

PAS (Justin de), I, p. 304, 329, 334, 336, 346, 347, 354, 361, 371.

PASCAL (Jacques), gr., II, p. 411.

PASCAL (Jean), I, p. 214. II, p. 447, 512.

PASQUINELLI (F.), I, p. 306.

PASSAVANT (J. D.), I, p. 28. II, p. 21, 129, 136, 192, 197, 254, 415, 548.

PASSEPORTS, I, p. 130.

PASSERON, II, p. 15.

Passion (*La*), gr. par Cl. Bouzonnet-Stella, d'ap. J. Stella, II, p. 64.

PASSY (Antoine), II, p. 311.

PASTEL (Gravure en manière de), I, p. 68. II p. 51.

PASTORET (De), II, p. 56, 171.

PATAS (Charles-Emmanuel), gr., II, p. 411.

PATEL père, p. et gr., II, p. 412.

PATENTE (Droit de), I, p. 135, 136.

PATER (Jean-Baptiste), p., II, p. 247.

PATIN (Guy). — Ses thèses, I, p. 417.

PATIN (Jacques), p. et gr., II, p. 412.

PATOUX (Abel), II, p. 304, 501.

PATRICOT (Jean-Marie), gr., II, p. 412.

Patrie (*La*), journal, II, p. 111.

PATTISON (Émilia F. S.), II, p. 241.

PATTISON (Mme Mark), II, p. 241.

PAULET (Alfred), II, p. 446.

PAULIAN (G.), I, p. 314.

PAULLET, chirurgien, I, p. 364.

PAULME (Henri), I, p. 179.

PAULMIER (L.-A.), I, p. 88.

PAULO (Marc Antoine, comte de), I, p. 364.

PAULY (Alphonse), II, p. 260.

Pauvres (*Bible des*), I, p. 273, 295.

PAVIE (Victor), II, p. 276.

PAVILLIEZ (Édouard), II, p. 36.

PAVILLON (Balthazar), gr., II, p. 510.

Pawlowski (Gustave), ii, p. 428.

Paysage (La Gravure de) au xviii⁰ siècle, i, p. 55.

Paysans savoyards, gr. par A. Jacques, ii, p. 287.

Pêcheur d'Islande, roman de P. Loti, i, p. 290. ii, p. 22.

Pégayrolles (Le Président de), i, p. 364.

Peignot (Gabriel), i, p. 85, 295, 395.

Péladan (Joséphin), ii, p. 465, 466, 468.

Pélerin (Jean), i, p. 292.

Pélissier (L.-G.), ii, p. 172.

Pélissier - Desgranges (Jean de), évêque d'Apt, i, p. 364.

Pélissier-Du Lis (Affaire), i, p. 389.

Pellechet (Marie), i, p. 266.

Pelletan (Camille), ii, p. 148, 149, 150.

Pelletan (Édouard), éd., i, p. 207, 276. ii, p. 126, 412.

Pelletan (Eugène), ii, p. 6.

Pelletier (Xavier), ii, p. 205.

Pelliot (Paul), i, p. 52, 53.

Pellot (Paul), ii, p. 189.

Pen-Bron (Hôpital marin de), i, p. 378.

Pénat (Lucien), p. et gr., ii, p. 412.

Pendu (Le), dess. par V. Hugo, ii, p. 113, 278. — gr. par F. Rops, ii, p. 467.

Pène Du Bois (Guy), ii, p. 155.

Pénibles Adieux (Les), gr. par Boucher-Desnoyers, d'ap. H. Ledru, ii, p. 56.

Pennell (Elisabeth Robins), i, p. 99.

Pennell (Joseph), i, p. 97, 98, 99.

Penot (A.), i, p. 88.

Péquégnot (Auguste), gr., ii, p. 413.

Pératé (André), i, p. 81, 216, 225, 292. — *Assise*, ill. par P.-A. Bouroux, ii, p. 62.

Percheval (Maurice), i, p. 410.

Péreire (Alfred), i, p. 400.

Péreire (Maurice), i, p. 277, 283.

Pérelle (Les), gr., ii, p. 413.

Pérelle (Adam), gr., ii, p. 413

Pérelle (Gabriel), gr., ii, p. 413.

Pérignon (Nicolas), p. et gr., ii, p. 413.

PÉRIGORD (Ex-libris du), I, p. 315, 323, 335.

PÉRIGUEUX (Dordogne). — Musée, I, p. 176.

PERLET (Pierre-Etienne), dit *Petrus*, p., gr. et lith., II, p. 413.

Permissionnaires (*Les*), par G. Belot, II, p. 33.

PERNET (J. de), I, p. 364.

PERNETY (Dom Antoine-Joseph), I, p. 22.

PERNOT, dess., I, p. 257.

PERON (A.), gr., I, p. 136.

PEROT (Francis), I, p. 310, 329, 338. II, p. 174, 370, 518.

PEROTTI (Nicolas), I, p. 323.

PERPIGNAN (Pyrénées-Orientales). — Musée, I, p. 176. II, p. 479.

PERRAULT (Charles), I, p. 33. II, p. 82, 110, 369, 395.

PERRAULT (François), curé de Prasville, I, p. 364.

PERRAULT-DABOT (A.), I, p. 416.

PERRET (Paul), II, p. 238.

PERREY (Pierre-François), I, p. 364-365.

PERRICHON (J.-L.), gr. sur bois, II, p. 413.

PERRIER (Émile), I, p. 308, 313, 314, 318, 322, 327, 335, 345, 355, 364, 370, 376.

PERRIER (François), p. et gr., II, p. 413-414.

PERRIER (Guillaume), p. et gr., II, p. 414.

PERRIN (Emile), I, p. 246.

PERRIN (FEYEN-). *Voir* : Feyen-Perrin.

PERRIN (S.-M.), II, p. 52.

PERRIN (SAINTE-MARIE). *Voir* : Sainte-Marie Perrin.

PERRISSIN (Jean) et TORTOREL (Jacques), gr., II, p. 96, 415.

PERROD (M.), II, p. 227.

Perron (*Le*), lith. par H. Le Sidaner, II, p. 342.

PERRONEAU (Jean-Baptiste), p. au pastel, II, p. 176.

PERRONET. — Son portrait gr. par A. de Saint-Aubin, II, p. 477.

PERROT (A.-M.), I, p. 56, 57, 74, 89, 90.

PERROT (Victor), I, p. 258, 259.

PERROUT (René), I, p. 410, 411. II, p. 423.

PERTHES (Jacques BOUCHER DE CRÈVECŒUR DE). *Voir* : Boucher de Crèvecœur de Perthes.

PESNE (Jean), p. et gr., II, p. 416.

PETERS (J.-A.), II, p. 478.

Peters (F.-L.), p. et gr., II, p. 416.

Petit (Gilles-Edme), gr., I, p. 248. II, p. 178, 416.

Petit Bernard (Le). *Voir :* Salomon (Bernard).

Petit Bibliophile (Le), I, p. 302.

Petit Journal (Le), I, p. 278. II, p. 546.

Petit Pierre (Le), roman par Anatole France, II, p. 72.

Petite estampe, I, p. 401, 413, 414, 416, 420.

Petite estampe militaire, I, p. 419.

Petites pièces, I, p. 416.

Petite toilette (La), dess. de Moreau le Jeune, II, p. 387.

Pétitions de graveurs, I, p. 136.

Petitjean (Ch.), II, p. 390, 398.

Petrograd. *Voir :* Leningrad.

Petrus. *Voir :* Perlet (Pierre-Etienne).

Peyron (Jean-François-Pierre), p. et gr., II, p. 417.

Peyrounin (A.), gr., II, p. 417.

Phalempin (Ex-libris de l'Abbaye de), I, p. 315.

Pharmaciens (Ex-libris de), I, p. 305, 306, 307.

Philadelphie (Exposition de) [1876], I, p. 193.

Philibert (Jean-François), I, p. 365.

Philipon (Charles), caricaturiste, I, p. 387. II, p. 105, 417.

Philippart (Bibliothèque), I, p. 56.

Philippe II, roi d'Espagne. — Son portrait gr. par J. Morin, II, p. 390.

Philippe (Famille), I, p. 365.

Philippe, de Rouen, I, p. 62.

Philippe (Gaspard), impr., II, p. 418.

Phillips (Duncan), II, p. 155.

Philosophes (Portraits de), I, p. 236.

Photochromolithographie, I, p. 96.

Physionotrace, I, p. 229, 230. II, p. 119-120, 434.

Piat (Adolphe), I, p. 43, 198.

Pica (Vittorio), I, p. 47, 253, 381, 392. II, p. 34, 98, 99, 153, 215, 239, 253, 261, 374, 375, 437, 447, 463, 467, 469, 472, 497, 512, 522, 534.

Picabia (F.), p. et gr., II, p. 417.

Picard (Edmond), II, p. 446.

PICARDIE. — Ex-libris, I, p. 329, 342, 346. — Iconographie, I, p. 259. — Iconographie de la guerre de 1557, I, p. 251. — Portraits, I, p. 238. — Thèses, I, p. 417.

PICART (Bernard), gr., II, p. 418, 542.

PICART (Etienne), dit *le Romain*, gr., I, p. 116. II, p. 419.

PICART (Henri), I, p. 234, 240, 241, 242, 244, 254, 398, 401, 412, 418. II, p. 24, 188, 300, 334, 355, 429, 455, 530.

PICART (Hugues), II, p. 419.

PICART (Jean), gr., II, p. 419.

PICART LE DOUX (Charles), p. et gr., II, p. 419.

PICASSO, p. et gr., II, p. 420.

PICHON (Baron J.), II, p. 526.

PICHON (Léon), impr., édit. et gr., I, p. 278, 279, 282, 289. II, p. 420.

PICOT, p., II, p. 346.

PICOU (Robert), p. et gr., II, p. 420.

PICQUENOT (Michel), gr., II, p. 420.

PICQUOT (Henri), p. et gr., II, p. 420.

PICQUOT (Thomas), p. et gr., II, p. 421.

Pie (Mgr), évêque de Poitiers, portr. gr. par Gaillard, II, p. 225.

PIEDAGNEL (Alexandre), II, p. 378.

PIERI, marchand d'est., I, p. 136.

PIERRE (Jean-Baptiste-Marie), p. et gr., I, p. 134. II, p. 73, 421.

Pierre Schlemihl, ill. par B. Naudin, II, p. 400.

PIERREFEU (Abbé de), I, p. 365.

PIERRES lithographiques, I, p. 87, 89.

PIERS (Jean-Charles-Ignace), seigneur de WELLE, I, p. 305.

PIGAL (Edme-Jean), p., lith. et caricaturiste, I, p. 385. II, p. 421.

PIGANIOL DE LA FORCE, I, p. 258.

PIGEON (Amédée), II, p. 206.

PIGOUCHET (Philippe), impr.-libr., I, p. 297. II, p. 421.

PIGUET (Rodolphe), p. et gr., II, p. 421-422.

PILES (Roger de), p. et gr., I, p. 34. II, p. 422.

PILGRIM (Lord), I, p. 142. II, p. 338, 428, 455.

PILINSKI (St.), II, p. 137.

PILLEMENT (Jean), p. et gr., II, p. 422.

PILLIARD (Jacques), p. et gr., II, p. 422.

PILLION (Jules), I, p. 182.

PILLION (Louise), II, p. 295.

PILON (Edmond). II, p. 239, 247, 446, 541.

PINCEAU (Dessins au), I, p. 88.

PINEAU (Les), II, p. 422.

PINEAU (E.), II, p. 101.

PINEAU (François-Nicolas), II, p. 423.

PINEAU (Nicolas), dess., gr., sc. et arch., II, p. 423.

PINET (G.), II, p. 106.

PINGERON, I, p. 74.

PINGRÉ (Jean-Baptiste), I, p. 365.

PINGRENON (Renée), I, p. 275.

PINOT (Charles), imagier d'Epinal, II, p. 423.

PINOT DU PETIT-BOIS (Agathon), I, p. 336, 365.

Pins de la Villa Borghèse (Les), gr. par P. Gusman, II, p. 263.

PINSARD (Jules), I, p. 279.

PINSET (Raphaël), I, p. 229.

PINSON (Nicolas), p. et gr., II, p. 423.

PIO (Nicolas), II, p. 299.

PIOT (Eugène), I, p. 430. II, p. 240.

PIRANESI (Les), gr., II, p. 423.

PIRODON, gr. sur bois, I, p. 77.

PIRODON (Eugène-Louis), p. et lith., II, p. 424.

PIRON (E.-A.), II, p. 163.

PIROUX père, II, p. 489.

PISSARRO (Camille), p. et gr., I, p. 31. II, p. 424.

PISSARRO (Lucien), gr. sur bois, II, p. 424.

PITAU (Les), gr., I, p. 249. II, p. 425.

PITSCHMANN (Joseph), p., II, p. 403.

PIVERON DE MORLAT (De), I, p. 365.

PIZEY (François SABOT DE). *Voir:* Sabot de Pizey.

PLACET (P.-E.), I, p. 100.

PLACIDE (Le P.), géographe du roi. — Son portrait gr. par J. Langlois d'ap. Mme E. Gaultier, II, p. 308.

PLAGIAIRES en fait d'ex-libris, I, p. 301.

PLAISANT (Marcel), député, I, p. 109, 383.

Plaisir de Bibliophile, revue, I, p. 282, 284, 285. II, p. 143, 294, 297, 298, 497.

Plaisir de vivre (Le), revue, II, p. 383.

Plakat (Das), revue allemande, I, p. 382.

PLAN (Pierre-Paul), II, p. 88, 89, 90.

PLANCHE (Gustave), I, p. 292. II, p. 80, 276, 292.

PLANTAVIT (Les De), I, p. 365.

PLASSARD (V.), p. et gr., II, p. 425.

PLATTE-MONTAGNE (Michel de), p. et gr., II, p. 425.

PLATTE-MONTAGNE (Nicolas de), p. et gr., II, p. 425.

PLEYNE (P.-A.-E. DU FORNEL DU ROURE, Vte de PAULIN, Cte de), I, p. 339-340.

PLOMET (Artus Gilbert), I, p. 366.

PLOUCHART (Eugène), I, p. 97.

Plume (La), revue, I, p. 18, 239, 248, 379, 380, 406. II, p. 115, 116, 120, 174, 204, 256, 262, 404, 446, 467, 511, 534, 545.

POCQUET (Jean), gr., II, p. 221, 425.

Poème du Rhône (Le), de Mistral, ill. par P.-L. Moreau, II, p. 388.

POIDEBARD (W.), I, p. 313, 336, 344.

POIGNANT, marchand d'est., II, p. 23, 426.

POILLY (François de), gr., II, p. 426.

POILLY (Jean de), gr., II, p. 426.

POILLY (Louis de), I, p. 366.

POILLY (Nicolas de), gr., II, p. 426, 427.

POILLY (Nicolas-Jean-Baptiste de), gr., II, p. 427.

POINSINET DE SIVRY (L.), I, p. 35.

POINTE SÈCHE (Gravure à la), I, p. 58, 59, 64, 207, 209. II, p. 98, 223, 265, 345, 436, 462, 463.

POINTILLÉ (Gravure au), I, p. 72.

POIRÉ (Emmanuel), *dit* CARAN D'ACHE. *Voir* : Caran d'Ache.

POIRIER (Fr.), gr., I, p. 112.

POITIERS (Vienne). — Collections, I, p. 176-177.

POITOU (Estampes relatives au), I, p. 308.

Poitou et Vendée, ouvrage de B. Fillon et O. de Rochebrune, II, p. 371.

POIZE (Pierre), gr., I, p. 308.

POLAIN (M.-L.), I, p. 266, 284.

POLICAR (Claude), gr., II, p. 427.

Polichinelle (Le), lith. de Manet, II, p. 353.

POLLET (Florence), gr., II, p. 427.

POLLHAMMER (K.), II, p. 90.

POLIGNAC (De), I, p. 366.

POLIGNAC (Anne de), comtesse de LA ROCHEFOUCAULD. *Voir* : La Rochefoucauld.

POLLAK (Oskar), I, p. 288.

POLLARD (Alfred W.), I, p. 272, 277.

Pologne (Portrait du roi de), gr. par Baléchou, II, p. 17-19.

POLVEREL, I, p. 366.

POLYTYPAGE, I, p. 99.

POLYTYPE (Imprimerie) de Hofmann, I, p. 134. II, p. 272-273.

POMAIROLS (Famille), I, p. 366.

POMEL (Claude-Joseph), gr., II, p. 427.

POMMEREUL (Général), I, p. 37, 158.

POMMIER (Alexandre), I, p. 176.

POMPADOUR (Mme de), amateur, II, p. 427-428.

POMPADOUR (Le Style), II, p. 123.

POMPES FUNÈBRES, I, p. 160.

PONCE (Nicolas), gr., I, p. 37, 39, 252. II, p. 119, 385, 389, 411, 428-429.

PONCE (Paul), p., II, p. 246.

PONCET (Jean-Baptiste), p., gr. et lith., II, p. 142, 429.

PONCETTON (François), II, p. 399, 400.

PONCHEVILLE (André-M. de), II, p. 93.

PONS (D^r), II, p. 510.

PONS (A.-J.), II, p. 110.

PONS (Amilda-A.), II, p. 96.

PONSAINPIERRE (Dominique de), seigneur DU PÉRON. *Voir :* Du Péron.

PONSONAILHE (Charles), II, p. 60, 342.

PONT-DE-L'ARCHE (LE) (Seine-Inférieure), II, p. 308.

Pont-Neuf (Le), poème, I, p. 407.

PONTAURY (Jacques), II, p. 467.

PONTCHARTRAIN (Comte de), amateur, II, p. 429.

PONTHIEU (Musée du), I, p. 163, 164.

PONTHUS-CINIER (Antoine-Claude Cinier, *dit*), p. et gr., II, p. 429.

PONTIER (Henri), I, p. 164.

POPELIN (Claudius), I, p. 288.

POPHAM (A. E.), II, p. 197.

PORCABŒUF (Collection), I, p. 152.

Porcelaine (Histoire artistique de la), aquarelles par J. Jacquemart, II, p. 286.

PORCHER (R.), II, p. 25.

PORÉE (Abbé), I, p. 355, 397.

PORT (Célestin), I, p. 425.

PORT (Etienne), I, p. 425.

PORT-ROYAL (Abbaye de), I, p. 238.

PORTS (Vues de), I, p. 254.

Ports de France (*Les*), p. par J. Vernet, II, p. 530.

PORTALIS (Baron Roger), I, p. 29, 71, 234, 235, 265, 269, 423. II, p. 218, 231, 273, 288.

PORTE-AFFICHES, I, p. 379.

Portement de croix, gr. sur bois, XIVe s., I, p. 82.

PORTIER DE BEAULIEU (A.), I, p. 44, 196, 197. II, p. 268.

Portières (*Les*), est. par Cl. Gillot, II, p. 247.

PORTRAITS, I, p. 155, 160, 205, 213, 215, 226, 229-249, 250. II, p. 225, 396, 397, 398, 404, 406, 429.

PORTRAITS de femmes sous les trois Républiques, I, p. 218.

PORTRAITS (La Gravure de) au XVIIIe siècle, I, p. 55.

PORTRAITS gravés publiés dans l'*Artiste*, I, p. 48.

POTÉMONT (Adolphe-Martial), dit *Martial*, gr., I, p. 62, 63. II, p. 429.

POTIER (A.-J.), I, p. 182.

POTIERS d'étain, I, p. 114.

POTRELLE, marchand d'est., I, p. 136.

POTTIER (A.), p. 295.

POTTIER (F.), I, p. 243.

POUILLET (Eugène), I, p. 108.

POULBOT, dess. et lith., II, p. 430.

POULET-MALASSIS (A.), I, p. 264, 300, 325.

POULLENOT (Pedro), II, p. 172.

POUSSIN (Nicolas), p., II, p. 64, 430.

POUSSIN (GASPRE-). *Voir :* Dughet (Gaspard).

POUX (THIERRY-). *Voir :* Thierry-Poux.

POUY (Ferdinand), I, p. 251, 268, 402, 417, 420. II, p. 264, 505.

POWER (Vve), II, p. 432.

PRADELLE (J.), II, p. 466.

PRANG (Louis), I, p. 95, 206.

PRAULT (Les), impr.-lith., II, p. 422.

PRÉAU (BEAUVAIS DE). *Voir :* Beauvais de Préau.

PREISSIG (Vogt), I, p. 73.

PRÉMEAUX (MACHECO DE). *Voir :* Macheco de Prémeaux.

PREMIÈRE (Georges), I, p. 284.

PRÉMONTRÉ (Estampes relatives au monastère de), I, p. 260.

Présent (*Le*), revue, I, p. 385.

Presse (La), journal, II, p. 254, 292, 382.

PRESSES d'imprimerie en taille-douce, I, p. 59, 60, 120, 126, 128, 129, 130.

PRESSES lithographiques, I, p. 90.

PRESSIGNY (MÉNAGE DE). *Voir :* Ménage de Pressigny.

Pressoir (Le Divin), gr. du XVIIᵉ s., I, p. 412.

PREUX (A.), I, p. 256. II, p. 192, 505.

Preux (Les Neuf), est., I, p. 408, 409.

PRÉVET (C.), II, p. 364.

PRÉVOST (Abbé). — *Manon Lescault*, ill. par T. Johannot, I, p. 292. II, p. 292.

PRÉVOST (Benoît-Louis), gr., I, p. 56, 189. II, p. 430.

PRÉVOST (Jacques), p. et gr., II, p. 430-431.

PRÉVOST (Nicolas), p. et gr., II, p. 431.

PREZEL (LACOMBE DE). *Voir :* Lacombe de Prezel.

PRIDEAUX (S. T.), I, p. 68, 275.

PRINCESSES artistes, I, p. 424.

PRINET (Max), I, p. 208, 209.

Print Collector's Quarterly (The), revue américaine, I, p. 18, 50, 51, 54, 98, 101, 281, 282. II, p. 10, 27, 38, 54, 67, 131, 146, 154, 155, 197, 239, 271, 282, 285, 286, 303, 327, 328, 337, 348, 359, 370, 374, 375, 380, 388, 390, 397, 398, 452.

Print Connoisseur (The), revue, II, p. 33, 67, 74, 251, 263, 288, 295, 328, 455.

PRIX des estampes, I, p. 25, 140, 141, 142, 144.

PRIX DÉCENNAUX, I, p. 189. II, p. 36.

PRIX DE ROME, I, p. 147, 148, 149.

PRIX GUSTAVE DORÉ (Grand), I, p. 282, 286.

Procession de la Ligue, est., I, p. 251.

PROFIT (Georges), I, p. 51, 65, 87.

PROGRAMMES, I, p. 405, 413, 414.

Progrès artistique (Le), II, p. 225.

PROPRIÉTÉ littéraire et artistique, I, p. 106, 107, 108, 135.

PROSPECTUS, I, p. 405, 416.

PROST (Bernard), II, p. 306, 501.

PROST DE GRANGEBLANCHE, I, p. 366.

PROTAT (Bois), I, p. 78.

PROTECTION des ouvrages d'art, I, p. 107.

Proust (Antonin), i, p. 45, 204, 205. ii, p. 353, 437.

Prouvé (Victor), gr., i, p. 67. ii, p. 432.

Provence. — Graveurs provençaux, i, p. 431. ii, p. 450, 510. — Ex-libris, i, p. 315, 318, 325, 329, 334, 338, 340, 342, 348, 350, 354, 356, 357, 362, 364, 373, 374.

Province. — Expositions, i, p. 185. — Musées et Bibliothèques, i, p. 163-183.

Prudhomme (Sully-). *Voir*: Sully-Prudhomme.

Prudhon (Pierre-Paul), p. et gr., i, p. 41. ii, p. 409, 432-434, 543.

Prunelé (Cte de Bizemont-). *Voir:* Bizemont-Prunelé.

Pucelle (René), i, p. 366. ii, p. 500.

Puech (Lucien), ii, p. 270, 546.

Puissant (G.), ii, p. 149.

Puvis de Chavannes (Pierre-Cécile), p., i, p. 214. ii, p. 434.

Puy-de-Dome (Ex-libris du Département du), i, p. 315.

Puy de La Batie (Octave), i, p. 367.

Puy Du Roseil (Pierre-Benoît), i, p. 367.

Puy-en-Velay (Le) (Haute-Loire). — Musée, i, p. 177. — Fabrication des cartes à jouer, i, p. 400.

Puyo (Edmond), i, p. 174.

Pyat (X.), ii, p. 349.

Pyramides (Les), ii, p. 157.

Pyrénées (Voyage aux), par H. Taine, i, p. 293. ii, p. 180.

Pyrogravure, ii, p. 262.

Quantin (Léon), i, p. 302, 305, 309, 310, 317, 321, 328, 330, 331, 333, 341, 352, 360, 367, 368, 374, 375. ii, p. 119, 214, 419.

Quarré-Reybourbon (L.), i, p. 257, 275. ii, p. 184, 482.

Quatre vérités (Les), image populaire, i, p. 409.

Quatremère de Quincy, i, p. 36, 37, 136. ii, p. 37, 201.

Quelques-unes, quinze croquis de Parisiennes, gr. par Malo Renault, ii, p. 352.

Quenaidit (Adolphe), i, p. 304.

Quénédey (Edme), p. et gr., i, p. 230. ii, p. 434.

Quénioux (Gaston), i, p. 284.

Quentin-Bauchart (Ernest), i, p. 300, 387.

Quentin de Lorangère, amateur, ii, p. 82, 434.

Querenet (De), II, p. 384.

Quesnel (Jacques), I, p. 109.

Queux de Saint-Hilaire (Mᵢˢ de), II, p. 404.

Quevedo (F. de), II, p. 533.

Quillebé(Charles-François),gr., II, p. 434.

Quillivic (René), gr. sur bois, I, p. 81.

Quimper (Finistère). — Collège des Jésuites, I, p. 417.

Quincy (Quatremère de). *Voir:* Quatremère de Quincy.

Quirielle (Roger de), I, p. 309.

Quittances d'artistes, I, p. 421.

Rabasse (Jean), dess. et gr., II, p. 435.

Rabelais. — Dessinateur, I, p. 385. — Ses portraits, I, p. 247.

Rabel (Jean), p. et gr., II, p. 435.

Rabier-Leriche (Dʳ), II, p. 125.

Rabot (Louis), gr., II, p. 435.

Racine. — Son portrait gr. par A. Jacquet, d'ap. Santerre, II, p. 287.

Racinet (Aug.), II, p. 137.

Radot(Vallery-).*Voir:*Vallery-Radot.

Raeymaekers (Dʳ), I, p. 328.

Raffaëlli (Jean-François), p. et gr., I, p. 31, 157, 424. II, p. 435-438, 495.

Raffet (Auguste), p. et lith., I, p. 91, 254. II, p. 40, 438-442.

Raffet fils (Auguste), II, p. 439.

Rahir (Edouard), éd., I, p. 267, 280, 282, 291. II, p. 442, 541.

Raimbault (N.-R.), gr., I, p. 81, 428. II, p. 442.

Raimondi (Marco Antonio), gr., I, p. 241.

Rais (Jules), I, p. 17.

Raisin (Frédéric), I, p. 316, 323, 325, 328, 333, 342, 343, 359, 367, 374. II, p. 119. — Son ex-libris, I, p. 367. II, p. 460.

Raitif de la Bretonne. *Voir :* Lorrain(Jean).

Rajon (Paul), gr., II, p. 442.

Rambert (E.), II, p. 81.

Rambosson (Yvanhoé), II, p. 94, 116, 532.

Ramiro (Erasthène). *Voir :* Rodrigues (Eugène).

Rancé (Flurand de). *Voir:* Flurand de Rancé.

Ranchin de Montaran (J.-Fr.), I, p. 367.

Rançon ou Ranson (Pierre), ornemaniste, II, p. 442-443.

RANSONNETTE (Charles-Nicolas), p. et gr., II, p. 443.

RAOUX (Jean), p., II, p. 212.

RAPILLY (Esnauts et), marchands d'est., I, p. 132, 133.

RAPINE (Maximilien), gr., II, p. 443.

Rappel (Le), journal, I, p. 194. II, p. 148, 149, 150, 226.

RASPAIL (F.-V.), I, p. 392.

RASSENFOSSE (Armand), gr., II, p. 466.

RAST DE MAUPAS, médecin, I, p. 367.

RATOUIS DE LIMAY (Paul), I, p. 279. II, p. 124, 176, 177.

RAUCOURT, de Charleville, I, p. 85.

RAULET (Lucien), I, p. 419.

RAVAULT (Ange-René), p., gr. et lith., II, p. 443.

RAYMOND (Michel), I, p. 384.

RAYMOND (Paul), I, p. 185.

RAYNAUD (FURCY-). *Voir:* Furcy-Raynaud.

RAYNAULT, p. et gr., II, p. 333, 443.

Ré (Siège de), est. par J. Callot, I, p. 162. II, p. 90.

RÉALISME (Le), I, p. 51.

RÉAU (Louis), I, p. 280.

REBELL (Hugues), II, p. 468.

RÉCEPTION des anciens académiciens (Morceaux de), I, p. 55, 146, 149.

RECRUTEMENT (Affiches de), I, p. 382.

REDON (Odilon), p., gr. et lith., I, p. 214. II, p. 444-449.

REDOUTÉ, gr., II, p. 169.

RÉFORME (La), I, p. 386.

REFUSÉS (Salon des) [1863], I, p. 192.

RÉGAMEY (Frédéric), gr., I, p. 264. II, p. 325.

RÉGAMEY (Raymond), II, p. 244, 514.

RÉGIMENTAIRES (Ex-libris), I, p. 306.

REGNARD DE GIRONCOURT (Henri-Antoine), II, p. 127.

REGNAULT (J.), gr., I, p. 338.

REGNAULT (Jean-Baptiste), p. et gr., I, p. 84. II, p. 201, 449.

REGNAULT (Nicolas-François), gr., I, p. 71.

REGNAULT-DELALANDE (F.-L.), II, p. 23, 24, 27, 37, 78, 114, 119, 124, 170, 280, 360, 407, 430, 455, 476.

REGNESSON (Nicolas), gr., II, p. 449-450.

REGNY (Mme), I, p. 367.

RÉGUSSE (Grimaldi), I, p. 329.

REHN (J.-E.), dess. et arch., II, p. 315.

REIBER (Ferdinand), I, p. 256, 260, 359. II, p. 488.

REID (G. W.), I, p. 397.

REIMS (Marne). — Bibliophiles, I, p. 329. — Ex-libris, I, p. 316, 329, 368. — Graveurs, II, p. 125, 396, 524. — Musée, I, p. 177. — Portraits, I, p. 238.

REINAUD (Marius), gr., II, p. 450.

RELLÉ, marchand cartier, I, p. 109.

REMACLE (A. de), I, p. 304, 305, 344, 345, 358, 376.

REMBRANDT, p. et gr., I, p. 45, 47.

REMOISNET père, marchand d'est., II, p. 450.

RÉMOND DE SAINTE-ALBINE, I, p. 70. II, p. 233, 317.

REMY (Germain - Barthélemy), gr., II, p. 450.

REMY (Pierre), II, p. 296.

RENAISSANCE (La), I, p. 50, 51, 55.

Renaissance (La) de l'Art français et des Industries de luxe, revue, I, p. 80, 228, 252, 280, 281, 282, 293, 382. II, p. 73, 95, 175, 179, 216, 223, 249, 388, 400, 403, 430, 433, 448, 514, 521, 529, 550.

RENAN (Ary), p., II, p. 401.

RENARD DE SAINT-ANDRÉ (Simon), p. et gr., II, p. 450.

RENAULD (L.-D.), I, p. 57.

RENAULT (MALO-). *Voir :* Malo Renault.

RENDU (Pierre), gr. sur bois, I, p. 132.

RENDUEL (Eugène), éd., I, p. 272. II, p. 450.

RENEFER, p. et gr., I, p. 83. II, p. 450.

RENI (Guido). — *L'Enlèvement de Déjanire*, gr. par Bervic, II, p. 36.

RENIER (J.), II, p. 519.

RENNES (Ille-et-Vilaine). — Musée, I, p. 177. — Imagerie populaire, I, p. 410.

RENOIR (Auguste), p. et gr., I, p. 31, 214. II, p. 451.

RENOUARD (Antoine-Auguste), I, p. 267.

RENOUARD (Augustin-Charles), I, p. 106.

RENOUARD (Paul), dess. et gr., I, p. 424. II, p. 213, 451-453.

RENOUARD (Ph.), I, p. 103, 266, 274.

RENOUVIER (Jules), I, p. 39, 40, 42, 229, 268, 296. II, p. 511, 518, 526.

RENTON (William), II, p. 181.

RÉPARATION des livres et gravures, I, p. 104, 273.

Repos (Le), gr. par A. Fabre, II, p. 203.

REPRODUCTION (Gravure de), I, p. 50, 51, 52, 66, 82.

REPRODUCTION des anciennes estampes, I, p. 104, 108.

RÉPUBLIQUE (La SECONDE), I, p. 390.

REQUIN (Abbé H.), II, p. 370.

RESBECQ (Vᵗᵉ H. de), I, p. 334, 363.

RESTAURANTS (Menus de), I, p. 414.

RESTAURATION (La), I, p. 386.

RESTAURATION des estampes, I, p. 104, 273.

RESTIF DE LA BRETONNE. — Éditions illustrées, I, p. 292.

RESTOUT (Jean-Bernard) fils, p. et gr., II, p. 453.

RETTÉ (Adolphe), I, p. 379.

Réunion dans un jardin, p. par G. de Saint-Aubin, II, p. 479.

Réunion des Sociétés des Beaux-Arts des départements, I, p. 18, 97, 165, 238, 270, 424, 427, 428, 430. II, p. 35, 50, 54, 166, 173, 187, 189, 196, 200, 229, 264, 274, 308, 319, 342, 347, 358, 389, 415, 416, 423, 455, 475, 482, 488, 524, 548.

REVERDINO (Gasparo). *Voir :* Reverdy (Georges).

REVERDY (Georges), gr., II, p. 453.

REVILLIOD (Alphonse), II, p. 346.

RÉVOLUTION FRANÇAISE (La), I, p. 42, 46, 251, 252, 253, 304, 384, 385, 386, 390. — Almanachs, I, p. 402, 403. — Vignettes de papiers administratifs et militaires, I, p. 419.

Révolution (Tableaux historiques de la), rec. d'est., I, p. 253.

RÉVOLUTION DE 1848, I, p. 392.

REVON (Louis), I, p. 378.

Revue (La), I, p. 381.

Revue alsacienne illustrée, II, p. 183, 191.

Revue blanche (La), II, p. 511.

Revue britannique, I, p. 293.

Revue de l'Art ancien et moderne, I, p. 18, 49, 66, 80, 81, 82, 83, 96, 97, 143, 152, 153, 207, 208, 209, 211, 213, 214, 215, 216, 217, 218, 219, 221, 225, 235, 243, 248, 252, 272, 282, 286, 292, 400, 413, 418. II, p. 5, 7, 8, 10, 24, 32, 33, 39, 45, 49, 56, 61, 62, 75, 77, 87, 98, 106, 107, 108, 111, 112, 113, 121, 126, 129, 133, 138, 144, 147, 160, 161, 165, 166, 167, 172, 174, 175, 180, 190, 201, 203, 205, 206, 211, 247, 262, 263, 264, 270, 272, 274, 275, 277, 287, 291, 295, 297, 298, 306, 311, 312, 315, 325, 326, 327, 329, 332, 337, 339, 340, 342, 347, 349, 350, 352, 368, 374, 380, 387, 391, 398, 400, 408, 416, 422, 452, 473, 478, 479, 498, 499, 501, 511, 515, 518, 525, 528, 538.

Revue de l'Art chrétien, I, p. 297. II, p. 346.

Revue de l'Art français ancien et moderne, II, p. 122, 123, 259, 264, 363, 505.

Revue de Paris, II, p. 93, 266, 277, 468, 508, 512.

Revue des Arts décoratifs, I, p. 18, 152, 271, 408, 515. II, p. 33, 53, 115, 327, 533.

Revue des Bibliothèques, I, p. 295. II, p. 118.

Revue des Deux-Mondes, I, p. 40, 41, 42, 91, 151, 216, 280, 288, 380. II, p. 53, 80, 83, 86, 105, 156, 181, 236, 268, 276, 380.

Revue des jeunes (La), I, p. 81, 225.

Revue des livres anciens, II, p. 526.

Revue des Revues, I, p. 380.

Revue encyclopédique, I, p. 19, 93, 95, 204, 205, 206, 235, 251, 253, 271, 272, 380, 388, 398, 403, 406, 410, 414, 415, 416. II, p. 37, 101, 106, 115, 227, 253, 255, 262, 269, 326, 367, 440, 454, 456, 457, 468, 528, 549.

Revue hebdomadaire, II, p. 216.

Revue illustrée, II, p. 115, 266.

Revue nocturne (La), lith. par Raffet, II, p. 441.

Revue politique et littéraire (Revue bleue), II, p. 374.

Revue populaire des Beaux-Arts, I, p. 19, 58, 162, 207, 208, 209, 381, 411, 414. II, p. 63, 87, 93, 106, 111, 135, 204, 227, 306, 326, 366, 383, 436, 454, 467, 538, 545, 549.

Revue rhénane, I, p. 81, 225, 277, 279. II, p. 143, 292.

Revue universelle, I, p. 78, 227, 274, 304, 410.

Revue universelle des Arts, I, p. 19, 70, 74, 76, 91, 107, 142, 146, 147, 187, 250, 251, 287, 289, 396, 430. II, p. 52, 53, 84, 121, 141, 143, 176, 180, 209, 234, 251, 257, 267, 308, 309, 314, 316, 328, 339, 343, 359, 363, 396, 426, 430, 484, 511, 529, 530.

Revue wagnérienne, II, p. 203, 444.

REY, I, p. 395.

REY (Etienne), p., lith. et gr., II, p. 79, 453.

REY (Robert), II, p. 70, 156, 239, 270, 307, 375, 448, 514, 519, 534.

REYBAUD (Louis), I, p. 384.

REYBOURBON (QUARRÉ-). *Voir :* Quarré-Reybourbon.

REYMOND (Marcel), I, p. 235. II, p. 5.

REYNARD (O.), dess. et gr., I, p. 414. II, p. 453.

REYNÈS, I, p. 146.

RHÉNANIE (Exposition d'art français en), I, p. 277.

Rhône (Le Poème du), de Mistral, ill. par P.-L. Moreau, II, p. 388.

Rhumbs, ouvrage de P. Valéry, I, p. 293. II, p. 520.

RIAT (Georges), I, p. 155, 208. II, p. 11, 45, 164, 204, 243, 441, 457.

RIBEYRE (Félix), II, p. 100.

RIBOT (Théodule), p. et gr., II, p, 453.

RICART (Louis-Étienne), I, p. 367.

RICCÉ (Cl.-M.-B. de), I, p. 367.

RICCI (Seymour de), I, p. 267, 278, 289, 295. II, p. 526.

RICEYS (LES) [Aube], II, p. 434.

RICHARD (Élie), I, p. 82. II, p. 249.

RICHARD (Paulin), II, p. 396, 521.

RICHEBÉ (R.), I, p. 315, 346, 373, 375.

RICHELIEU (Cardinal de). — Ses portraits, I, p. 247.

RICHEMOND (Duc de), I, p. 124.

RICHEPIN (Jean), I, p. 292, 379. II, 496.

RICHOMME, impr. en taille-douce, I, p. 131.

RICHOMME fils, I, p. 100.

RICHOMME (Joseph-Théodore), gr., II, p. 454.

RICHTER (Émile H.), I, p. 59.

RICKETTS (Charles), II, p. 328.

RICTUS (Jehan), II, p. 495.

RIEU (Henry), I, p. 367.

RIEUX (Le Président Bernard de), I, p. 367.

Riffaut (Adolphe-Pierre), gr., II, p. 455.

Rigal (Cᵗᵉ), amateur, II, p. 455.

Rigaud (Hyacinthe), p., II, p. 455.

Rigaud (Jacques), dess. et gr., I, p. 161, 255. II, p. 455-456.

Rinaldis (Adolfo de), II, p. 89.

Ringel, sc. et gr., II, p. 456.

Riotor (Léon), I, p. 72, 214. II, p. 92, 437.

Rioux-Maillou (Pedro), I, p. 415. II, p. 137, 320, 476.

Rip (Georges), II, p. 135, 376, 481, 498.

Ripert d'Alauzier (Mⁱˢ J.-J. de), I, p. 368.

Ris (Clément de). *Voir :* Clément de Ris.

Ris-Paquot, I, p. 30, 103, 104, 105.

Ritter (Franz), I, p. 415.

Ritter (William), II, p. 257, 457.

Rival (Paul), II, p. 400.

Rivalz (Antoine), p. et gr., I, p. 247. II, p. 456.

Rivalz (Bartolomé), gr., I, p. 247. II, p. 456.

Rivalz (Jean-Pierre et Antoine). — Leurs portraits, I, p. 247.

Rive (Abbé), I, p. 394.

Rives (Chanoine Roman de). *Voir :* Roman de Rives.

Rivier (Georges), I, p. 217, 219, 221, 222, 223.

Rivière (Henri), p., gr. et lith., I, p. 424. II, p. 456-458.

Rivières (Baron de), I, p. 412.

Rivoire (André), II, p. 511.

Rivoli (Duc de), I, p. 297.

Robaut (Alfred), II, p. 130, 131, 163.

Robaut (Félix), lith., II, p. 458.

Robécourt (Haussy de). *Voir :* Haussy de Robécourt.

Robelin (Charles), I, p. 50.

Robert (Le Prince), inventeur de la gravure en manière noire, I, p. 60, 61.

Robert (Antoine), p., II, p. 246.

Robert (Hubert), p. et gr., II, p. 458.

Robert (Jules), gr. sur bois, II, p. 458-459.

Robert (Karl), I, p. 64.

Robert (Léopold), p. et gr., II, p. 48, 459.

Robert (Nicolas), p. et gr., II, p. 459.

Robert (Paul), I, p. 198.

ROBERT-DUMESNIL, écrivain d'art et amateur, I, p. 26, 27, 28. II, p. 7, 16, 17, 20, 22, 24, 26, 28, 31, 32, 35, 39, 40, 42, 43, 44, 46, 50, 57, 58, 59, 60, 63, 64, 65, 71, 78, 79, 102, 107, 117, 125, 130, 132, 133, 134, 136, 138, 139, 140, 142, 144, 145, 157, 167, 173, 177, 184, 186, 188, 190, 191, 192, 193, 195, 196, 197, 198, 202, 211, 214, 217, 218, 221, 223, 229, 230, 240, 248, 249, 254, 255, 256, 265, 279, 299, 300, 301, 302, 305, 318, 322, 330, 331, 341, 342, 343, 344, 345, 346, 347, 354, 356, 363, 364, 365, 366, 375, 376, 377, 383, 384, 390, 396, 399, 402, 405, 407, 410, 411, 412, 414, 415, 416, 420, 421, 422, 423, 425, 430, 431, 435, 450, 456, 459, 471, 474, 480, 484, 485, 493, 498, 504, 518, 520, 521, 522, 523, 527, 534, 535, 537, 538, 539, 547. — Article sur lui, II, p. 460.

Robert Macaire, par H. Daumier, II, p. 154, 157.

ROBERT DE SERI (P.-P.-A.), p. et gr., II, p. 459-460.

ROBESPIERRE. — Ses portraits, I, p. 247, 248.

ROBIDA (Albert), p., gr. et lith., I, p. 274, 275, 367, 424. II, p. 460.

ROBIQUET (Jean), I, p. 259. II, p. 525.

ROBIN (Achille), I, p. 91.

ROBOLLY, II, p. 18.

ROCH (J. C. F.), I, p. 394.

ROCHARD (Simon-Jacques), p. et gr., II, p. 460.

ROCHE (Marcel), II, p. 311.

ROCHEBLAVE (Samuel), II, p. 96, 97, 120, 124, 274.

ROCHEBRUNE (BECHON DE). *Voir:* Bechon de Rochebrune.

ROCHEBRUNE (Cte Octave de), gr., II, p. 371, 461-462.

ROCHEBRUNE (TRÉMEAU DE). *Voir:* Trémeau de Rochebrune.

ROCHEFORT (Pierre de), gr., II, p. 462, 510.

ROCHEFORT (Charente-Inférieure). — Musée, I, p. 177.

ROCHEGROSSE (Georges), p., I, p. 274, 275, 379.

ROCHEGUDE (Mis d'AQUÉRIA DE). *Voir :* Aquéria de Rochegude.

ROCHELLE (LA) (Charente-Inférieure). — Musée, I, p. 178. — Vues, I, p. 260.

Rochelle (Siège de La), est. par J. Callot, I, p. 162. II, p. 90.

ROCHER (Edmond), I, p. 279.

Roches (Fernand), II, p. 470.

Rochette (Raoul), II, p. 454, 500.

Rochoux, marchand d'est., II, p. 462.

Rochoux (A.), I, p. 142, 232, 250.

Rod (Edouard), I, p. 201. II, p. 174.

Rodenbach (Georges), II, p. 37, 38.

Rodière (Roger), I, p. 370.

Rodin (Auguste), sc. et gr., I, p. 31, 379, 424. II, p. 21, 205, 437, 462-463.

Rodo (Ludovic), gr. sur bois, I, p. 80.

Rodrigues (Eugène) [Erasthène Ramiro], I, p. 274, 275. II, p. 323, 324, 335, 465, 466, 467, 468.

Rœdel, p. et lith., II, p. 463.

Rœttiers (François), p. et gr., II, p. 463-464.

Roffe (Alfred), II, p. 544.

Roffray (A. de), I, p. 350.

Roger (Barthélemy), gr., II, p. 464.

Roger (Claude), II, p. 546.

Roger-Marx (Claude). *Voir :* Marx (Claude-Roger).

Roger-Milès (L.), I, p. 159, 202, 274, 275. II, p. 111, 130, 145, 166, 287, 324, 368, 417, 533, 549.

Rogier (Camille), p., gr. et lith., I, p. 265. II, p. 464.

Rogier (Jean-François), I, p. 368.

Rohan (Cardinal de), II, p. 460.

Roland (Mme), II, p. 417.

Roland (Dr F.), II, p. 301.

Roland de Challerange (Les), I, p. 368.

Roland-Marcel (P.), administrateur général de la Bibliothèque nationale, I, p. 156, 157, 228. II, p. 550.

Roland furieux (Le), par L. Ariosto, I, p. 287.

Rolland (Henri), I, p. 366.

Rolland (Romain), I, p. 292. II, p. 33, 379.

Rolle, I, p. 384.

Rolle (F.), I, p. 174. II, p. 482.

Rollet (L.-L.-R.), gr., II, p. 464-465.

Rollin fils (Jacques), libr., I, p. 122. II, p. 186.

Romagnesi (Vergnaud-). *Voir :* Vergnaud-Romagnesi.

Romain, I, p. 211.

ROMAN (Joseph), I, p. 236. II, p. 472.

ROMAN DE RIVES (Chanoine J.-F.), I, p. 368.

Roman d'Artus, comte de Bretaigne, ms., I, p. 394.

ROMANET (Antoine-Louis), gr., II, p. 465.

ROMANS de chevalerie, I, p. 263.

ROMANTISME (Le), I, p. 43, 391. — Livres illustrés, I, p. 263, 264, 266, 267, 269, 270, 271, 272, 281, 283. II, p. 292, 450, — Illustrateurs de la musique, I, p. 418. — Planches de l'époque romantique formant la collection Gavard, I, p. 162. II, p. 234.

Romantisme (L'Age du), II, p. 464.

ROME (Italie), I, p. 74, 213, 424. II, p. 506, 507.

ROMETTE (E.), I, p. 91.

ROMIEUX (William), II, p. 260, 332.

ROMOFF (S.), I, p. 80.

RONCHAUD (Louis de), II, p. 226.

RONDEAU (Émile), I, p. 18.

RONDOT (Natalis), I, p. 77, 116, 428. II, p. 202, 217, 482, 483, 494, 508.

RONSARD. — *Le Sonnet pour Hélène*, ill. par A. Jacquin, II, p. 126, 287.

Ronsard et son temps, Exposition organisée à la Bibliothèque nationale, I, p. 156, 227.

ROOSEVELT (Blanche), II, p. 182.

ROPS (Félicien), p., gr. et lith., I, p. 64. II, p. 465-469.

ROQUEFORT (B. de), II, p. 523.

ROQUEPLAN (Camille), p. et lith., II, p. 237, 469.

RORET (Manuels), I, p. 57, 58, 59, 74, 87, 90, 91.

ROSASPINA, II, p. 36.

ROSE (J. Holland), I, p. 389.

ROSÉ DE CHAMPAVERT, I, p. 368.

ROSE-CROIX de Heredam de Kilwinning (Chapitre des), I, p. 305.

ROSENTHAL (Léon), conservateur du Musée de Lyon, I, p. 48, 51, 52, 81, 221, 284. II, p. 47, 68, 87, 154, 163, 239, 244, 255, 353, 354, 383, 516.

ROSEROT (A.), II, p. 54.

ROSIÈRES (JACOTIN DE). *Voir :* Jacotin de Rosières.

ROSMADEC (Sébastien de), I, p. 369.

ROSNY (J.-H.), II, p. 437.

ROSSET (Pierre-Fulcrand de), I, p. 293.

ROSSIGNEUX (Ch.), I, p. 295.

Rost, voiturier, I, p. 124.

Rost (C. C. H.), I, p. 24.

Rostan (Geneviève), dess. et gr., II, p. 470.

Rostand (Edmond), II, p. 312.

Rothe (H.), II, p. 157.

Rothenstein (W.), I, p. 94.

Rothschild (Collection Edmond de), I, p. 82.

Roton (Capitaine de), I, p. 314, 317, 325, 326, 327, 330, 332, 335, 338, 340, 341, 346, 348, 358, 362, 363, 364, 365, 366, 367, 370, 373. — Ses ex-libris, I, p. 369.

Rou (Jean), II, p. 359, 515.

Rouaix (Paul), I, p. 94, 201. II, p. 528.

Rouanet (Léo), II, p. 444.

Rouault (Georges), p., gr. et lith., II, p. 470.

Roubaix (Nord). — Musée, I, p. 178.

Roubille (A.), dess. et gr., I, p. 382. II, p. 470.

Rouchès (Gabriel), I, p. 55, 287, 293. II, p. 164, 388, 507.

Rouen (Seine-Inférieure), I, p. 109, 110, 121, 122, 123. II, p. 362. — Bibliothèque, I, p. 227. — Ecole de dessin, II, p. 390.

— Exposition de 1896, I, p. 206. — Graveurs, I, p. 431. — Lithographes, I, p. 92, 194. — Musée, I, p. 240. — Musée d'estampes, I, p. 178-179. — Vues, I, p. 260. II, p. 17.

Rouget (Hébert), II, p. 131.

Roujon (Henri), II, p. 162.

Rouleaux lithographiques, I, p. 88.

Roullet (Jean-Louis), gr., I, p. 147. II, p. 470.

Roumens, I, p. 169.

Rouot (Nicolas), I, p. 369.

Rouquet (Achille), II, p. 470.

Rouquet (Auguste), II, p. 470.

Rouquet (Jane), II, p. 470.

Rousseau (Gabriel), II, p. 216, 277.

Rousseau (Jacques), p. et gr., II, p. 471.

Rousseau (Jean), II, p. 130.

Rousseau (Jean-Jacques), I, p. 293. — Ses portraits, I, p. 248. — Amateur d'estampes, II, p. 471.

Rousseau (Maurice), éd. et marchand d'est., I, p. 83. II, p. 134, 346, 419.

Rousseau (Théodore), p., gr. et lith., I, p. 31, 218. II, p. 265, 380, 471.

Rousseaux (Alfred-Emile), gr., II, p. 471-472.

Rousselet (Gilles), gr., II, p. 472.

Rousselet (Jacob), gr., II, p. 472.

Rousset (Henri de), gr., II, p. 472.

Roussy (Toussaint), I, p. 170.

Roustan (Emile), lith., II, p. 472.

Rouveyre (André), dess. et gr., II, p. 472-473.

Rouveyre (Edouard), I, p. 273.

Roux (Alphonse), II, p. 52, 488.

Roux (Géo), II, p. 430.

Roux (Marcel), gr., II, p. 52, 473.

Roux (Marcel), bibliothécaire au Cabinet des Estampes, I, p. 156, 251.

Roux (V.), I, p. 58.

Rowe (Henry S.), I, p. 303.

Roy (Léon), II, p. 227.

Roy (Maurice), II, p. 138.

Roy (Pierre-Marcel), p. et gr., II, p. 473.

Royat (Les Sources de), gr. par P. Huet, II, p. 276.

Roye de La Rochefoucauld de Roucy (Famille), I, p. 369.

Royer (Charles), I, p. 173.

Roza (Gaude), ill., II, p. 473.

Rubens, p., I, p. 111. II, p. 501.

Rudaux (Edmond), p. et gr., I, p. 274-275. II, p. 473.

Rude (François), sc. et gr., I, p. 31. II, p. 474.

Rue (Une) à Châlon-sur-Saône, gr. par Ch. Maldant, II, p. 352.

Ruet (Louis), gr., II, p. 474.

Ruettenauer (Benno), II, p. 468.

Ruffe (Léon), I, p. 17.

Ruines dans la gravure de la Renaissance (Le Thème des), I, p. 55.

Ruisdael (Jacob), p. et gr. — *Le Buisson*, gr. par Daubigny, II, p. 145.

Rumann (Arthur), II, p. 154, 155, 183.

Ruolz (Charles-Joseph de), I, p. 369.

Ryeul (Jean), I, p. 277.

Sabbathier, II, p. 523.

Sablet (Les), p., gr. et dess., II, p. 474.

Sablet (François), dit *le Romain*, II, p. 474.

Sablet (Jacques), le jeune, p., II, p. 474.

Sablon (Pierre), dess. et gr., II, p. 474.

SABLON (Vincent), II, p. 474.

SABOT DE PIZEY (F.), archevêque de Lyon, I, p. 369.

SABOURIN DE NANTON, I, p. 409, 410.

Sacre de Louis XIII (Le), ouvrage, I, p. 252.

Sacre de Louis XIV (Le), ouvrage, I, p. 252.

Sacre de Louis XV (Le), ouvrage, I, p. 296.

Sacre de Louis XVI (Le), ouvrage, I, p. 234.

SADLEIR (Michael), II, p. 156.

SAGLIO (André), II, p. 147.

SAGLIO (E.), I, p. 293. II, p. 180.

SAGOT (E.), marchand d'est., I, p. 203, 379. II, p. 125, 336.

SAINT-AMAND (DUFLOS DE). *Voir:* Duflos de Saint-Amand.

SAINT-AMANS (BOUDON DE). *Voir:* Boudon de Saint-Amans.

SAINT-ANDIOL (Abbé de VARADIN DE). *Voir :* Varadin de Saint-Andiol.

SAINT-ANDRÉ (Claude), I, p. 241.

SAINT-ANDRÉ (RENARD DE). *Voir:* Renard de Saint-André.

SAINT-ARROMAN (Raoul de), p. 63. II, p. 338.

SAINT-AUBIN (Les), I, p. 41. II, p. 474-475.

SAINT-AUBIN (Augustin de), gr., I. p. 29, 71, 290. II, p. 213, 475-477.

SAINT-AUBIN (Charles-Germain de), dess. et gr., II, p. 477.

SAINT-AUBIN (Gabriel de), p. et gr., I, p. 71, 258. II, p. 477-479.

SAINT-AUBIN (G. de), écrivain d'art, I, p. 381.

SAINT-BARTHÉLEMY (GASQUET DE). *Voir :* Gasquet de Saint-Barthélemy.

SAINT-BERTIN (Abbés de), I, p. 304.

SAINT-BRIEUC (Côtes-du-Nord). — Musée, I, p. 179.

SAINT-CLAUDE (Jura), II, p. 306.

SAINT-CYR (Maison royale de). — Ex-libris de la bibliothèque, I, p. 316.

SAINT-DIDIER (HUBERT DE). *Voir:* Hubert de Saint-Didier.

SAINT-DIÉ (Vosges). — Musée, I, p. 179.

SAINT-DIZIER (Haute-Marne). — Musée, I, p. 179.

SAINT-ESPRIT (ORDRE DU), I, p. 154.

SAINT-ESTÈVE (Cte de Baschi-), I, p. 321.

SAINT-ETIENNE (Loire). — Musée, I, p. 180.

SAINT-EUSÈBE (HANUS DE). *Voir:* Hanus de Saint-Eusèbe.

SAINT-ÈVE (Jean-Marie), gr., II, p. 480.

SAINT-FRESNE (GONON DE). *Voir:* Gonon de Saint-Fresne.

SAINT-GEORGES (GUILLET DE). *Voir:* Guillet de Saint-Georges.

SAINT-GEORGES (Henri de), II, p. 104.

SAINT-GERMAIN (GAULT DE). *Voir:* Gault de Saint-Germain.

SAINT-GERMAIN (LOTTIN DE). *Voir:* Lottin de Saint-Germain.

SAINT-HILAIRE (Jules de), I, p. 211, 213, 214, 215, 216, 217, 219, 220, 221, 381. II, p. 66, 67, 111, 531, 533, 534.

SAINT-HILAIRE (Marquis de QUEUX DE). *Voir :* Queux de Saint-Hilaire (Marquis de).

SAINT-IGNY (Jean de), p., sc. et gr., II, p. 480.

SAINT-JEAN-DE-LUZ (Arrêt de), I, p. 112.

SAINT-JULIEN (BAILLET DE). *Voir:* Baillet de Saint-Julien.

SAINT-JUST (MERARD DE). *Voir:* Merard de Saint-Just.

SAINT-LÉGER (GEILLE DE). *Voir:* Geille de Saint-Léger.

SAINT-LÉGER (MERCIER DE). *Voir:* Mercier de Saint-Léger.

SAINT-LÔ (Manche). — Musée, I, p. 180.

SAINT-MALO (Ille-et-Vilaine). — Collections artistiques, I, p. 180.

SAINT-MARCEL (Edme), gr., II, p. 480-481.

SAINT-MARTIN (GRENIER DE). *Voir:* Grenier de Saint-Martin.

SAINT-MAUR (DU PRÉ DE). *Voir:* Du Pré de Saint-Maur.

SAINT-MICHEL (Artistes chevaliers de l'ORDRE DE), I, p. 421, 422.

SAINT-NON (Abbé de), gr., II, p. 481.

SAINT-OMER (Pas-de-Calais), II, p. 371.

SAINT-PAUL (Firmin), fabricant de fausses cartes, I, p. 132.

SAINT-PÉTERSBOURG. *Voir :* Leningrad.

SAINT-PIERRE, dominicain et amateur d'est., II, p. 481.

SAINT-SANTIN (De), I, p. 42.

SAINT-SIMON (Cte de). — Ses cartes à jouer, I, p. 397.

Saint-Victor (Bissuel de). *Voir:* Bissuel de Saint-Victor.

Saint-Victor (Paul de), I, p. 294. II, p. 181.

Saint-Victor (Pierre de), I, p. 233. II, p. 235.

Saint-Vincent (Mme de). — Son portrait gr. par Romanet, II, p. 465.

Saint-Yenne (La Font de). *Voir:* La Font de Saint-Yenne.

Saint-Yves (Léoffroy de). *Voir* : Léoffroy de Saint-Yves.

Sainte-Albine (Rémond de). *Voir:* Rémond de Sainte-Albine.

Sainte-Beuve, II, p. 359, 529.

Sainte-Claire, I, p. 381.

Sainte-Croix (Camille de), II, p. 495.

Sainte Face (La), gr. par Cl. Mellan, II, p. 370.

Sainte Famille (La), gr. par E. Le Sueur, II, p. 342.

Sainte Geneviève, gr. par Baléchou, d'ap. C. Vanloo, II, p. 18.

Sainte-Marie Perrin, II, p. 52.

Saintes (Charente-Inférieure). — Musée, I, p. 180.

Saints Martyrs du Japon, gr. attribuée à J. Callot, II, p. 85.

Salabert (Firmin), p. et lith., II, p. 481.

Salaman (Malcolm C.), I, p. 54, 73, 140.

Salgues (J.-B.), I, p. 394, 395.

Salières (Paul-Narcisse), I, p. 100.

Sallanches (Léon), II, p. 182.

Sallé (Mademoiselle), danseuse. — Ses portraits gr. par Petit d'apr. Fenouil, I, p. 248. II, p. 416.

Sallé (Pierre), p. et gr., II, p. 481.

Salleron (Georges), coll., I, p. 370, 372. II, p. 482.

Salmon (Adolphe), gr., II, p. 218, 482.

Salmon (André), I, p. 392. II, p. 226, 298, 447, 514.

Salomé (Émile), p. et gr., II, p. 482.

Salomé (Louis), gr., II, p. 482.

Salomon (B^on de), I, p. 370.

Salomon (Bernard), dit *le Petit Bernard*, p. et gr., II, p. 482.

Salomon (Émile), I, p. 306, 307, 313, 317, 318, 319, 322, 323, 324, 330, 331, 332, 333, 334, 335, 336, 337, 338, 339, 340, 342, 344, 345, 349, 350, 351, 352, 355, 356, 357, 360, 361, 362, 365, 367, 368, 369, 370, 372, 375. II, p. 101, 352.

SALOMONS (Vera), II, p. 119, 200, 258.

SALONS, I, p. 185-228, 234, 235, 259, 286, 388, 424, 429, 430. II, p. 291.

SALPERWICK (Jean-Philippe de), I, p. 370.

SALVRAING DE BOISSIEU (Denys de), bibliophile, II, p. 419.

SALVÉTAT, I, p. 71, 100.

SALY (Jacques), sc. et gr., II, p. 483.

SAMBIN (Hugues), arch., sc. et gr., II, p. 483.

SAN FRANCISCO (Exposition de) [1915], I, p. 224.

SAND (George), I, p. 202. II, p. 80, 81. — Son portrait gr. par Calamatta, II, p. 80.

SANDER (M.), I, p. 282, 286.

SANSON (Lucien-Emile), gr., II, p. 484.

SANTERRE (Jean-Baptiste), p. — Son *Racine* gr. par A. Jacquet, I, p. 287.

SANZIO (Raffaëllo), p. — *La Vierge à la Chaise*, gr. par Calamatta, II, p. 80, 81.

SAÔNE-ET-LOIRE (Portraits des députés de) en 1789, I, p. 238.

SAPIN (Léon), II, p. 100.

SARCEY (Francisque), II, p. 246. — Son ex-libris, I, p. 370.

SARLOVÈZE (FOURNIER). *Voir :* Fournier-Sarlovèze.

SARRABAT (Isaac), p. et gr., II, p. 484.

SARRADIN (Edouard), I, p. 214. II, p. 205, 457.

SARRET (Les), I, p. 370.

SARRON (Louis de), I, p. 370.

SARS (Famille de), I, p. 370.

SARTINE (Gabriel de), I, p. 370. II, p. 165.

SARTOR (Mme M.), I, p. 177.

Satire Manippée (La), I, p. 251.

SATTLER, II, p. 468.

SAUGRAIN (Claude-Marin), I, p. 122.

SAULCY (CAIGNART DE). *Voir :* Caignart de Saulcy.

SAULNIER (René), I, p. 411. — Sa collection d'images populaires, I, p. 411.

SAUMERY (DE LA CARRE DE). *Voir :* La Carre de Saumery.

SAUNIER (Charles), I, p. 95, 159, 205, 214, 219, 279, 281, 282, 290, 380. II, p. 22, 33, 38, 73, 152, 158, 205, 294, 329, 346, 452, 467, 495, 508, 537, 545.

SAUVAGE (A.-Georges), I, p. 159.

SAUVAGE (Louis-Frédéric), II, p. 496.

SAUVAN (Philippe), p. et gr., II, p. 484.

SAVART (Pierre), gr., II, p. 462, 484.

SAVE (G.), II, p. 333.

SAVENAY, II, p. 272.

SAVÉRIEN (Alexandre), I, p. 68, 371. II, p. 221.

SAVIGNY DE MONCORPS (Vte de), I, p. 403, 404, 407, 413.

SAVOIE (Portraits de la Maison de), I, p. 239.

Savoyards (Paysans), gr. par A. Jacques, II, p. 287.

SAVOYE (Les), dominotiers, II, p. 485.

SCALBERGE (Pierre), p. et gr., II, p. 485.

SCELLÉS d'artistes, I, p. 421.

Scène des carrosses, p. par Cl. Gillot, II, p. 247.

SCEY, I, p. 371.

SCHALL (F.-J.), p., II, p. 100, 485.

SCHAUENBURG (Baron de), II, p. 549.

SCHÉFER (Gaston), I, p. 162. II, p. 51, 387, 476.

SCHEIKEVITCH (S.), I, p. 47. II, p. 486.

SCHIERVELDE (Aybert VAN HUERNE, seigneur de), I, p. 305.

SCHIFFER, I, p. 279.

SCHMIDT (Georges-Frédéric), gr., II, p. 485-486.

SCHMIDT (Karl Eugen), I, p. 382.

SCHMIED (François-Louis), p. et gr., I, p. 81, 225, 281, 289. II, p. 486, 550.

SCHMIT (J.-A.), I, p. 252.

SCHMITT (Jean-E.), II, p. 445.

SCHNEIDER (René), I, p. 51, 55, 276, 288.

SCHNERB (J.-F.), p., gr. et écrivain, II, p. 48, 383, 486.

SCHŒBEQUE (Lenglé de), I, p. 354.

SCHOLZ, I, p. 96.

SCHŒPFLIN (Johann Daniel), I, p. 75.

SCHREIBER (Lady Charlotte), I, p. 398.

SCHREIBER (W. L.), I, p. 30.

SCHULER (Théophile), p. et gr., II, p. 486.

Schumann (Un morceau de), par Fantin-Latour, II, p. 206.

SCHUYLER VAN RENSSELAER (Mrs.), II, p. 76, 372, 379.

Schwendt (François-Ignace), I, p. 371.

Schytte (E.), I, p. 297.

Scotin (Louis-François), gr., II, p. 486.

Séailles (Gabriel), II, p. 93, 94, 495, 540.

Seaver (Henry L.), II, p. 154.

Sébastien (Saint), tableau attribué à J. Callot, II, p. 88.

Sébillot (Paul), I, p. 414. II, p. 149.

Séché (Léon), I, p. 50. II, p. 58, 107, 179, 277, 292, 393.

Second (Henri), I, p. 77, 424.

Sedaine, II, p. 479.

Séditieuses (Estampes), I, p. 235.

Sedeyn (Emile), II, p. 264, 318, 352, 499.

Séez (Orne), I, p. 374.

Segard (Auguste), I, p. 92.

Segonzac (Dunoyer de). *Voir :* Dunoyer de Segonzac.

Seguin (Armand), p. et gr., II, p. 487.

Seguins-Vassieux (M�milᵉ de), I, p. 371.

Seidlitz (W. von), I, p. 108, 297. II, p. 205.

Seignette Des Marais, médecin, I, p. 371.

Seine (Estampes relatives au Département de la), I, p. 259.

Sélincart (Henriette). — Son portrait p. par Ch. Le Brun, II, p. 490.

Sellius, I, p. 22.

Sem, caricaturiste, I, p. 388.

Sembat (Marcel), II, p. 129.

Semur (Côte-d'Or). — Musée, I, p. 180.

Senatus optimo principi, est., I, p. 124.

Sénéchal (F.), I, p. 207.

Senefelder (Aloys), inventeur de la lith., I, p. 84, 89, 90, 98. II, p. 330.

Senefelder (Knecht-). *Voir :* Knecht-Senefelder.

Senemaud (Ed.), I, p. 268. II, p. 526.

Senlis (Oise). — Musée, I, p. 181.

Senneville (P.), II, p. 40.

Sens (Georges), I, p. 308, 343. — Son ex-libris, I, p. 371.

Sens (Yonne). — Graveurs sur bois sénonais, I, p. 76, 431. — Imprimeurs, I, p. 269. — Patrie de J. Cousin, II, p. 136-138.

Senseney (Georges), p. et gr., ii, p. 5o9.

Sensier (Alfred), ii, p. 378.

Sentenac (Paul), i, p. 81. ii, p. 74, 442.

Séon (Antoine, *dit* Joanny), gr., ii, p. 487.

Serais, avocat, i, p. 371-372.

Seraucourt (Claude), gr., ii, p. 487.

Sergent-Marceau (Antoine-François), gr., ii, p. 91, 487-488.

Seri (Robert de). *Voir :* Robert de Seri.

Serieys (Musée), à Aurillac, i, p. 166.

Seroux d'Agincourt (J.-B.-L.-G.), i, p. 423.

Serpent (Le), emblème des médecins, i, p. 3o8.

Sertat (Raoul), ii, p. 106, 116, 454.

Servières (Georges), i, p. 418.

Servin, avocat général du Roi, i, p. 110.

Seubert (A.), i, p. 29.

Seuil (Branche de). *Voir :* Branche de Seuil.

Seul, pointes-sèches par L. Boris, ii, p. 52.

Seupel (Jean-Adam), gr., ii, p. 488.

Séverine (Mme), ii, p. 215, 270.

Sevin (Pierre-Paul), dess., ii, p. 488.

Sèvres (S.-et-O.), ii, p. 69.

Seyler (Gaston A.), i, p. 3o2.

Seymour-Haden (F.), gr., ii, p. 39, 374.

Shakespeare, ii, p. 108.

Sherard (Robert), ii, p. 468.

Shuyler Van Rensselaer (M^rs), ii, p. 76, 372, 379.

Siècle (Le), journal, ii, p. 133, 324, 336, 445, 452, 532.

Siècle de Louis XIV (Le), exposition organisée à la B. N., en 1927, i, p. 157, 228.

Sièges de Ré et de La Rochelle (Les), est. par J. Callot, i, p. 162. ii. p. 90.

Sienne (Vieille rue à), gr. par V. Lochelongue, ii, p. 347.

Sieurin (J.), i, p. 269.

Siger, i, p. 3o1.

Signol, ii, p. 217.

Sigoyer (Laidet de). *Voir :* Laidet de Sigoyer.

Silhouettes, i, p. 23o, 235.

SILVESTRE (Armand), II, p. 44, 136, 174.

SILVESTRE (E. de), II, p. 489.

SILVESTRE (G.), I, p. 62.

SILVESTRE (Israël), gr., II, p. 488-489.

SILVESTRE (Louis), l'aîné, p., II, p. 490.

SILVESTRE (Louis de), le jeune, p., II, p. 490.

SILVESTRE (Nicolas-Charles), p. et gr., II, p. 491.

SILVESTRE (Suzanne-Elisabeth), gr., II, p. 491.

SIMÉON (Fernand-Henri), gr. sur bois, II, p. 491.

SIMON (J.-J.), I, p. 311, 317, 324, 325, 327, 332, 337, 341, 354, 357, 359, 371.

SIMON (Jacques), p. et gr., II, p. 491.

SIMON (Jules), II, p. 503.

SIMONI (H.-Ernest), II, p. 205.

SIMONNEAU (Charles), gr., II, p. 491.

SIMONNEAU (Louis), gr., II, p. 491.

SIMPSON (Th.), I, p. 144.

SINGER (Hans Wolfgang), I, p. 31, 281, 307. II, p. 215, 317.

SINGER (Samuel Weller), I, p. 394.

SIROUY (Achille), lith., II, p. 492.

SISLEY (Alfred), p. et gr., I, p. 31. II, p. 492.

SISSON (THIÉBAULT-). *Voir :* Thiébault-Sisson.

SIVRY (POINSINET DE). *Voir :* Poinsinet de Sivry.

SLATER (J. Herbert), I, p. 139, 275.

SLODTZ (René-Michel, *dit* Michel-Ange), sc. et gr., II, p. 492.

SMIRKE (Robert), II, p. 291.

SMYTH (G. Ingram), I, p. 144.

SOCARD (Alexis), I, p. 269, 296.

SOCIÉTÉ artistique de la gravure sur bois, I, p. 226.

SOCIÉTÉ d'encouragement aux Beaux-Arts d'Anvers, I, p. 196.

SOCIÉTÉ d'iconographie parisienne, I, p. 219, 258. II, p. 230.

SOCIÉTÉ de Gravure française, I, p. 212.

SOCIÉTÉ de l'histoire de l'Art français, I, p. 14, 147, 421, 422, 425. II, p. 11, 12, 18, 25, 27, 29, 36, 140. — Voir aussi : *Archives de la Société de l'histoire de l'Art français* et *Bulletin de la Société de l'histoire de l'Art français.*

SOCIÉTÉ de la Gravure originale en couleurs, I, p. 213, 214, 223.

Société de la Gravure originale en noir, I, p. 228.

Société de la Gravure sur bois originale, I, p. 79, 81, 83, 222, 223, 225.

Société des amis de l'eau-forte, I, p. 65, 223.

Société des amis des arts, I, p. 188. II, p. 56.

Société des amis des livres (Annuaire de la), I, p. 72, 269, 281, 288, 289. II, p. 34, 181, 199, 288, 292, 465.

Société des antiquaires de l'Ouest, I, p. 177.

Société des aquafortistes français, I, p. 62, 64, 281.

Société des artistes graveurs, I, p. 136.

Société des artistes graveurs au burin, I, p. 64, 201, 202, 208.

Société des artistes graveurs originaux, I, p. 220.

Société des médecins bibliophiles, I, p. 280.

Société des peintres et graveurs de « Paris », I, p. 217, 221, 222, 223.

Société des peintres-graveurs belges, II, p. 131.

Société des peintres-graveurs français, I, p. 48, 202, 203, 208, 217, 219, 220, 222, 223, 225.

Société des peintres-graveurs indépendants, I, p. 227.

Société des peintres-lithographes, I, p. 48, 96, 97, 207, 215, 217, 218, 219, 220.

Société française de gravure, I, p. 42, 43, 46.

Société internationale chalcographique, I, p. 44.

Société internationale de la gravure originale en noir, I, p. 48, 216, 217.

Société « Le Livre Contemporain », I, p. 285.

Société libre des Beaux-Arts, I, p. 136.

Société libre des sciences, arts et belles-lettres de Paris, I, p. 37.

Société lyonnaise des amis de la gravure, I, p. 224.

Société nationale d'encouragement pour l'industrie nationale, I, p. 86.

Société pour l'étude de la Gravure française, I, p. 13, 50. II, p. 447, 508.

Société protectrice des animaux, I, p. 381.

Société républicaine des Arts, I, p. 36, 37.

Sociétés de graveurs, I, p. 45.

Sociétés des Beaux-Arts, I, p. 424.

Sociétés des Beaux-Arts des Départements (Réunions des), I, p. 18.

Soissons (Cᵗᵉ de), II, p. 424.

Soissons (Aisne). — Musée, I, p. 181.

Soisy-sous-Etiolles (S.-et-O.), II, p. 36.

Soleil (Félix), I, p. 297.

Soleil (Le), journal, II, p. 75, 440.

Soloviov (N.), I, p. 49.

Solveen (Henri), gr., II, p. 492.

Somm (Henry Sommier, dit), gr., II, p. 492.

Somme (Département de la). — Estampes relatives à ce département, I, p. 260. — L'Imprimerie dans ce département, I, p. 268.

Son (Nicolas de), gr., II, p. 492.

Songe de Poliphile (Le), par F. Colonna, I, p. 288.

Songes drolatiques de Pantagruel, I, p. 385.

Sonnet pour Hélène (Le), de Ronsard, ill. par A. Jacquin, II, p. 126, 287.

Sonnets et eaux-fortes, ouvrage, I, p. 296.

Sonnets francs-comtois, II, p. 348.

Sonnini, II, p. 13, 59.

Sonyer Du Lac de La Tour (Hector), I, p. 372.

Soubies (Albert), I, p. 148. II, p. 220, 269, 270, 361.

Souchon (Louis), dess. et gr., II, p. 492.

Souëf (Charles), I, p. 372.

Soulange-Bodin (H.), II, p. 455.

Soulange-Teissier (Louis-Emmanuel), lith., II, p. 493.

Soulavie (Jean-Louis), coll., I, p. 250. II, p. 493.

Soulié (E.), I, p. 145.

Soulier (Gustave), II, p. 16, 98, 327, 457.

Soullié (Louis), I, p. 139.

Soullier (Eugène), I, p. 72.

Soumy (Joseph-Paul-Marius), gr. et p., II, p. 493.

Soupault (Philippe), II, p. 97.

Sources de Royat (Les), gr. par P. Huet, II, p. 276.

Sourches (Louis-François Du Bouchet, marquis de), dess. et gr., II, p. 493.

SOUTHERELL, II, p. 356.

Souvenirs d'Italie, par P.-E. Colin, II, p. 126.

SOYER (L.-C.), I, p. 39.

SPARKES (John C. L.), I, p. 45.

SPARRE (Cte Louis), gr., p. 494.

SPARROW (Walter Shaw), II, p. 317, 463.

SPECTACLES (Affiches de), I, p. 409.

SPÉVILLE (DOGER DE). *Voir :* Doger de Spéville.

SPHINX de Gizeh (Le), II, p. 157.

SPIELMANN (J.-R.), I, p. 372.

SPIERRE (François), p. et gr., II, p. 494.

SPIRINX (Les), gr., II, p. 494.

SPIRINX (Louis), gr., II, p. 419, 494.

SPOELBERCH DE LOVENJOUL (Vte de), II, p. 383.

SPORT (Estampes de), I, p. 416.

SPRINGER (Jaro), I, p. 72, 73.

STAHL (P.-J.), I, p. 291.

STANISLAS AUGUSTE, roi de Pologne, II, p. 403.

STANLEY (George), I, p. 28.

STAPART, I, p. 68.

STAPHORST (J.), II, p. 445.

STATUE D'ARGENT (Loterie de la), I, p. 190.

STECK (Paul), I, p. 59, 66, 79, 97.

STEIN (Henri), I, p. 188, 246. II, p. 95, 158.

STEINLEN (Alexandre), p., gr., et lith., I, p. 274, 275, 382, 424, 494.

STELLA (Les), II, p. 64.

STELLA (BOUZONNET-). *Voir :* Bouzonnet.

STELLA (Jacques), p. — *La Passion,* gr. par Cl. Bouzonnet-Stella, II, p. 64. — *Les Jeux et Plaisirs de l'enfance,* gr. par le même, II, p. 64.

STENGELIN (Alphonse), p. et gr., II, p. 498.

STÉPHANE (Marc), II, p. 166.

STEPHENS (F. G.), II, p. 442.

STÉRÉOTYPIE, I, p. 99.

STEVENS (Palamèdes), p., II, p. 332.

STEVENSON (R. A. M.), I, p. 44.

STEYERT (A.), gr., I, p. 321. II, p. 415, 548.

STIPPLE, I, p. 72.

STŒCKLIN (Paul de), I, p. 81.

STOCKHOLM (Suède). — Bibliothèque royale, II, p. 479.

Stokes (Hugh), ii, p. 373.

Strange (Robert), i, p. 40.

Strasbourg (Bas-Rhin). — Ex-libris de l'Université, i, p. 316. — Graveurs, ii, p. 488, 549. — Vue par Merian, i, p. 260.

Stratégie, i, p. 253.

Striedbeck, gr., i, p. 372.

Strizek (Stefanie), ii, p. 237.

Strobel (August), ii, p. 469.

Strohl (D.), ii, p. 400.

Strutt (Joseph), i, p. 23, 24.

Studio (*The*), revue anglaise, i, p. 19, 66, 72, 79, 94, 97, 221, 223, 259, 282, 303, 413, 417. ii, p. 49, 66, 73, 91, 93, 98, 131, 204, 207, 208, 248, 257, 265, 266, 284, 305, 317, 327, 335, 336, 379, 391, 424, 436, 437, 451, 457, 463, 494, 495, 528, 532.

Style Pompadour, ii, p. 123.

Suarès (André), i, p. 282. ii. p. 294.

Suasso (Aug.), ii, p. 177.

Subleyras (Pierre), p. et gr., ii, p. 498.

Sudre (Jean-Pierre), lith., ii, p. 498.

Suffren (Ex-libris de l'un des), i, p. 372.

Suffren (Bailli de). — Ses portraits, i, p. 248.

Sully-Prudhomme, i, p. 389.

Sulpis (Emile), gr., ii, p. 498.

Surgères (Marquis de Granges de). *Voir:* Granges de Surgères.

Surmay, ii, p. 150.

Surugue (Louis), père, gr., ii, p. 499.

Surugue (Pierre-Louis), fils, gr., ii, p. 499.

Sutaine (Maxime), i, p. 426. ii, p. 125, 384, 396, 449, 492.

Suvée (Joseph-Benoît), p., ii, p. 443.

Swarte (Victor de), ii, p. 35.

Syber (Jean), impr., ii, p. 499.

Sydney (Exposition de) [1879], i, p. 194.

Sykes (Frederick H.), i, p. 402.

Symons (Arthur), ii, p. 445.

Tabarant, i, p. 101, 160. ii, p. 101, 224, 232, 253, 353, 375.

Tabatières, i, p. 417.

Tableaux (Gravure des), i, p. 136, 157.

Tableaux de Mission bretons, i, p. 412.

Tableaux historiques de la Révolution, recueil, i, p. 253.

Tableaux historiques des campagnes d'Italie, rec., I, p. 136. II, p. 290.

TACHES sur les estampes (Enlèvement des), I, p. 104.

TACQUENET (Léon), I, p. 62.

TAGLIONI (Marie). — Son portrait lith. par Sudre, d'ap. Salabert, II, p. 481, 498.

TAIÉE (Alfred), gr., I, p. 63. II, p. 499.

TAIGNY (Edmond), II, p. 282.

TAILHADE (Laurent), II, p. 437, 495.

TAINE (Hippolyte), I, p. 293.

TAINTURIER (Jean), libr., I, p. 69.

TAL (F. del), I, p. 409. II, p. 240.

TALMA. — Son portrait gr. par Lignon, d'ap. Picot, II, p. 346.

TALMEYR (Maurice), I, p. 380.

Tambour (Le), de Nanteuil, d'ap. Callot, II, p. 90, 398.

TANCHON (Louis), I, p. 279.

TAPIÉ DE CELEYRAN (Dr), II, p. 514.

TAPISSERIES (Sujets de), gr. par S. Leclerc, II, p. 320.

TAQUOY (Maurice), gr., II, p. 499.

TARABIÈS DE GRANDSAIGNES (E.), II, p. 490.

TARAVAL (Jean-Gustave), p. et gr., II, p. 499.

TARBES (Hautes-Pyrénées). — Musée, I, p. 181.

TARDIEU (Les), gr., II, p. 499-500.

TARDIEU (Alexandre), II, p. 120, 500.

TARDIEU (Ambroise), I, p. 229, 236, 238, 309, 315.

TARDIEU (Charles), II, p. 236.

TARDIEU (Jacques-Nicolas), gr., I, p. 366. II, p. 500.

TARDIEU (Nicolas), II, p. 118.

TARDIEU (Pierre-Alexandre), gr., II, p. 500-501.

TARDIVON (Jacques de), chanoine, I, p. 372.

TARIBLE (L.), I, p. 279.

TARN-ET-GARONNE (Estampes relatives au Département du), I, p. 260.

TAROTS, I, p. 109, 111, 137, 393, 394, 396, 397.

TASCHEREAU, II, p. 487.

TASSAERT (Octave), p., lith. et gr., II, p. 501.

TASSAERT (Philippe-Joseph), gr., II, p. 501.

TASSIN (Les), I, p. 372.

TASSO (Torquato), I, p. 293.

TATTEGRAIN (Francis), p. et gr., I, p. 375. II, p. 501.

TATTEGRAIN (Henry), I, p. 281. II, p. 474.

TAUNAY, p., I, p. 71.

TAUSIN (Henri), I, p. 299, 315, 333, 355.

TAVERNIER, gr., I, p. 189.

TAVERNIER (Melchior), impr. en taille-douce, I, p. 110. II, p. 501-502.

TAYLOR (A.), I, p. 221, 223.

TAYLOR (Ed. S.), I, p. 396.

TAYLOR (Isidore-Justin-Séverin, baron), amateur, I, p. 94, 293. II, p. 502-504.

TEISSIER (Octave), I, p. 172, 248, 310, 431.

TEISSIER (SOULANGE-). *Voir :* Soulange-Tessier.

Télémaque (Le), ouvrage de Fénelon, I, p. 289. II, p. 508.

TEMPELAERE (F. et J.), II, p. 25.

TEMPESTI (Domenico), gr., II, p. 395.

Tempête (La), gr. par Baléchou, d'après J. Vernet, II, p. 18.

Temps (Le), journal, I, p. 42, 44, 81. II, p. 74, 172, 183, 226, 256, 268, 283, 284, 336, 436, 440, 448, 451, 471, 486, 496.

Tentation de saint Antoine (La), par Odilon Redon, II, p. 445, 447, — par F. Rops, II, p. 466.

TENTURE (PAPIER DE). *Voir :* Papier peint.

TÉROUANNE (Pierre), gr., I, p. 429. II, p. 504.

TERRE-NEUVE (Château de), II, p. 461.

TERREUR (La), I, p. 304, 353.

TERRISSE (Abbé F.-C.), I, p. 372.

TERSAN (Abbé de), I, p. 251.

TERSAN (CAMPION DE). *Voir :* Campion de Tersan.

TESSE (Paul), II, p. 531.

TESSIER (André), I, p. 252. II, p. 34.

TESSIN (Cᵗᵉ de). — Son roman : *Faunillane ou l'Infante jaune*, II, p. 54.

TESTARD (Maurice), II, p. 351.

TESTELIN (Henri), p. et gr., II, p. 504.

TESTELIN (Louis), p. et gr., II, p. 504.

TEXIER (Edmond), II, p. 235.

TEYSONNIÈRES, II, p. 462.

THACKERAY (W. M.), II, p. 154.

THAULOW (Fritz), p. et gr., I, p. 424.

THAURIÈS (Victor de), II, p. 151.

THAUSING (Moriz), II, p. 86.

THÉÂTRE. — Almanachs et annuaires, I, p. 404. — Dessins et estampes, I, p. 155. — Portraits, I, p. 232, 233. — Programmes, I, p. 413.

THÉODORE, p. et gr., II, p. 504.

THÉODORE (L.), I, p. 373.

THÉOPHILE, I, p. 65.

THÉRIVE (J.-L.), II, p. 216.

THÉRY DE GRICOURT (Adrien), gr., II, p. 505.

THÈSES, I, p. 417. II, p. 342.

THÉVENARD (Pierre), impr. en taille-douce, p. 123.

THÉVENIN (Charles), p. et gr., II, p. 505.

THÉVENIN (Jean-Charles), fils, gr., II, p. 505.

THÉVENIN (Léon), I, p. 274, 275, 279, 282. II, p. 473.

THÉVENON (Louis-Gaspard), gr., II, p. 505.

THIBAUDEAU (A.-W.), II, p. 325.

THIBAUDEAU (Francis), I, p. 277, 279, 373.

THIÉBAULT-SISSON, I, p. 81, 197, 387. II, p. 74, 256, 436, 448, 486, 509.

THIEME (Ulrich), I, p. 32.

THIERRAT (Augustin-Alexandre), p. et lith., II, p. 506.

THIERRAT (Th.), II, p. 506.

THIERRY-POUX (O.), I, p. 271.

THIERS (Adolphe), I, p. 85. II, p. 261, 506.

THIÉRY, II, p. 273.

THIÉRY (Claude-Emile), gr., I, p. 304. II, p. 506.

THIES (Louis), I, p. 183.

THILLAYE, I, p. 74.

THIOLLIER (Mlle), II, p. 52.

THIOLLIER (F.), II, p. 52.

THIRY (Léonard), p. et gr., II, p. 506.

THOISY (MOREL DE). Voir : Morel de Thoisy.

THOMAS (Les), I, p. 373.

THOMAS (A.-J.-B.), p. et lith., II, p. 506-507.

THOMAS (Félix), arch. et gr., II, p. 507.

THOMAS (Henri), coll., II, p. 479.

THOMAS (Louis), II, p. 512.

THOMAS (Thomas H.), I, p. 235. II, p. 398, 455.

THOMASSIN (Les), gr., I, p. 408. II, p. 507.

THOMASSIN (Philippe), gr., I, p. 507-508.

THOMIN (M.-B. de), I, p. 354.

THOMSON (D. Croal), II, p. 131.

Thoré (Théophile), I, p. 15. II, p. 80.

Thorel (Octave), I, p. 390.

Thosse-Mollien (François de), I, p. 373.

Thubert (Emmanuel de), I, p. 81. II, p. 74, 442.

Thurneysen (Les), gr., II, p. 508.

Tiepolo (Les), p. et gr., I, p. 52. II, p. 46.

Tiersonnier (T.-Philippe), I, p. 309, 375.

Tietze-Conrat (E.), I, p. 55.

Tilanus (J. W. R.), II, p. 346.

Tillac (J.-P.), gr., II, p. 508.

Tilliard, libr., II, p. 476.

Tilliard (Jean-Baptiste), gr., I, p. 289. II, p. 508.

Timbrage des estampes, I, p. 137.

Timbres-poste, I, p. 58.

Tirant (Dom Edmond), I, p. 373.

Tirpenne (J.-L.), I, p. 91.

Tissandier (Gaston), I, p. 76, 401.

Tissier (Edmond), II, p. 331.

Tissier (Louis), I, p. 89.

Tissiérographie, I, p. 89.

Tissot (Jean-Jacques), p. et gr., II, p. 509.

Titien (Le). *Voir :* Vecellio (Tiziano).

Titres de livres, I, p. 270. — de musique, I, p. 417-418. II, p. 376.

Tokio (Japon), II, p. 451.

Tomassin de Montbel (B^{on} de), I, p. 349.

Tombolas, I, p. 412.

Tomel (Guy), II, p. 440.

Tonquédec (H. de), I, p. 303, 353.

Tooth and Sons, I, p. 220.

Topié (Michel), impr., II, p. 509.

Topographie, I, p. 255-261. II, p. 109, 455.

Toro (J.-Bernard), sc. et gr., II, p. 510.

Tortebat (François), p. et gr., II, p. 510.

Tortorel (Jacques), gr., II, p. 96, 415.

Tory (Geoffroy), p., gr. et impr., II, p. 510-511.

Toscan (Raoul), I, p. 81.

Touchet (Mgr), évêque d'Orléans, I, p. 320, 373.

Toudouze (Gabriel), arch. et gr., II, p. 511.

Toudouze (Georges), II, p. 458, 511.

Toul (Meurthe-et-Moselle). — Ex-libris, I, p. 316.

Toulon (Var). — Artistes toulonnais, I, p. 431. II, p. 312.

Toulouse (H^te-Garonne). — Bois à imprimer des billets de spectacle, I, p. 79. — Église des Carmes, I, p. 251. — Incunables imprimés dans cette ville, I, p. 274. — Musée, I, p. 181. — Société de gravure, II, p. 168. — Vues, I, p. 260-261.

Toulouse-Lautrec (Henri de), p., gr. et lith., I, p. 31, 214, 382. II, p. 511-515.

Toulouze (Eugène), II, p. 544.

Touraine (Artistes de la), I, p. 432.

Tourneux (Maurice), I, p. 19, 47, 185, 215, 241, 244, 264, 266, 300, 328, 370, 389. II, p. 45, 63, 104, 122, 164, 259, 277, 286, 288, 357, 373, 389.

Tournier (P.), II, p. 457.

Tournus (Saône-et-Loire). — Ex-libris tournusiens, I, p. 316, 351. — Musée, I, p. 181.

Tours (Indre-et-Loire). — Artistes tourangeaux, I, p. 224, 432.

Toutin (Jean), orf. et gr., II, p. 515.

Trahan (Philippe-Nicolas), I, p. 124.

Tralage (Nicolas de), I, p. 373.

Tranchant (C.), gr., I, p. 224.

Tranchau, II, p. 521.

Trannoy, I, p. 44.

Transports lithographiques, I, p. 89, 90.

Trappe d'Igny (La), ouvrage ill. par P.-A. Bouroux, II, p. 61.

Travaux (Les) et les Jours d'Hésiode ill. par P.-E. Colin, II, p. 126.

Travers (Émile), II, p. 50.

Traves (Abigaïl Mathieu, baronne de), I, p. 358.

Traviès de Villers (Charles-Joseph), caricaturiste, I, p. 385. II, p. 515-516.

Trechsel (Jean), impr., II, p. 516.

Tremblot de La Croix (Famille), I, p. 373.

Trémeau de Rochebrune (A.), I, p. 396.

Tremeuge de La Roussière (Vte de), I, p. 347, 363.

Trémolière (Pierre-Charles), p. et gr., II, p. 516.

Trévédy (J.), I, p. 417.

Trévern (Mgr Lepappe de). Voir: Lepappe de Trévern.

Trévoux, II, p. 52.

Trichon (Auguste), gr. sur bois, II, p. 516.

Tricou (Jean), I, p. 3ı3, 329, 366, 372.

Tridenti (Carlo), II, p. 3ı, 89.

Trimolet (A.-C.-H.), p. et gr., I, p. 385. II, p. 5ı6.

Trimolet (Louis-Joseph), p. et gr., II, p. 5ı7.

Trimolet (Collection), à Dijon, I, p. ı72.

Triomphes de Louis le Juste (Les), ouvrage, II, p. 5ı9.

Trinquere de La Greffe (Samuel de), I, p. 373.

Trioson (Girodet-). *Voir :* Girodet-Trioson.

Trois-Evéchés (Les Ex-libris dans les), I, p. 3ı6.

Troisième Invasion (La), eaux-fortes de Lançon pour le livre de Véron, II, p. 3o6.

Trompe-l'œil, I, p. 4ı8.

Troncenort (Bᵒⁿ Chaubry de). *Voir :* Chaubry de Troncenord.

Tronchin (Dʳ), I, p. 374.

Tronquoy (Amable), II, p. 238.

Tronquoy (Lucien), II, p. 238.

Troubat (Jules), I, p. 42.

Trouvain (Antoine), gr., I, p. ıı7, 404. II, p. 5ı7.

Troy (François de), p. et gr., II, p. 5ı8.

Troy (Jean de), p. et gr., II, p. 5ı8.

Troy (Jean-Baptiste de), p. et gr., II, p. 5ı8.

Troyes (Aube). — Bateleurs troyens, I, p. 379. — Cartes à jouer, I, p. 398. — Dominotiers troyens, I, p. 77. II, p. 485. — Graveurs, I, p. 432. II, p. 5o7, 5o8. — Éditions troyennes des *Cris de Paris*, I, p. 407. — Imprimeurs, I, p. 267. — Livres liturgiques imprimés dans cette ville, I, p. 296.

Truchet (Abel), p. et gr., II, p. 5ı8.

Trudaine, I, p. 374.

Trudon (Famille), I, p. 374.

Trudon (Hierosme-Martin), p. et gr., II, p. 5ı8.

Trudon Des Ormes, I, p. 3o6, 43ı. II, p. 5ı8.

Truesdell (Winfred Porter), II, p. 33.

Truquage, I, p. ıo5.

Truth, II, p. 338.

Tryon-Montalembert (Mⁱˢ de), I, p. 36o.

Tschaschlau (Waldamar von), I, p. 269.

Tudot (Edmond), lith., I, p. 86. II, p. 5ı8.

TUDOT (Procédé) [lithographie à la manière noire], I, p. 86.

TUETEY (Alexandre), I, p. 149. II, p. 275.

TURGOT (Dominique - Barnabé), évêque de Séez, I, p. 374.

TURGY (Henry de), gr., II, p. 519.

TURPIN (Georges), II, p. 142.

TURPIN (Jean), gr., II, p. 519.

TURPIN DE CRISSÉ, II, p. 237.

Turquie (*Impressions de*), par A. Lunois, II, p. 350.

TYPOLITHOGRAPHIE, I, p. 87.

UDINE (Jean d'), II, p. 204.

ULMÈS (Renée d'), II, p. 174, 175.

UNGHERINI (Aglauro), I, p. 235.

UNION centrale des Arts décoratifs, I, p. 81, 270.

Univers (*L'*), journal, II, p. 225.

UPPSALA (Suède). — Bibliothèque de l'Université, I, p. 184. II, p. 370.

UTRILLO (Maurice), p. et lith., II, p. 519.

UZANNE (Octave), I, p. 14, 17, 18, 71, 94, 239, 241, 242, 266, 271, 272, 274, 275, 301, 303, 379, 380. II, p. 65, 76, 77, 101, 115, 128, 208, 209, 238, 257, 266, 376, 390, 437, 460, 466, 467, 495, 511, 522, 545.

VACCINE (Estampes sur la), I, p. 389, 413.

Vachalcade (*La*), lith. par Mesplès, II, p. 376.

VACHON (Marius), I, p. 58, 389. II, p. 86, 100, 149.

VACQUERIE (Auguste), II, p. 150, 163.

VAGNONVILLE (FOUCQUES DE). *Voir:* Foucques de Vagnonville.

VAILLAT (Léandre), I, p. 220, 221, 277, 279. II, p. 66, 346.

VAISSEAUX, I, p. 254.

VALABRÈGUE (Antony), I, p. 408, 424. II, p. 33, 35, 48, 53, 246, 247, 356.

VALBELLE (De), I, p. 374.

VALDOR (Les), gr., II, p. 519.

VALDOR (Jean), II, p. 519.

VALDRUCHE (Eugène), I, p. 408, 418.

VALENCE (Drôme). — Musée, I, p. 181.

VALENCIENNES (Nord). — Musées, I, p. 182. — Musée Carpeaux, II, p. 92.

VALENTIN (Jean de BOULLONGNE, dit le), p. et gr., II, p. 520.

VALERIO, dess. d'affiches, I, p. 383. II, p. 520.

VALÉRIO (Théodore), p. et gr., II, p. 520.

VALÉRY (Paul), écrivain et gr., I, p. 293. II, p. 520-521.

VALETTE (A.), I, p. 93, 96.

VALETTE (Georges), I, p. 279.

VALLARDI (Fr. Santo), I, p. 141.

VALLÉE (Alexandre), dess. et gr., II, p. 521.

VALLÉE (J.), II, p. 290.

VALLEMONT (Abbé de), II, p. 319.

VALLERY-RADOT (Jean), archiviste de la Société des Nations, I, p. 157, 228, 405. II, p. 89, 110, 121, 398, 475, 490, 500.

VALLET (Guillaume), gr., II, p. 521.

VALLET (Jérôme), II, p. 521.

VALLET (Pierre), dess. et gr., II, p. 521.

VALLET DE VIRIVILLE, I, p. 102, 408, 409.

VALLETTE (René), II, p. 212, 461.

VALLIN (Robert), gr., II, p. 522.

VALLOTTON (Félix), p. et gr., I, p. 379. II, p. 522.

VALLOU DE VILLENEUVE (Julien), p. et gr., II, p. 522.

VALMALE (Dr GUÉRIN DE). Voir : Guérin de Valmale.

VALMIÈRE (Henri), I, p. 94, 96, 143, 211. II, p. 35, 87, 106, 174, 193, 231, 320, 321, 458, 467, 492, 537.

VALMONDOIS, II, p. 151, 152.

VALMY (Estampes relatives à la bataille de), I, p. 253.

VALMY-BAYSSE (J.), II, p. 183, 546.

VALNEY, acteur, II, p. 516.

VALOGNES (Manche). — Collège, II, p. 76.

VALOTAIRE (Marcel), I, p. 281, 307. II, p. 73, 249, 367.

VALTIER (A.), II, p. 104.

VANCY (DUCHÉ DE). Voir : Duché de Vancy.

VAN DEN CORPUT (Dr), I, p. 303.

VANDENDYCK (Daniel), p. et gr., II, p. 522.

VANDENZANDE (L.-F.-J.), I, p. 141.

VANDÉREUR (Fernand), I, p. 283.

VAN DER STRATEN, I, p. 408.

VAN DER VEER (Lenore), II, p. 266.

VANDERVINCK (Adolphe), décorateur, II, p. 482.

VANEL (Gabriel), I, p. 310.

VAN FREY (Jan Pieter), gr., II, p. 523.

Van Geluve (Léon), ii, p. 3i3.

Van Gennep (A.), i, p. 411.

Van Huerne (Aybert), seigneur de Schiervelde, i, p. 3o5.

Vanloo (Carle), p. et gr., ii, p. 18, 5a3.

Vanloo (Louis-Michel), p., ii, p. 478.

Van Marcke, p., ii, p. 111.

Van Muyden (Evert), p. et gr., i, p. 67.

Van Rensselaer (Mrs King), i, p. 398.

Van Rensselaer (Mrs Shuyler), ii, p. 76.

Van Schuppen (Pierre-Louis), gr., i, p. 249. ii, p. 5a3.

Vantoux (Pagel de). *Voir :* Pagel de Vantoux.

Varadier de Saint-Andiol (Abbé de), i, p. 33a, 374.

Varènes (Les), i, p. 374.

Varenne (Les), i, p. 375.

Varenne (Alexandre), ii, p. 249.

Varenne (Gaston), i, p. 228. ii, p. 125, 126, 514, 542.

Varin (Les), gr., ii, p. 169, 5a3-5a4.

Varin (Adolphe), gr., i, p. 68, 258. ii, p. 112, 119, 242, 249, 254, 524.

Varin (Amédée), gr., ii, p. 5a4, 5a5.

Varin (Eugène), gr., ii, p. 5a4, 5a5.

Varlot, i, p. 267, 269.

Varusoltis. *Voir :* Varlot.

Vaschalde (Maurice-Auguste), p. et gr., ii, p. 5a5.

Vaslin (Les), i, p. 375.

Vasnier (Collection Henry), à Reims, i, p. 177.

Vasselot (Marquet de). *Voir :* Marquet de Vasselot.

Vatel (C.), i, p. 248.

Vaucaire (Maurice), ii, p. 159.

Vaudoyer (Jean-Louis), i, p. 81. ii, p. 8, 108, 298, 3o6, 5i3, 546.

Vaulgrenant (Général de), ii, p. 3a1.

Vaunois (Louis), ii, p. 452.

Vauprivas (Du Verdier de). *Voir :* Du Verdier de Vauprivas.

Vauthier (G.), ii, p. 159.

Vaux (Cadet de). *Voir :* Cadet de Vaux.

Vauxcelles (Louis), i, p. 80, 175, 382. ii, p. 63, 69, 216, 267, 3i1, 399, 438, 449, 472, 514.

Veber (Jean), p. et lith., ii, p. 5a5.

Veber (Pierre), I, p. 413.

Veca, II, p. 246.

Vecellio (Viziano), p., I, p. 82.

Véder (Eugène), p. et gr., I, p. 259. II, p. 525.

Velay (Ex-libris du), I, p. 312, 316.

Vendée, II, p. 212.

Vendée (Poitou et), ouvrage de B. Fillon et O. de Rochebrune, II, p. 371.

Vendôme (Louis, duc de). — Ses portraits gr. par A. Masson, I, p. 248. II, p. 365.

Vendôme (Loir-et-Cher). — Artistes vendômois, I, p. 224.

Venise (Livres liturgiques imprimés à), I, p. 297.

Ventes d'estampes et de livres, I, p. 36, 138, 139, 140, 141, 142, 143, 265, 267, 271.

Vénus marine, lith. par T. Chassériau, II, p. 108.

Vera (André), II, p. 525.

Vera (Paul), p. et gr., I, p. 284. II, p. 525-526.

Vérard (Antoine), impr. et gr., I, p. 268, 295. II, p. 526.

Verdier (François), p. et gr., II, p. 527.

Verdun (Meuse). — Cartes à jouer, I, p. 397. — Portraits, I, p. 237, 238.

Vergé-Sarrat (Henri), p. et gr., II, p. 527.

Vergennes (Cte de). — Son portr. gr. par Gaucher, d'ap. Moreau, II, p. 230, 385.

Vergès (Abbé Jean-Thècle de), I, p. 375.

Vergnaud, I, p. 74.

Vergnaud - Romagnesi (C.-F.), II, p. 41.

Vérien (Nicolas), gr., I, p. 69. II, p. 527.

Vergnes (Camille), lith., II, p. 527.

Vergniaud. — Ses portraits, I, p. 248.

Verlaine (Paul). — Ses portraits, I, p. 248.

Verloren (Collection), II, p. 317.

Vernet (Mme), née Moreau, II, p. 385.

Vernet (Les), p., II, p. 387, 527-528.

Vernet (Carle), p. et lith., I, p. 385. II, p. 528-529.

Vernet (Horace), p. et lith., I, p. 91, 106. II, p. 409, 529.

Vernet (Joseph), p. et gr., I, p. 125, 256. II, p. 18, 176, 530.

Verneuil (M.-P.), I, p. 72, 73, 382. II, p. 91, 287, 470.

Vernier (Émile), lith., II, p. 530-531.

Vernis, I, p. 59, 60, 61.

Vernis mou (Gravure au), I, p. 64, 68. II, p. 161.

Vernisy (Les), I, p. 375.

Vernon (Eure), II, p. 413.

Véron (Eugène), II, p. 105, 123, 163, 428, 451. — Son livre : *La Troisième Invasion*, II, p. 306.

Véron (Pierre), II, p. 149, 150, 151.

Veron Du Poyet (Abbé L.), I, p. 375.

Verre (Procédés sur), I, p. 101.

Versailles (S.-et-O.). — Château. La gravure des peintures de la grande Galerie, II, p. 491.

Vertus, suite gr. par A. Chevallier, II, p. 118.

Vesme (Alessandro), I, p. 239.

Vestris (Mme), I, p. 346.

Vétérinaire (Estampes sur la médecine), I, p. 413.

Veth (Corn.), I, p. 276.

Vettiner (Jean-Baptiste), gr. sur bois, II, p. 531.

Vever (Henri), II, p. 336.

Veyrassat (Jacques-Jules), p. et gr., I, p. 63. II, p. 218, 531.

Veyrat (Georges), I, p. 388.

Vial (Eugène), I, p. 32, 428.

Vial (Procédé) de gravure sur acier, I, p. 67, 100.

Viala (Eugène), p. et gr., II, p. 531-532.

Vialet (D^r), I, p. 314, 321, 329, 359, 360, 362, 364, 372.

Vibert, I, p. 177.

Vibert (Joseph-Victor), gr., II, p. 532.

Vibert (Pierre-Eugène), gr. sur bois, II, p. 412, 532.

Vibert (Victor), gr., II, p. 532.

Vicaire (Georges), I, p. 65, 266, 297, 404. II, p. 128. — Son ex-libris, I, p. 375.

Vichet (Alexandre-Grégoire de), I, p. 375.

Vidal (F.), II, p. 450.

Vidal (Léon), I, p. 45, 270.

Vidal (Pierre), p. et gr., I, p. 152, 274, 275. II, p. 532.

Vie (La), I, p. 50.

Vie héroïque de Henry le Grand, I, p. 109.

Vie (Jeu de la), I, p. 394.

Vieille femme d'Ouessant, gr. par Ch. Cottet, II, p. 133.

Vieille rue à Sienne, gr. par V. Lochelongue, II, p. 347.

VIEN (Joseph-Marie), p. et gr. II, p. 376, 532.

VIENNE (FAGNIER DE). *Voir :* Fagnier de Vienne.

VIENNE (Henri), I, p. 143, 147. II, p. 52, 267, 300, 456.

VIENNE (Autriche). — Collection Albertine, II, p. 86. — Museum für Kunst und Industrie, I, p. 415.

Vient de paraître, I, p. 281, 283, 284, 285.

VIERGE (Daniel Urrabieta), p. et gr., I, p. 424. II, p. 533-534.

Vierge à la chaise (La), gr. par Calamatta, d'ap. R. Sanzio, II, p. 80, 81.

VIGEANT (M.), I, p. 375.

VIGÉE-LEBRUN (Mme), p., I, p. 234.

VIGNAUD (Jean), II, p. 315.

VIGNÈRES, II, p. 462.

VIGNETTES adhésives et commémoratives, I, p. 418.

VIGNETTES de papiers administratifs et militaires, I, p. 419.

VIGNEUL-MARVILLE (De) [Le P. Bonaventure d'Argonne], II, p. 395.

VIGNON (Claude), p. et gr., II, p. 534.

VIGNY (Alfred de). — Éditions illustrées, I, p. 263, 264. II, p. 32. — Ses portraits, I, p. 249.

VIGUIER (Jacques de), I, p. 376.

VIGUIER (Maurice), associé de Gautier-Dagoty, II, p. 232, 233.

VILLARCEAUX (X. de), I, p. 192. II, p. 71, 105.

VILLARS (F. de), II, p. 282.

VILLARS (Pierre), II, p. 232.

Ville (La), 15 eaux-fortes sur Paris, par R. Vallin, II, p. 522.

VILLENAVE fils, II, p. 103.

VILLENEUVE (VALLOU DE). *Voir :* Vallou de Villeneuve.

VILLENEUVE-LEZ-AVIGNON (Gard) — Musée, I, p. 182.

VILLEPOIX (MOYNIER DE). *Voir :* Moynier de Villepoix.

VILLEQUIN (Etienne), p. et gr., II, p. 534.

VILLERME (Joseph), sc. — Son portrait gr. par Robert de Seri, II, p. 459.

Villers (Emile de), ii, p. 332.

Villers (G.), ii, p. 383.

Villiers-Adam (L'Abside de l'église de), gr. par Ch. Heyman, ii, p. 272.

Villiers (Bouchet de). *Voir :* Bouchet de Villiers.

Villiers de La Berge, i, p. 376.

Villiers Du Terrage (A. de), ii, p. 196.

Villiers Du Terrage (Marc-Étienne), i, p. 353, 376.

Villiez (G.-F.), gr., i, p. 429.

Villon (A.-M.), i, p. 58, 59, 93.

Villon (François). — Illustré par Hermann Paul, i, p. 293. ii, p. 270.

Villot (Frédéric), i, p. 61, 160, 162. ii, p. 122, 322, 432.

Viltart (Léonce), ii, p. 118.

Vincent (Général baron de), i, p. 376.

Vincent (François-André), p. et gr., ii, p. 535.

Vincent de Paul (Saint). — Ses portraits, i, p. 249.

Vinci (Léonard de), p. — *La Joconde*, gr. par Calamatta, ii, p. 80, 81.

Vinck d'Orp (Baron Eugène de), i, p. 243, 252, 412. ii, p. 167, 418.

Vinck de Deux-Orp (Baron Carl de), ministre plénipotentiaire, correspondant de l'Institut, i, p. 544. ii, p. 134, 177, 365, 538, 550. — La collection d'estampes historiques donnée par lui au Cabinet des Estampes, i, p. 156, 251.

Vincy (Léonard de), i, p. 391.

Vindé (Morel de). *Voir :* Morel de Vindé.

Vinet (A.), i, p. 181.

Vineuil-lès-Blois, ii, p. 25.

Vingle (Jean de), impr., ii, p. 535.

Vingtrinier (Aimé), i, p. 428. ii, p. 8, 516.

Vintimille (M^ise de), i, p. 376.

Violet (Pierre-Noël), p. et gr., ii, p. 535.

Viollet-le-Duc (Adolphe), p., i, p. 158. ii, p. 210.

Viollet-le-Duc (Eugène-Emmanuel), arch., i, p. 359. ii, p. 149, 262, 535.

Vire (Calvados).-Musée, i, p. 183

Viriville (Vallet de). *Voir :* Vallet de Viriville.

Viset (Jean), orf. et gr., ii, p. 230, 536.

Vispré (François-Xavier), p. et gr., II, p. 536.

Vissaguet (Les), I, p. 375.

Visscher (Jan), gr., II, p. 426.

Visselet (M.), p. et gr., II, p. 535.

Visselet ou Visseler (Marin), gr., II, p. 536.

Vitalis (Alexandre), II, p. 464.

Vitré (Ille-et-Vilaine). — Musée, I, p. 183.

Vitry (Paul), conservateur au Musée du Louvre, I, p. 158, 215.

Vitry-le-François (Marne). — Portraits, I, p. 239.

Vivarès (François), gr., II, p. 535-536.

Vivarez (Henry), I, p. 66, 143, 230, 404, 407, 419. II, p. 409, 536.

Vivien (Joseph), p., II, p. 491.

Vivier (G. de). *Voir :* Du Vivier (G.).

Vlaminck (Maurice de), p. et lith., II, p. 536.

Vleughels (Nicolas), p. et gr., II, p. 537.

Vœu de Louis XIII (Le), gr. par Calamatta, d'ap. Ingres, II, p. 80, 81.

Voïart, dess., II, p. 83, 240.

Voïart (Mlle C. Elise), gr., II, p. 83.

Voïart (Mme Élise), II, p. 83.

Voll (Karl), I, p. 52.

Vollmer (Hans), II, p. 164.

Vollon (Antoine), p. et gr., II, p. 220, 537.

Voltaire. — Éditions illustrées, I, p. 293-294. II, p. 384. — Ses portraits, I, p. 249.

Voltaire (L'Apothéose de), gr. par A. Legrand, d'ap. Dardel, II, p. 213, 323.

Voltaire (Le), journal, II, p. 76, 225.

Volx (D'Amat de). *Voir :* Amat de Volx (D').

Vosges (Département des). — Artistes vosgiens, II, p. 222. — Estampes relatives à ce département, I, p. 179, 261. — Imagerie populaire, I, p. 409.

Vostre (Simon), impr. et éd., I, p. 296, 297. II, p. 537.

Vouet (Simon), p. et gr., II, p. 309, 537.

Vouillemont (Sébastien), gr., II, p. 537.

Vox (Maximilien), gr., II, p. 537.

Voyage aux Pyrénées de Taine, ill. par G. Doré, I, p. 293. II, p. 180.

Voyage où il vous plaira, par A. de Musset, I, p. 291.

VOYAGES de découverte, I, p. 254.

Voyages pittoresques et romantiques dans l'ancienne France du Bon Taylor, I, p. 94, 293.

VOYAGEURS (Portraits de), I, p. 232, 236.

VOYSIN (Benoît), I, p. 376.

VUAFLART (Albert), amateur, I, p. 83, 244. II, p. 296, 419, 477, 538, 541.

VUES D'OPTIQUE, I, p. 420.

VUIBERT (Remy), p. et gr., II, p. 538.

WADDINGTON (Francis), II, p. 359, 515.

WAGNER (Carl), I, p. 99.

WAGNER (Siegfried), II, p. 205.

WAILLY (Charles de), arch. et gr., II, p. 538.

WALDMAN (Emil), II, p. 155, 156, 512.

WALDOR. *Voir :* Valdor.

WALKER (William), I, p. 45.

WALLET, gr., II, p. 218.

WALTNER (Charles), gr., I, p. 83, 274, 275. II, p. 437, 470, 538-539.

WARNOD (André), I, p. 51. II, p. 143, 228, 240, 470.

WAROQUIER (Louis-Charles, Cte de), I, p. 377.

WATELET, I, p. 24, 56, 181.

WATELET (Claude-Henri), p. et gr., II, p. 176, 539.

WATELET fils aîné (J.), I, p. 382.

WATELIN (L.-Ch.), I, p. 280.

WATTEAU (Antoine), p. et gr., I, p. 41, 50, 51. II, p. 92, 95, 288, 419, 539-542.

WAY (Thomas R.), I, p. 94.

WEBER (Marcel), I, p. 160.

WEDMORE (Frederick), I, p. 49. II, p. 29, 67, 242, 265, 266, 286, 326, 327, 336, 372, 373, 374.

WEIGEL (Rudolf), II, p. 377.

WEIGEL (T. O.), I, p. 263.

WEISS (Charles), II, p. 409.

WEITENKAMP (Frank), I, p. 144, 282. II, p. 66, 67, 271, 282.

WELLE (Jean-Charles-Ignace PIERS, seigneur de), I, p. 305.

WENGSTRÖM (Gunnar), II, p. 370.

WERDET (Edmond), I, p. 268.

WERTH (Léon), II, p. 536.

WÉRY (Pierre-Nicolas), p. et lith., II, p. 542.

Wessely (J. E.), II, p. 365, 485.

Westerburg (Cᵗᵉ de Leiningen). *Voir :* Leiningen Westerburg (Cᵗᵉ de).

Wetter (Amédée), p. et gr. sur bois, I, p. 81. II, p. 542.

Wey (Francis), II, p. 31.

Weyl (Fernand), II, p. 256.

Whistler (James), p. et gr., II, p. 39.

White (Gleeson), I, p. 302.

Whitman (Alfred), I, p. 140.

Wiart (Ch.), I, p. 169.

Wickenden (Robert J.), I, p. 51. II, p. 131, 146, 239, 285, 380.

Wickert, II, p. 398.

Wien (Hevesi-). *Voir :* Hevesi-Wien.

Wiener (Lucien), I, p. 397, 427. II, p. 127.

Wiesener, I, p. 100.

Wiggishoff (J.-C.), I, p. 142, 276, 299, 300, 305, 353. II, p. 141.

Wilden (Dumont-). *Voir :* Dumont-Wilden.

Wildenstein (Georges), II, p. 246, 307, 388.

Wilder (F. L.), I, p. 140.

Wilkie, p., II, p. 103.

Willaume, gr., II, p. 542.

Wille (Jean-Georges), gr., I, p. 40. II, p. 18, 47, 176, 213, 542-543.

Wille (Pierre-Alexandre), p. et gr., II, p. 544.

Willencourt (Asselin de). *Voir :* Asselin de Willencourt.

Willette (Adolphe), p., gr. et lith., I, p. 93, 201, 211, 306, 379, 424. II, p. 66, 107, 442, 495, 544-547. — Ses portraits, I, p. 249.

Williamson (George C.), I, p. 31.

Willshire (William Hugues), I, p. 397.

Wintsch (J.), II, p. 497.

Wittert (Adrien de), II, p. 169.

Wittmann (Charles), impr. en taille-douce), I, p. 377. II, p. 547.

Wœiriot (Pierre), orf. et gr., II, p. 547-549.

Wolff (Alfred), II, p. 150.

Woodberry (George E.), I, p. 77.

Woodburg (John P.), I, p. 303.

Wouwerman, p., II, p. 426.

Wright (Harold J. L.), II, p. 375.

Wullens (Maurice), I, p. 80.

Wyatt (Alphonse), I, p. 28.

Wyzewa (Téodor de), I, p. 204.

Xivrey (Berger de). *Voir :* Berger de Xivrey.

Xylographies, I, p. 30, 82, 263, 267, 294, 295. II, p. 118.

Xylographies du Cabinet des Estampes, I, p. 155, 157.

Yon (Edmond), p. et gr., II, p. 549.

Young (Mahonri), II, p. 155.

Younger (Archibald), I, p. 52.

Ypres (Carte de l'ancien diocèse d'), II, p. 72.

Yriarte (Charles), I, p. 204. II. p. 236, 378, 509.

Zaborowska (Mlle Gilberte), I, p. 377.

Zani (Pietro), I, p. 25.

Zannoni, I, p. 128.

Zapouraph. *Voir :* Curel (Nicolas-François, chevalier de).

Zeeman, p., II, p. 375.

Zeising (W.), I, p. 217.

Zeitschrift für bildende Kunst, revue allemande, II, p. 447.

Zervos (Christian), I, p. 285. II, p. 298.

Zilcken (Philippe), II, p. 467.

Zimmermann (E. Heinrich), II, p. 541.

Zinc (Lithographie sur), I, p. 92, 93.

Zincographie, I, p. 89.

Zirphile et Acajou, roman de Duclos, II, p. 54.

Zix (Benjamin), p. et gr., II, p. 549.

Zola (Émile), I, p. 379. II, p. 174, 181, 353. — *Germinal*, illustré par P.-E. Colin, I, p. 294. II, p. 126.

Zorn (Anders), p. et gr., I, p. 31. II, p. 59.

TABLE DES MATIÈRES

TOME I

	Pages
Avant-propos, par Joseph Guibert.	5
Liste des périodiques	13
Bibliographies générales	20
Ouvrages de référence.	22
Études générales.	33
Les Divers procédés de gravure	56
La Lithographie	84
Le Papier. Conservation et restauration des estampes.	
Les Contrefaçons	102
Législations et jurisprudence	106
Commerce. Collection.	138
Collections publiques	145
Salons et Expositions	185
Portraits.	229
Histoire	250
Topographie.	255
Le Livre illustré	262
Les Ex-libris	299
L'Affiche.	378
La Caricature	384
Les Cartes a jouer	393
La Petite estampe. Diverses spécialités.	401
Études et Documents biographiques. Généralités.	421
— — Régions et localités.	424

TOME II

Études et Documents biographiques. Individus	5-550

TOME III

Table analytique	1-198

CE TOME TROISIÈME DE LA
BIBLIOGRAPHIE DE LA GRAVURE FRANÇAISE
A ÉTÉ COMPOSÉ
DANS LE DEUXIÈME SEMESTRE DE 1928
ET ACHEVÉ D'IMPRIMER LE 31 DÉCEMBRE
DE LA MÊME ANNÉE
PAR DUCROS ET COLAS
MAITRES-IMPRIMEURS
A PARIS